首都高校党建研究基地资助

新时代

高校党建工作发展之路

李艺英○主编

人民日报出版社
北京

图书在版编目（CIP）数据

新时代高校党建工作发展之路 / 李艺英主编. —北京：人民日报出版社，2024.1
ISBN 978-7-5115-7548-7

Ⅰ. ①新… Ⅱ. ①李… Ⅲ. ①中国共产党–高等学校–党的建设–研究 Ⅳ. ①D267.6

中国版本图书馆CIP数据核字（2022）第199842号

书　　名：新时代高校党建工作发展之路
XINSHIDAI GAOXIAO DANGJIAN GONGZUO FAZHAN ZHILU
主　　编：李艺英

出 版 人：刘华新
责任编辑：刘天一
封面设计：中尚图

出版发行：人民日报出版社
社　　址：北京金台西路2号
邮政编码：100733
发行热线：（010）65369527　65369846　65369509　65369512
邮购热线：（010）65369530
编辑热线：（010）65369844
网　　址：www.peopledailypress.com
经　　销：新华书店
印　　刷：天津中印联印务有限公司
法律顾问：北京科宇律师事务所010-83632312

开　　本：710mm × 1000mm　1/16
字　　数：330千字
印　　张：22.5
版次印次：2024年1月第1版　2024年1月第1次印刷

书　　号：ISBN 978-7-5115-7548-7

定　　价：78.00元

因事而化　因时而进　因势而新

——新时代高校党建工作发展之路

党的二十大开启了以中国式现代化全面推进中华民族伟大复兴的新征程。教育是国之大计、党之大计。党的二十大报告指出，教育、科技、人才是全面建设社会主义现代化国家的基础性、战略性支撑。高校是教育阵地、科技重地、人才高地的结合体，承担着人才培养、科学研究、社会服务、文化传承创新、国际交流合作等五大职能，在推进中国式现代化进程中必将起到关键性的支撑作用，这也是新时代新征程赋予高等教育的历史使命和时代课题。

在中国共产党的领导下，高等教育事业取得了万众瞩目的成就，各种形式的高等教育在学总规模4430万人，高等教育毛入学率57.8%，我国高等教育正在稳步从“大国”向“强国”迈进。高校党的建设伴随着高等教育的发展与壮大，迈着坚定的步伐，走过了一条不寻常的发展之路：中国共产党领导高等教育在新民主主义革命的探索前行期开辟“第二条战线”，在中华人民共和国成立后的初步繁荣期树立“生命线意识”，在改革开放的跨越发展期坚持“与时俱进”，在中国特色社会主义新时代的历史跃升期推进“高质量、内涵式”发展。

百年来，中国共产党“因事而化、因时而进、因势而新”开展高校党建工作，在革命、建设、改革、复兴的不同历史时期的任务转换中，高校党建工作与教育事业积累了丰富经验。今天，站在新时代的起点上，为实现中华民族伟大复兴和中国式现代化强国建设目标，我们在总结光辉历程和宝贵经验的基础上，加强新时代高校党建工作的理论思考与实践总结，推动高校党的建设与高等教育事业发展深度融合，以高质量的党建引领高校实现高质量发展。

2021年，《北京教育》高教编辑部与首都高校党建研究基地、北京高校党建研究会联合开展“不忘初心砥砺前行”庆祝中国共产党成立100周年征文活动，共刊发60余篇文章，作者单位涵盖40余所高校及教育主管部门。在此基础上，我们将刊发的党建文章择优结集成《新时代高校党建工作发展之路》一书。从“信仰力量”“红色基因”“治理赋能”“实践真知”四个维度描绘高校党建工作发展之路，通过历史梳理、人物故事、理论创新、实践探索展现一路历程，以史为鉴不忘初心，坚定信念开创未来，以期以高质量党建引领高质量发展不断迈上新台阶。

目录

信仰力量

“百年未有之大变局”与百年大党

任羽中*

摘　要：“当今世界正处于百年未有之大变局”是习近平总书记作出的一个重大论断。理解这个论断，不仅可以帮助我们科学把握中华民族伟大复兴的国际背景、国际条件，更使我们深刻理解中国共产党的初心使命、深刻理解中华民族伟大复兴的世界历史意义。在“百年未有之大变局”下，作为百年大党的中国共产党，既要认清自我的特点与优势，更要明确自我的担当与使命。

关键词：百年未有之大变局；中国共产党；习近平新时代中国特色社会主义思想

习近平总书记反复强调，“领导干部要胸怀两个大局，一个是中华民族伟大复兴的战略全局，一个是世界百年未有之大变局，这是我们谋划工作的基本出发点”。[1]当前，世界格局正在发生自两次世界大战以来最剧烈、最深刻的变化。这不仅是中华民族伟大复兴所处的外部环境与国际条件，而且也是中华民族在伟大复兴进程中所参与、所影响的世界历史。理解“大变局”，实际上也就是理解中华民族伟大复兴的世界历史意义。

习近平总书记强调，“在世界面临百年未有之大变局的同时，我国正处于实现中华民族伟大复兴的关键时期，这两个进程同步交织、相互激荡”。[2]这为准确把握“国之大者”“世界潮流”“历史大势”提供了两个视角、两个维度。

---

*　任羽中，北京大学党委宣传部、党委政策研究室

时空：理解“百年未有之大变局”的两个维度

“百年未有之大变局”论断提出后，很多学者对其内涵进行了解读。如何把中华民族复兴的伟大历史进程放到世界格局动荡变革的大背景下进行理解，成为国内外学界、政界热烈讨论的话题。有观点指出，“百年未有之大变局”归根到底就是秩序、发展与社会结构的变迁。也有观点进一步提出，“百年未有之大变局”意味着新一轮科技革命加快世界重塑，经济全球化推进全球治理变革，世界多极化使得国际力量趋于平衡，大国博弈推动国际体系深刻调整，文明交流互鉴强化世界多元。[3]还有观点将“百年未有之大变局”的内涵做了分领域的讨论，涉及经济全球化之变、世界经济格局之变、文明格局之变、政治格局之变、秩序之变与全球治理之变。[4]这些观点有分歧也有共识，都承认“百年未有之大变局”将带来根本性的改变，但对于“变”的内涵阐释，则各有侧重，不过整体上都覆盖了国际政治格局、经济秩序、全球治理体系等方面。[5]

事实上，这并非中国历史上第一次提出“变局”的历史观。1872年，李鸿章在《复议制造轮船未可裁撤折》中称：“臣窃惟欧洲诸国，百十年来，由印度而南洋，由南洋而中国，闯入边界腹地，凡前史所未载，亘古所未通，无不款关而求互市。我皇上如天之度，概与立约通商，以牢笼之，合地球东西南朔九万里之遥，胥聚于中国，此三千余年一大变局也。”[6]然而，彼时孱弱的清王朝既无法有效应对欧洲各国掌握海权之后对中国这一传统陆地帝国提出的挑战，更无法及时转变思维、抓住机遇，将通商之机转变为“胥聚于中国”的秩序再建。从根本上来说，李鸿章关于“变局”危、机并存的思路基本准确，却因其关于“变局”的认识存在的时空双重错位和清政府低效的危机应对能力，不仅未能转危为机，反而走向丧权辱国、民族危亡的困境。

第一，是空间视角的错位。李鸿章对于世界局势变迁的判断依然是以中国作为“天朝上国”的中心视角来审视的，认为开放通商之后，在全球自由贸易体系中，中国仍有机会维持中心地位。事实上，从全球格局的视角来看，“由印度而南洋，由南洋而中国”的转变早已发生，传统朝贡体系下的“天朝上国”地位早已不能用于理解航海时代的全球贸易体系，从中国中心的立场去审视这场变局，本身就已经是偏移的视角，难以窥见全局。

第二，空间视角的偏移又导致了时间尺度错位。李鸿章所言的“大变局”，在封建历史“三千年”的时间维度中是找不到根本原因的，必须将视线落到15世纪大航海时代之后的“三百年”世界历史之中。在这三百年间，文艺复兴、资产阶级革命、第一次工业革命和第二次工业革命相继产生，殖民扩张也在此时期出现和发展。世界从生产力到上层建筑的全方位变革已经深刻发生，形成了“中心—边缘”格局。在这个格局下，仅仅开放通商，并不能后来居上，更不可能逆转当时的中心秩序。

因此，理解当今世界“百年未有之大变局”，必须兼具古今内外的全局视角。一方面，既要放眼世界，理解新的生产要素变迁对建立于工业社会和全球自由贸易体系基础之上的现有世界格局构成的挑战，又要回到中国自身，明确中国在世界格局变迁中应该发挥的作用和可能占据的位置；另一方面，必须具备历史眼光和发展眼光，清晰审视当前变局在人类发展史上的阶段性定位，明确中国当前实现跨越式发展应有超越的视角，抓住新一轮科技“大航海时代”历史机遇，主导国际秩序变动的战略设计，并成为国际秩序变革的实际推动者。

认识世界发展大势，跟上时代潮流，是一个极为重要并且需要常做常新的课题，中国共产党自成立以来，一直在研究，不断有新的理论与实践成果。习近平新时代中国特色社会主义思想将中华民族的伟大复兴置于“百年未有之大变局”的格局变迁中，不仅意味着在“变局”的挑战中抓住实现中华民族伟大复兴的历史机遇，更体现出对于中华民族接近乃至居于世界舞台中央后，能够在新世界格局的构建中发挥何种作用、贡献什么力量的深邃思考。

挑战：百年未有之大变局的动荡变革

习近平总书记指出，“当今世界正经历百年未有之大变局，新冠疫情全球大流行使这个大变局加速演进，经济全球化遭遇逆流，保护主义、单边主义上升，世界经济低迷，国际贸易和投资大幅萎缩，国际经济、科技、文化、安全、政治等格局都在发生深刻调整，世界进入动荡变革期”[7]。这是对当前和今后时期世界大势与中国发展的深刻把握，高屋建瓴，切中要害，具有重要而深远的意义。必须认识到，“百年未有之大变局”所带来的挑战是全局性的，各个因素之间有着复杂的交织关系。

第一，“百年未有之大变局”直接体现在国际政治格局的深刻调整上。后冷战时期美国主导建立的“一超多强”的全球秩序受到挑战，国际政治陷入大国竞争泥淖。自工业革命以来，无论是欧洲主导的殖民扩张、美苏主导的霸权对抗，还是冷战后美国主导的“一超多强”，欧美国家始终在国际政治格局中占据主导地位。2008年全球金融危机之后，新兴市场国家和发展中国家实现相对较快的复苏，而美国等老牌发达国家经济增长乏力，政治与社会困境加剧，整体实力相对衰弱，国际政治格局呈现“东升西降”，以美国为主导的“新罗马帝国”秩序难以维系，多极化背景下的大国竞争格局凸显。

第二，全球经济格局与全球产业链的调整可以理解为“百年未有之大变局”的根本动因。近百年来，在欧洲殖民扩张过程中逐渐形成和发展的全球经济体系中，世界经济的中心始终游走在北大西洋沿岸，西欧和北美传统强国担纲全球经济支柱，形成“中心—边缘”的差序格局。但是近年来，随着一大批新兴市场国家和发展中国家快速发展，其对世界经济增长的贡献率已经超过80%，经济总量占世界比重近40%，世界经济重心开始由西向东、由北向南转移，全球经济增长的重心将从欧美转移到亚洲，并外溢到其他发展中国家和地区。[8]这种变化打破了西方世界对全球经济秩序的主导，经济全球化出现了“去中心化”的现象，对发达国家在全球经济秩序中的主导地位构成了挑战。

第三，新一轮科技革命带来的技术变革与创新，是“百年未有之大变局”中的关键变量。当前，第四次工业革命方兴未艾，为全球发展和人类生产生活带来颠覆性变化。人工智能、大数据、量子信息、生物技术等日新月异、叠加飞跃，正在实现质的突破，催生大量新产业、新业态、新模式。[9]在生产力变革的过程中，新技术领域对传统技术产生冲击，乃至可能出现颠覆性创新，许多先发国家在科技领域抢占的制高点受到挑战，固步不前则随时可能被后发者超越乃至取代。目前，还没有哪个国家能在颠覆性技术研发与创新应用中保持绝对优势，世界诸国“重回起跑线”，为未来的国际格局增加了许多不确定性。

第四，层出不穷的全球性挑战则成为推动“百年未有之大变局”激荡的催化剂。全球化体系下，世界各国在生产关系、人员交往、科技创新、文化共荣等领域均发生着复杂的联系与互动。气候变化、国际恐怖主义、地区冲突和民族宗教矛盾等非传统安全因素相互作用，对国际局势构成整体性的影响。不断涌现的新科技在造福民生的同时，也潜藏着人员失业、安全失控、伦理失序等风险，威胁人类长远生存。互联网使社会面临组织形态扁平化的治理困境与信息流动即时化的管理挑战，人工智能和基因技术甚至比核武器更难以管控。国际社会在新兴领域建构治理体系的努力往往赶不上新技术的更新速度，有效监管困难重重。新冠疫情的全球蔓延更是强烈冲击着世界各国的经济、政治、社会、文化和外交，世界多国经济因疫情停摆，失业率剧增，因为疫情而减少的各国联系使得跨国企业受到较大冲击，造成了严重的经济衰退，给各国政府的治理能力、制度生命力提出直接考验，各国大规模政治抗争运动频发，布热津斯基将其称为继近代以来宗教觉醒、阶级和民族觉醒之后的“第三次政治大觉醒”。[10]

第五，上述“变局”因素最终体现在全球治理秩序的变革上。在第二次世界大战后和冷战后形成的世界秩序中，美国都是主导者和维护者。但近年来，美国政府处处坚持“美国优先”，无意继续参与以联合国为核心，以一国一票、平等协商为原则的多边协商和全球治理，从稳定的常量变成重磅变量。原有的全球治理秩序缺陷逐渐暴露，随时面临“失灵”危机，国际社会再次来到何去何从的十字路口，全球政治、经济、文化、治理等多重秩序面临调整与重构。特别是对于中国，近年来，美国从官方到民间施加了经贸、政治、科技、文化交流等多方面的打压，中美关系的波动给中国的改革发展带来了很大的干扰，中美两国的大国竞争也给世界格局的变迁带来了诸多不确定因素。

机遇：百年未有之大变局中的秩序重构

“变”总会通向“序”。习近平总书记深刻指出，要“于危机中育先机、于变局中开新局”。[11]“百年未有之大变局”是带有“破局”性质的大变化，但更要从中看到“立局”的战略机遇。[12]

第一，新技术革命为全球产业链重塑提供新的可能。生产力的迸发必然为世界范围内生产关系和上层建筑的变革带来新的图景，业已固化的全球产业链出现新的调整空间。当前，新技术投资开发竞争之激烈前所未有，传统大国和新兴国家均想在科技革命和产业变革中占得先机。能否及时抢占科技制胜点，站在产业变革的前沿和全球价值链的高地，实现科技创新与生产力发展的双重飞跃，将直接影响各国在新秩序中所处的位置。此外，新技术的发展也为全球治理体系的重塑提供新的技术手段，全球信息网络的发展将可能促进全球治理向扁平化发展，全球范围内的信息流通则有机会在一定程度上取代人和物的流通，从而构建基于信息要素的全新全球一体化。

第二，在生产力变革的基础上，全球经济秩序必将发生新的变化，全球经济在重塑中焕发新的生机。基辛格在《世界秩序》一书中就指出了21世纪旧的“中心—边缘”差序世界秩序结构存在的重大缺陷。随着全球在数据层面的高度联通逐步抹平全球市场的信息不对称，发达国家市场与经济规模的有限性必然导致其资本、产能和技术的外溢。旧结构的绝对性正在动摇。新兴市场国家和众多发展中国家有机会在全球经济秩序的重塑中发挥重要作用，赢得更多的话语权和决策权，进而推动全球经济秩序朝着更加公正合理的方向发展。

第三，国际政治格局的多极化趋势为全球治理秩序的重塑提供了整合空间。部分传统国际政治大国单边主义、贸易保护主义和霸凌主义大行其道，国际治理出现了许多失序地带，这也给国际格局留出了更大的权力空白，这些权力空白将为重构多元共生的世界秩序提供足够的空间。由于传统的经济资本已经不再是最重要的决定因素，政治制度、治理模式、社会民情等因素也越来越成为影响国家发展的重要力量，新兴国家将更有机会参与到共生、共享、共治的新格局中，为实现全球秩序的多极化治理贡献新力量。

第四，包括新冠疫情在内的多重全球性危机在加速旧秩序崩溃进程的同时，也加速推进着新秩序的构建。病毒无国界，危机蔓延全球，在全球化危机面前，更需要世界各国携手共进，应对危机。各国更有机会在处理全球性挑战的过程中摸索出新的合作机制和治理模式，并在实践中证明其能够应对全球性危机的考验。

在如此“百年未有之大变局”中，世界需要重建秩序的信心，需要可供借鉴的、行之有效的国际调节逻辑与国家治理模式，而新的秩序，将会是世界各国在复杂的机制下合力作用的结果。世界有责任感的国家首先需要认识和利用好变局之中的深层动因与内生要素，实现对美国主导下的霸权秩序的解构或部分解构，从而导向多元共生、共享、共治的国际秩序。

奋斗：百年大党领导的伟大复兴

中国共产党诞生于“三千年未有之大变局”之际，是革命任务艰巨而又复杂的背景下产生的坚强领导力量。中国共产党所为之奋斗的理想，具有世界意义和百年尺度。一百年来，中国人民在中国共产党的带领下接续奋斗，在一百年后的“百年未有之大变局”之中，前所未有地靠近世界舞台中心，前所未有地接近实现中华民族伟大复兴的目标，前所未有地具有实现这个目标的能力和信心[13]。习近平总书记多次强调，要胸怀中华民族伟大复兴战略全局和世界百年未有之大变局，并将之作为谋划工作的基本出发点。这是百年大党领导中国人民应对百年未有之大变局、实现中华民族伟大复兴的行动宣言。

中国共产党领导中华民族伟大复兴事业，是历史和人民选择的。这项事业在百年未有之大变局这样的历史时刻，便有了时代赋予它的深刻意义。

第一，经济发展模式的创新。21世纪以来，中国、俄罗斯、印度、巴西、南非等不同地区发展中大国整体性崛起，而占世界人口比重最大、占发展中国家经济比重最大的中国无疑成了变局的焦点，展现了发展中国家在西方的经济发展道路之外走出一条适合自身后发国家国情的发展道路的可能性。20世纪的“两头在外”、以出口为导向的发展模式，助力中国经济在融入全球市场的起步阶段站稳了脚跟。而现在的中国经济，已经越来越依赖于国内的循环，出口在中国经济中的占比已不足五分之一。但这并不意味着中国要完全抛弃国外市场，走逆全球化的路。在新形势下，作为全球人口最多、最活跃的市场，中国更要通过高水平的对外开放，实现国内国际资源、人才、市场更高水平的互相促进，以开放包容的姿态迎接全球化的机遇与挑战，以国内国际双循环的发展模式更好地驱动世界经济向前发展。[14]

第二，体制和治理模式的巨大优势。党的十八届三中全会提出，“完善和发展中国特色社会主义制度，推进国家治理体系和治理能力现代化”。这是中国共产党提出的重大理论和实践课题，也是处在新的历史方位上对古今中外治理经验的借鉴传承和创新发展。中国的国家治理模式与西方治理模式的明显区别在于，中国的国家治理更强调完善和发展中国特色社会主义制度，强调中国的社会主义国家性质，从而实现以人民为中心，代表最广大人民的根本利益。特别是在新冠疫情的全球性冲击下，中国的体制结构性优势更加凸显。武汉爆发新冠疫情之后，党中央和各级政府迅速动员医疗队伍集结医疗物资、开展社区隔离防控、建立方舱医院，坚持以人民为中心的理念，始终将人民的生命安全作为一切工作的出发点，迅速地控制住了病毒的传播、救治了一大批患者，为世界的抗疫斗争提供了中国智慧和中国方案。

第三，中华文化传统的“和”理念为世界秩序的构建贡献思想力量。自古以来，中国就是一个爱好和平的国家，“和为贵”这三个字已融入中华文化的基因，并成为新中国对外关系和准则的有机组成部分之一。当今时代的主题是和平与发展，而某些局部冲突和战争的存在，更衬托出“和”的可贵之处。中国已经通过实践证明了一条和平崛起、永不称霸的发展道路，发展模式和发展理念是成熟有效且可复制的。中国的崛起没有重演历史上大国崛起那样的战争、流血与冲突的“掠夺性发展”路径，而是建立在中国强大的国家能力、土地公有制的确立、较大比重的公有经济、国家计划制度、较高的广义积累率、政府的积极作用、发展的包容性、立足国内为主等众多因素之上的“包容性崛起”[15]。因此，中国提倡的“构建人类命运共同体”的主张，是可以依赖的、是有益于人类发展事业的。[16]中华民族伟大复兴的实现，正是在变局中开新局的和平发展范本，必将为广大发展中国家塑造民族富强的信心，更为全世界的发展创造了巨大的共同发展机遇，这无疑将对世界新秩序的建立产生积极长远的深刻影响。面对百年未有之大变局，中华民族不仅要在经济增长、民生福祉、政治地位的意义上实现复兴，更重要的是在制度建设中为新格局的构建贡献东方智慧、中国力量。

从这个意义上来说，作为中国共产党这个百年大党在新时代的思想旗帜和实现中华民族伟大复兴的行动指南，习近平新时代中国特色社会主义思想不仅指导中华民族实现伟大复兴，更指引中华民族屹立于世界民族之林并走近世界舞台中心，是既能解释世界更能改变世界的理论体系，也是属于中华民族更属于全人类的真理和主义。中国作为后发国家，对自身突破传统世界格局与秩序的发展道路进行探索，就是对构建“持久和平、普遍安全、共同繁荣、开放包容、清洁美丽”的新世界格局作出的有效尝试和真正贡献，必将在世界历史上写下无比辉煌的篇章。

参考文献

[1] 习近平谈治国理政（第三卷）[M]. 北京：外文出版社，2020：77.

[2] 潘维 . 百年未有之大变局与中国共产党 [J]. 世界社会主义研究，2019，4（10）：32.

[3] 王振杰 . 百年未有之大变局与中国担当 [J]. 未来与发展，2020，44（4）：10.

[4] 王存刚 . 百年未有之大变局与中国共产党外交领导力 [J]. 世界经济与政治，2020（5）：21.

[5] 朱锋 . 近期学界关于“百年未有之大变局”研究综述 [J]. 人民论坛 · 学术前沿，2019（7）：9.

[6] 布兰德，梁启超 . 李鸿章传 [M]. 高山，译 . 北京：新世界出版社，2016：252.

[7] 习近平 . 在深圳经济特区建立 40 周年庆祝大会上的讲话 [N]. 人民日报，2020-10-15（1）.

[8] 权衡 .“百年未有之大变局”：表现、机理与中国之战略应对 [J]. 科学社会主义，2019（3）：9.

[9] 李拓 .“百年未有之大变局”中的中国特色社会主义 [J]. 科学社会主义，2019（3）：26.

[10] 张骥 . 新冠肺炎疫情与百年未有之大变局下的国际秩序变革 [J]. 中央社会主义学院学报，2020（3）：73.

[11] 中共中央关于制定国民经济和社会发展第十四个五年规划和二〇三五年远景目标的建议 [EB/OL].（2020-11-03）[2021-02-23].http：//www.gov.cn/zhengce/2020-11/03/content_5556991.htm.

[12] 徐黎 . 如何理解“百年未有之大变局”和“我国发展仍处于战略机遇期”[N]. 学习时报，2019-03-25（4）.

[13] 习近平 . 建设一支听党指挥能打胜仗作风优良的人民军队——关于加强国防和军队建设 [N]. 人民日报，2014-07-14（16）.

[14] 邹蕴涵 . 国内国际双循环：百年未有之大变局中的必然选择 [J]. 经济，2020（9）：28-31.

[15] 王绍光 . 中国崛起的世界意义 [M]. 北京：中信出版社，2020：145-151.

[16] 王森垚 . 百年未有之大变局与中国道路 [J]. 人民论坛・学术前沿，2019（22）：119.

本文刊发于《北京教育》（高教）2021年第4期

中国共产党光辉百年之历史篇章

张维维*

摘　要：中国共产党一百年的实践，诠释了马克思主义的真理，谱写了领导人民开创中国特色社会主义事业的壮丽史诗。百年历史篇章，中国告诉世界，没有中国共产党就没有中国的发展和成就。

关键词：中国共产党；百年；历史篇章

在人类历史进程的这一百年中，自从有了中国共产党，中国的历史进程发生了变化，世界格局也发生了变化。回顾历史，审视当今，展望未来，一百年间，中国共产党谱写了光辉的历史篇章。

百年历史篇章，中国告诉世界

中国共产党一百年光辉的历史篇章告诉世界，马克思主义的科学预言不仅是真理，而且是革命和行动的指南。中国共产党把马克思主义与中国的实际相结合，开创了中国的历史与未来。

1. 百年历史，诠释了马克思主义科学真理

马克思主义关于生产力和生产关系的科学思想，揭示了人类社会发展的一般规律，为人类社会的发展指明了方向。人类社会历经几千年的进化和发展，不断创造着物质文明和精神文明。但在马克思主义诞生之前，人的自身解放却始终被湮没在历史的长河中。一方面，是少数人可以挥霍和消费物质

* 张维维，北京航空航天大学

和精神成果；另一方面，是大多数人被自己所创造的物质和精神成果束缚。即使是辉煌的工业革命的浪潮，推翻了几千年的封建社会，建立起适应近代文明的工业体系，仍旧没有摆脱“人吃人”的现象。马克思分析并提出了打碎旧的国家机器，建立新的社会秩序的思想，才奠定了人类社会发展的方向。马克思认为，生产力和生产关系、经济基础和上层建筑，既是人类社会的基本结构，也是人类社会的两大基本矛盾。生产力决定生产关系，影响上层建筑，只有上层建筑的变革才能实现生产关系的变革，并促进生产力的解放和发展，且据此提出共产主义的伟大思想，形成了科学社会主义的科学体系。

一百年前，中国共产党在日渐衰落、备受欺凌和民不聊生的中国大地，高举起马克思主义的真理旗帜，开始为缔造一个新中国而奋斗，并将实现共产主义作为党的政治信仰。在中共一大上，来自全国各地的共产主义追随者代表，为实现这一目标建立了自己的组织，并将实现共产主义作为党的最高理想和最终目标；在中共七大上，正式把党的最终目的是在中国实现共产主义制度写进了党章。党的十九大报告又明确提出，中国共产党人要“自觉做共产主义远大理想和中国特色社会主义共同理想的坚定信仰者和忠实实践者”。[1]一百年间，这一政治信仰始终被注入中国共产党人的血液里，并为之进行了艰苦卓绝的奋斗。

2. 百年历史，缔造了一个强起来的新中国

翻开中国的历史，中华民族曾经创造了值得骄傲的中华文明。文景之治、大唐盛世、康乾繁荣，都给世界留下了宝贵的物质和精神财富。但近代到中华人民共和国成立之前，中国成了一个半封建半殖民地国家。为此，无数仁人志士为寻找救国方案而呕心沥血，探索宪政改良、尝试君主立宪等，但终究解决不了问题。唯有中国共产党根据马克思主义的科学真理提出了自己的正确主张，才找到了中国的出路。

一百年的实践中，中国共产党在领导中国革命胜利的基础上，建立了社会主义的制度，从根本上改变了中国社会的性质，使中国人民彻底翻身站了起来。社会主义制度的建立，使全体中华儿女走向了社会主义的道路。

旧中国留给我们的是一穷二白，毛泽东同志这样说过："现在我们能造什么？能造桌子椅子，能造茶碗茶壶，能种粮食，还能磨成面粉，还能造纸，但是，一辆汽车、一架飞机、一辆坦克、一辆拖拉机都不能造。"[2]面对这样的局面，正是中国共产党人带领全国人民始终不渝的奋斗，以中国共产党的坚定信仰，以社会主义制度的优越性，建立并逐步完善了国家的工业体系，布局新中国的工业、农业、科学技术和国防，形成了社会主义制度的经济体系，不仅实现了国家的独立，而且也逐步改变着国家的面貌，使人民实现当家作主的愿望。

面对新中国的建设，毛泽东同志提出了一个著名的论断："我们不但善于破坏一个旧世界，我们还将善于建设一个新世界。"[3]中国共产党的领导、社会主义制度的优越性，使我们在中华人民共和国成立之后短短的十几年间实现了自力更生研制成功原子弹、氢弹，之后中国卫星也上了天。开天辟地的壮举让世界瞩目昂起头来走路的新中国。

四十六年前，在四届人大第一次会议上，周恩来总理提出了实现祖国四个现代化的宏伟目标。几年后，在邓小平总设计师的谋划下，中国走上了改革开放的大道，至今取得了巨大的成功。我们不仅有了自己造的汽车、飞机、坦克、拖拉机，而且"神舟"飞天创奇迹、嫦娥五号也飞向了月球，人民过上了殷实富裕的生活。如今，在世界的舞台上，中国成为世界第二大经济体。我们党一百年的奋斗实践告诉世界，马克思主义的理想、中国共产党人的理想在960多万平方公里的大地上，焕发出了强大的生命力。

3. 百年历史，引领了中华民族走向伟大复兴

中国共产党在推进社会主义改革发展中，不断总结经验，不断艰辛探索，找到了实现中华民族伟大复兴的道路。如今，我们更加坚定道路自信、理论自信、制度自信、文化自信。习近平总书记曾说："我们的责任，就是要团结带领全党全国各族人民，接过历史的接力棒，继续为实现中华民族伟大复兴而努力奋斗，使中华民族更加坚强有力地立于世界民族之林，为人类作出新的更大的贡献。"[4]这既是中国共产党在21世纪的政治宣言，也是中国共产党

对人民、对民族、对国家的庄严承诺！

从国破民穷到建立新中国，从割让国土到实现香港、澳门回归，从改革开放到全面建成小康社会，中国共产党成立一百年来，始终不忘初心、牢记使命，让人民追求国家的富强、民族的复兴和幸福的生活有了主心骨。“长风破浪会有时”，历史的航船驶向今天，中华民族的复兴之路正在扬帆之时，我们比历史上任何时期都更加接近中华民族伟大复兴的目标，比历史上任何时期都更有信心、有能力实现这个目标。

21世纪是属于中国共产党的，是属于中华民族的。我们党一百年的奋斗实践告诉世界，实现中华民族伟大复兴，依靠的是先进的社会制度，依靠的是伟大的中国共产党。

百年历史篇章，叙写中国辉煌

中国共产党一百年辉煌的历史篇章告诉我们，中国共产党是一个为人民服务的政党，是一个深刻改变中国人民和中华民族的前途和命运的政党，更是一个让中国人民过上好日子的政党。

1. 中国的发展建设取得了巨大的成就

没有共产党就没有新中国。一百年的历史中，中国共产党领导人民不仅打碎了旧的国家机器、推翻了旧的制度、建立了新中国，而且在领导社会主义事业中，通过改革开放的伟大实践，在各个领域取得了辉煌的成就，并使国家经济发展总量位居世界第二。这一百年间，以中国共产党人为代表的中国人民，从最初找到马克思主义，到今天运用马克思主义的基本原理结合中国实际找到了适合自身发展的中国特色社会主义道路，形成完整的理论体系和制度体系，完成了中华民族有史以来最为广泛而深刻的社会变革。中国共产党和中国人民充满信心，以自身的发展成就为人类对更好社会制度的探索提供了中国方案。中国共产党以实践证明：中国共产党“行”，马克思主义“能”，社会主义制度“好”。

习近平总书记这样说过："中国共产党所做的一切，就是为中国人民谋幸福，为中华民族谋复兴，为人类谋和平与发展。"[5]世界上没有哪个政党像中国共产党这样，始终把人民放在心中。为了让人民过上好日子，我们党始终坚持以人民为中心，坚持立党为公、执政为民，把人民对美好生活的向往作为奋斗目标。在实现共同富裕的目标中，打响了让几千万人脱贫的攻坚战，让全国人民共享改革开放的成果，共享国家发展的荣耀。为全世界消除贫困人口作出了历史性的贡献。

我们党坚持党的领导、人民当家作主、依法治国的有机统一，坚持社会主义核心价值观，在弘扬五千多年的中华优秀传统文化中，以文化自信凝聚人民的共同理想和价值导向，荡涤腐朽落后的文化和思想，倡导新风尚。同时，继承革命文化，发展社会主义先进文化，让革命的历史成为我们的缅怀，让先进的文化成为我们的追求，构筑起中国精神、中国价值和中国力量。在中国共产党的领导下，中国人民以更加自信的姿态展示着自我的风貌。

毛泽东同志曾说过，中国应当对于人类有较大的贡献。在当今世界的舞台，我们党在领导国家无论是经济发展还是参与国际事务，都在展示着大国的形象和作为。在应对当今世界各种挑战中，既不放弃自身正当的权益，也不以牺牲别国的利益发展自己，始终尊重世界文明的多样性，坚持交流、互鉴、包容、普惠等，推进人类命运共同体的建设，让世界感受和平发展的中国，感受到坚持公平正义的国家姿态。同时，中国也以自身的努力为世界的进步和发展作出自己应有的贡献。

2. 中国的高等教育取得了巨大的发展

中华人民共和国成立之初，我们党在进行社会主义改造的同时，也对旧的教育制度进行了改造。无论是办学模式、教育目标，还是专业建设、人才培养，都被赋予了新的要求，从此开创了中国高等教育的新天地。

长期以来，我们党的教育方针，确定了高等教育始终是为人民服务的要求，是民族的、科学的、大众的。从而使得更多的人民群众可以享受到高等教育的培养，也使高等教育在提高人民群众的文化教育水平中发挥了重大的影响和作用。高等教育的不断发展进步，为新中国的经济建设和改革开放提供了有力的知识贡献和人才支撑。

伴随着中国经济的发展，中国高等教育的发展也发生了巨大的变化。在中国共产党的领导下，教育事业包括高等教育事业取得了万众瞩目的成就。自中华人民共和国成立后的七十多年间，高等教育由精英化向大众化转变，至今已进入普及化时代。2020年，各种形式的高等教育在学总规模为4183万人，毛入学率也达到54.4%，正在从教育大国向着教育强国迈进。

在推进高等教育的发展中，我们党根据国情，坚持走中国自己的高等教育发展之路。在借鉴西方的高等教育、学习苏联办学模式的同时，我们党始终强调坚持社会主义的办学方向，强调高等教育的政治属性和办学思想，既坚持知识的传承和传播，又强调大学的思想教育和立德树人，形成了中国特色的高等教育制度和人才培养模式，使得中国的高等教育在服务自己国家中成长，在培养社会主义的建设者和接班人中发展，不仅创造了中国高等教育的历史与成就，而且也实现了中国高等教育为人民服务，为民族复兴、为国家担责这一重大使命的担当。

中国的高等教育在走向现代化的进程中，从追求质量公平、内涵式发展，到“双一流”建设、现代大学治理，我们党始终将高等教育的自身发展与党的事业紧密相连。改革开放以来，我们党更加重视高等教育的发展。新时代，习近平总书记强调高等教育要坚持为人民服务，为中国共产党治国理政服务，为巩固和发展中国特色社会主义制度服务，为改革开放和社会主义现代化服务。“四个服务”将高等教育的事业发展与国家的命运紧密相连，与党的事业紧密相连。中国的高等教育在致力于为党育人、为国育才的过程中，在推进“双一流”建设中，不断致力于治理体系和治理能力的现代化，在追求“中国特色、世界一流”的目标下，正在描绘中国高等教育灿烂的前景。

参考文献

[1][5] 中央宣传部（国务院新闻办公室）会同中央党史和文献研究室，中国外文局．

习近平谈治国理政：第三卷 [M]. 北京：外文出版社，2020：49，436.

[2] 中共中央文献研究室 . 毛泽东文集：第六卷 [M]. 北京：人民出版社，1999：329.

[3] 中共中央文献研究室 . 毛泽东选集：第四卷 [M]. 北京：人民出版社，1991：1439.

[4] 中央宣传部（国务院新闻办公室）会同中央文献研究室 . 习近平谈治国理政：第一卷 [M]. 北京：外文出版社，2014：4.

本文刊发于《北京教育》（高教）2021年第7期

深刻认识中国共产党的伟大历史贡献

——以中国新型政党制度的创立发展为视角

钟德涛*

摘　要：中国共产党的建立、中华人民共和国的成立、改革开放和中国特色社会主义事业的推进，是五四运动以来我国发生的三大历史性事件，是近代以来实现中华民族伟大复兴的三大里程碑，也是中国新型政党制度发展史上的三大历史性事件和三大里程碑。中国新型政党制度的创立发展和中国共产党的伟大历史贡献紧密相连，其创立发展本身就凝聚了中国共产党的伟大历史贡献。深刻认识中国共产党的伟大历史贡献，必须深刻认识中国共产党在中国新型政党制度创立发展中发挥的巨大作用和作出的重大贡献。

关键词：中国共产党；党史学习教育；中国新型政党制度；历史贡献

伟大的无产阶级革命导师恩格斯指出："我们根本没有想到要怀疑或轻视'历史的启示'；历史就是我们的一切，我们比任何一个先前的哲学学派，甚至比黑格尔，都更重视历史。"[1]中国共产党是一个用马克思主义理论武装起来的学习型政党，因此在百年不懈奋斗历程中一贯高度重视中共党史学习教育。延安整风运动时期开展的党史学习教育是中国共产党诞生后掀起的第一次高潮。这次党史学习教育的一个重要目的是教育全党大力推进马克思主义中国化，做抗日战争的中流砥柱，为中国人民和中华民族作出伟大的历史贡献。中华人民共和国成立后的1951年、1981年、1991年、2011年、2021年，适逢中国共产党诞生30周年、60周年、70周年、90周年、100周年，中国共产党开展的党史学习教育先后掀起了五次高潮。这五次党史学习教育都有一个

*　钟德涛，华中师范大学马克思主义学院、中共党史党建研究院

共同的基本要求，即教育全党和全国人民深刻地认识中国共产党的伟大历史贡献。围绕如何深刻认识中国共产党的伟大历史贡献问题，《人民日报》《光明日报》《中国社会科学报》和一些学术期刊发表的多篇理论文章，提出了很多具有理论认识意义和学术价值的新论断，但中国共产党的伟大历史贡献与中国新型政党制度创立发展的关系被关注得不够。

回顾近现代中国历史，我们可以清楚地看到，中国共产党的建立、中华人民共和国的成立、改革开放和中国特色社会主义事业的推进，是五四运动以来我国发生的三大历史性事件，是近代以来实现中华民族伟大复兴的三大里程碑。[2]可以说，五四运动以来的三大历史性事件和三大里程碑，也是中国新型政党制度创立发展史上的三大历史性事件和三大里程碑。本文对此问题进行探讨，以期从一个新视角深化我们对中国共产党伟大历史贡献的深刻认识。

中国共产党的建立和中国新型政党制度的形成

中国政党制度发展史表明，中国新型政党制度—中国共产党领导的多党合作和政治协商制度，是近现代中国社会历史地否定了民国初年尝试的多党制和国民党一党专制后的产物。中国共产党的建立，是中国新型政党制度创立的最关键因素。

中国新型政党制度孕育于近代以来中国民主革命的历史进程之中。1921年，在近现代中国社会的变革过程中和中国政党制度发展史上，是具有特别重要意义的一年。1911年爆发的辛亥革命的目标，旨在推翻封建王朝后建立起资产阶级民主共和制的国家。可是，辛亥革命的胜利果实很快被袁世凯窃取。面对辛亥革命后的残酷现实，以孙中山为代表的资产阶级革命派继续高举民主革命的大旗，一战再战，但都惨遭失败。以陈独秀、李大钊为代表的中国先进知识分子探索着救国救民的出路，相继领导了新文化运动、五四运动，宣传俄国十月革命和马克思列宁主义。1921年7月，“在中国人民和中华民族的伟大觉醒中，在马克思主义同中国工人运动的紧密结合中，中国共产党应运而生”[3]。中国共产党的诞生，是开天辟地的大事变。

从中国共产党诞生至20世纪40年代，中国社会先后出现了五六十个大小政党或政派，但有一定影响的只有十余个。连同此前早就活跃在中国政治舞台上的中国国民党，中国社会逐步形成了三种类型的政党，即从1927年起蜕变为代表大地主大资产阶级利益的中国国民党、代表工人阶级和广大劳动人民利益的中国共产党、介于国共两党之间的主要反映民族资产阶级和上层小资产阶级利益与愿望的中间党派（多数为爱国的民主党派）。

上述三种不同类型的政党，围绕中国的出路和政党制度类型进行了激烈的较量。较量的结果是：1927年大革命失败后开始建立的垄断型的国民党一党专制随着1949年国民党政权在全国的垮台而崩溃，中间党派追求的英美式资产阶级共和国及其竞争型的政党制度幻想破灭，中国社会建立起了合作型的中国新型政党制度，即中国共产党领导的多党合作和政治协商制度。中国新型政党制度的孕育、形成，贯穿于中国共产党领导的整个新民主主义革命时期。其中，抗日战争时期，中国共产党领导建立的“三三制”抗日民主政权是中国新型政党制度的雏形。沿着“三三制”政权建设的思路，抗战胜利前夕，中国面临着建立一个什么样的国家政权的时候，毛泽东明确提出了成立联合政府的政治主张。1948年4月，解放战争的隆隆炮声中，中国共产党发布《纪念“五一”劳动节口号》，呼吁“各民主党派、各人民团体、各社会贤达迅速召开政治协商会议，讨论并实现召集人民代表大会，成立民主联合政府”[4]。这就明确提出了建立新中国的政治主张。同年5月1日，中共中央主席毛泽东专门就此致函民革中央主席李济深、民盟中央常委沈钧儒，“提议由中国国民党革命委员会、中国民主同盟中央执行委员会、中国共产党中央委员会于本月内发表三党联合声明，以为号召”[5]。同年5月5日，各民主党派中央领导人从香港联合致电中共中央主席毛泽东并转解放区全体同胞（即“五五”通电），表示热烈响应。同年5月至7月初，与中共保持合作关系的所有民主党派都分别以本党名义发表了响应中共“五一”号召的宣言或声明。各民主党派响应“五一口号”，彻底放弃了“中间路线”“第三条道路”，公开声明接受中国共产党的领导。1949年9月，以新政协的召开和中华人民共和国中央人民政府的组建为标志，中国新型政党制度正式形成和开始确立。

综上所述，没有中国共产党，就没有中国新型政党制度，就没有人民民主专政的新中国。中国新型政党制度是马克思主义中国化的产物，是中国共产党和各民主党派、无党派民主人士的共同的伟大政治创造。

中华人民共和国的成立和中国新型政党制度的正式确立

中华人民共和国的成立，意味着中国共产党团结带领全国人民，经过28年的浴血奋战，实现了自鸦片战争以来中国历代仁人志士梦寐以求并为之奋斗的民族独立、人民解放的愿景。以中华人民共和国成立为标志，中国共产党成为全国范围的执政党。

中华人民共和国成立之初，如何认识和对待中国新型政党制度，是一个没有来得及从理论上加以彻底解决的问题，于是先后发生了三次关于民主党派的存废之争或疑惑。第一次发生在1949年10月开国大典后不久的毛泽东访问苏联期间，导致的严重结果是沈钧儒领导的救国会于1949年12月28日自行宣告解散，其他民主党派，如九三学社、农工党、民进等也着手拟定解散宣言。1950年2月，毛泽东同志访苏回国后，闻此消息，特别惋惜，说救国会是进步团体，不应当解散，明确地表示民主党派不但要继续存在，而且要继续发展。毛泽东同志与民主党派领导人促膝谈心，以其崇高威望和人格魅力劝阻了民主党派的自行解散。第二次发生在1954年9月第一届全国人民代表大会召开之后。由于全国人大召开，《中国人民政治协商会议共同纲领》代替宪法的过渡状态结束，政协代行人大职权的作用自然消失了。于是，中共党内外包括民主党派都有一些人认为政协可以从此不要了，民主党派派不上用场了。第三次发生在1956年社会主义改造取得基本胜利前后。随着生产资料私有制的社会主义改造的基本完成，我国即将进入社会主义社会，中国民族资产阶级作为阶级将不复存在。在此背景下，又有一些人认为民主党派应随着民族资产阶级的消亡而退场。有些民主党派人士也存在着等待民主党派被解散的思想。

第二次、第三次围绕民主党派的存废之争或疑惑未酿成事端，因为中共中央及时采取了重要举措。中共中央先后主持召开了全国统战部长会议，制定了《中共中央关于统一战线工作的指示》，印发了《一九五六年到一九六二年统一战线工作的方针》。在此基础上，1956年4月25日，毛泽东同志在中共中央政治局扩大会议上发表了《论十大关系》的讲话。讲到中国共产党和民主党派的关系时，毛泽东同志自问自答："究竟是一个党好，还是几个党好？现在看来，恐怕是几个党好。不但过去如此，而且将来也可以如此，就是长期共存、互相监督。"[6]他明确地说："在这一点上，我们和苏联不同。我们有意识地留下民主党派，让他们有发表意见的机会。"[7]明确提出中国不搞苏联那样的一党制。毛泽东同志在讲话中明确提出的"长期共存、互相监督"的多党合作方针，从根本上解决了中国新型政党制度确立的理论和方针问题。同年9月召开的中共八大，将毛泽东同志提出的多党合作八字方针上升为全党的意志。中共八大对"长期共存、互相监督"方针的正式阐述，标志着中国新型政党制度的正式确立。中国新型政党制度一经中共八大正式确立，就坚如磐石不可动摇。不可否认，中国新型政党制度在"文革"中遭受了严重的挫折和破坏，但是多党合作原则从未被放弃过，多党合作的总体格局没有被否定过。特别是1971年"九·一三事件"后，曾经备受摧残的中国新型政党制度很快出现转机。各民主党派负责人和无党派爱国人士参与了四届全国人大的筹备工作。1975年1月，四届全国人大一次会议产生的22名副委员长中，包括了宋庆龄、郭沫若、阿沛·阿旺晋美、周建人、许德珩、胡厥文等民主党派和无党派爱国人士。全国人大常委会的人员组成也体现了多党合作的原则。[8] 1976年10月，粉碎"四人帮"后，中国新型政党制度建设开始破冰之旅。

以上历史事实表明，社会主义革命和建设时期，中国共产党对坚持和维护中国新型政党制度发挥了巨大作用。中共八大对中国新型政党制度的正式确立，是对苏联模式的政党体制的重大突破，是中国共产党对中国社会主义政治建设、国际共产主义运动和人类进步事业作出的一个巨大的历史贡献。

改革开放和中国特色社会主义事业的推进与中国新型政党制度的创新发展

以1978年12月召开的中共十一届三中全会为标志，我国进入改革开放和社会主义现代化建设的新时期。中国新型政党制度的建设发展以此为起点，不断开创新局面。1982年9月，中共十二大报告《全面开创社会主义现代化建设的新局面》，正式提出‘长期共存、互相监督’，‘肝胆相照、荣辱与共’”的多党合作“十六字方针”，实现了多党合作方针的与时俱进和重大发展。此前，1982年1月5日，中央领导人在第15次全国统战工作会议上的讲话中已将“肝胆相照、荣辱与共”作为方针性问题提出。

1987年召开的中共十三大提出了“共产党领导下的多党合作和政治协商制度”概念，并将之明确为我国的基本政治制度。以中共十三大召开为标志，中国新型政党制度建设进入制度性建设时期。制度化、规范化、程序化直至法治化，是制度性建设的重要内涵和外在表现形式的高度统一。1989年12月，中共中央制定了《中共中央关于坚持和完善中国共产党领导的多党合作和政治协商制度的意见》。1993年3月召开的全国人大八届一次会议将“中国共产党领导的多党合作和政治协商制度将长期存在和发展”[9]载入《中华人民共和国宪法》。1997年9月召开的中共十五大，把坚持和完善多党合作制度列入社会主义初级阶段的基本纲领中，并将之列为政治体制改革和民主法制建设的重大任务。2004年9月，中共十六届四中全会通过的《中共中央关于加强党的执政能力建设的决定》，将坚持和完善多党合作制度作为加强中国共产党执政能力建设的重要内容。2005年3月，中共中央制定《关于进一步加强中国共产党领导的多党合作和政治协商制度建设的意见》。2007年10月，中共十七大强调，完善和发展多党合作制度，必须坚定不移地走中国特色社会主义政治发展道路。2009年9月，中共十七届四中全会通过的《中共中央关于加强和改进新形势下党的建设若干重大问题的决定》，进一步提出了完善中国共产党同民主党派合作共事的机制问题。

党的十八大以来，中国特色社会主义进入新时代。以习近平同志为核心的党中央根据世情、国情和党情的新变化，大力推进多党合作理论、政策和实践创新，加强对多党合作事业的全面领导，中国新型政党制度得以日臻完善。

从理论上看，以习近平同志为核心的党中央提出了一系列新论断。2013年2月，习近平总书记明确提出民主党派是中国特色社会主义参政党。将民主党派的性质由“致力于中国特色社会主义事业的参政党”发展为“中国特色社会主义参政党”。这是对民主党派性质所作的更加科学的界定；2018年3月，习近平总书记将当代中国政党制度定位为“从中国土壤中生长出来的新型政党制度”[10]。从此，中国新型政党制度成为一个政治概念，成为“中国共产党领导的多党合作和政治协商制度”的同一语。

从制度上看，以习近平同志为核心的党中央，既注重健全宏观制度体系，又注重健全机制体系。在宏观制度体系方面，中共中央先后出台了《关于全面深化改革若干重大问题的决定》《关于加强社会主义协商民主建设的意见》《关于坚持和完善中国特色社会主义制度、推进国家治理体系和治理能力现代化若干重大问题的决定》等一系列重要文件。这些文件从全面深化改革、社会主义协商民主、国家治理现代化等方面构筑起了中国新型政党制度建设的顶层设计框架。与此同时，中共中央先后出台了《中国共产党统一战线工作条例（试行）》《关于加强人民政协协商民主建设的实施意见》《关于加强政党协商的实施意见》《关于加强和改进人民政协民主监督工作的意见》《关于加强新时代人民政协党的建设工作的若干意见》《中国共产党统一战线工作条例》等一系列制度性文件，从人民政协的政治协商、民主监督、党的建设以及统一战线、政党协商、党外干部队伍教育等各个方面作了制度化规范。在宏观制度体系的总体框架下，中国新型政党制度在运行中构建了一整套机制体系。其中，2015年12月，中共中央办公厅印发的《关于加强政党协商的实施意见》，规范了民主党派中央以调研报告、建议等形式直接向中共中央提出意见和建议机制（民主党派“直通车”机制）。2017年10月，中共中央统战部、国务院扶贫开发领导小组办公室印发的《关于支持各民主党派中央开展脱贫攻坚民主监督工作的实施方案》，建立了脱贫攻坚民主监督工作机制。

中共十一届三中全会以来特别是党的十八大以来中国新型政党制度的创新发展表明，在中国共产党的坚强领导下，从中国土壤中生长出来的并沐浴马克思主义阳光雨露的中国新型政党制度，在全面建设社会主义现代化国家、实现中华民族伟大复兴的新征程中焕发出更加旺盛的生机与活力。它同时表明，在中国共产党的百年不懈奋斗历程中，中国新型政党制度的创新发展和日臻成熟，是中国共产党团结带领全国人民包括各民主党派、广大无党派人士，为中国人民和中华民族作出的一个伟大历史贡献。这一伟大历史贡献也将极大地有益于人类政治文明的良性发展。

结语：以史为鉴，开创未来

党的十八大以来，习近平总书记在多篇重要讲话中论述了中国共产党的伟大历史贡献。2013年6月25日，习近平总书记在主持中共十八届中央政治局第七次集体学习时的讲话中提出，中国共产党诞生以来的伟大历史贡献，“集中体现为完成和推进了三件大事：一是完成了新民主主义革命，实现了民族独立、人民解放；二是完成了社会主义革命、进行了社会主义建设，确立了社会主义基本制度；三是进行了改革开放新的伟大革命，开创、坚持、发展了中国特色社会主义”[11]。强调这三件大事从根本上改变了中国人民和中华民族的前途和命运。2016年7月1日，习近平总书记在庆祝中国共产党成立95周年大会上的讲话中，将“三件大事”提升为中国共产党为中华民族作出的三个“伟大历史贡献”，认为三个“伟大历史贡献”实现了中国社会的三次历史性“伟大飞跃”。[12] 2021年7月1日，习近平总书记在庆祝中国共产党成立100周年大会上发表的重要讲话中，把中国共产党的伟大历史贡献归结为创造了四个“伟大成就”。习近平总书记对中国共产党伟大历史贡献的论述形成了一个体系，我们要领悟其思想伟力。“三件大事”“三个伟大历史贡献”“四个伟大成就”体现的都是中国共产党的初心使命和党史的主题主线。中国新型政党制度的创立发展和中国共产党创造的“三件大事”“三个伟大历史贡献”“四个伟大成就”紧密相连。中国新型政党制度不仅是实现中华民族伟大复兴过程中的产物，而且是未来彻底实现中华民族伟大复兴的重要制度保障。它的创立和创新发展凝聚了中国共产党的伟大历史贡献。因此，我们深刻认识中国共产党的伟大历史贡献，必须科学认识中国新型政党制度的历史由来和创新发展，进而深刻认识中国共产党的执政党地位是历史自然形成和人民的正确选择，坚信中国特色社会主义最本质的特征是中国共产党领导，中国特色社会主义制度的最大优势是中国共产党领导，以史为鉴，开创未来。这是我们从党史中应汲取的智慧和力量，也是党史学习教育根本原则和根本要求的重要体现。

本文系国家社会科学基金项目“十八大以来中国特色社会主义政党制度的创新发展及基本经验研究”（项目编号：18BDJ004）的阶段性成果；华中师范大学中共党史党建研究院委托项目“新中国成立以来中国新型政党制度的建设和发展研究”（项目编号：HS2021DJ002）的阶段性成果。

参考文献

[1] 中共中央马克思恩格斯列宁斯大林著作编译局．马克思恩格斯全集：第 3 卷 [M]. 北京：人民出版社，2002：520.

[2][11][12] 习近平．论中国共产党历史 [M]. 北京：中央文献出版社，2021：215，15，117-118.

[3] 习近平．在庆祝中国共产党成立 100 周年大会上的讲话 [M]. 北京：人民出版社，2021：3.

[4] 中央统战部，中央档案馆．中共中央解放战争时期统一战线文件选编 [M]. 北京：档案出版社，1988：195.

[5] 毛泽东．毛泽东书信选集 [M]. 北京：人民出版社，1983：301-302.

[6][7] 毛泽东．毛泽东文集：第 7 卷 [M]. 北京：人民出版社，1999：34-35，34.

[8] 钟德涛．中国政党制度发展史论 [M]. 北京：高等教育出版社，2015：220.

[9] 中共中央文献研究室．十四大以来重要文献选编：上册 [M]. 北京：人民出版社，

1996：207-208.

[10] 习近平 . 论坚持党对一切工作的领导 [M]. 北京：中央文献出版社，2019：241.

本文刊发于《北京教育》（高教）2021年第12期

中国共产党组织路线的三重逻辑

钱昌照　刘宇岚*

摘　要：党的组织路线的历史逻辑表现为新民主主义革命时期、社会主义革命和建设时期、中国特色社会主义现代化建设时期组织路线的继承发展历程；理论逻辑表现为马克思主义建党原则、组织工作思想和中国共产党的组织理论；实践逻辑表现为在中国特色社会主义新时代，不断落实组织路线的政治自觉、思想自觉、行动自觉。

关键词：中国共产党；组织路线；历史逻辑；理论逻辑；实践逻辑

在中国革命、建设、改革的进程中，党在确立正确的组织路线上进行了长期探索，组织路线呈现出了历史、理论、实践的三重逻辑。在建党百年之际，在“两个一百年”奋斗目标的历史交汇点深入探究其三重逻辑，对贯彻好新时代党的组织路线、不断推进组织路线深入发展和完善具有重大意义。

党的组织路线的历史逻辑

从新民主主义革命时期到社会主义革命和建设时期，再到中国特色社会主义现代化建设时期，党的组织路线从无到有、由浅入深，经历艰难曲折的探索后蓬勃发展。

1. 新民主主义革命时期

第一，确定组织原则和组织制度。党的组织原则和组织制度为民主集中

* 钱昌照、刘宇岚，北方工业大学马克思主义学院

制。民主集中制早在中共一大的党纲中得以明确，在中共二大通过的《中国共产党章程》中得到详细规定，但在陈独秀的“家长制”和王明的“残酷斗争、无情打击”下，基本形同虚设[1]。“七七事变”后，我们党对党员进行了组织思想教育，把组织工作纳入制度化轨道。最终，中共七大对党的组织原则和组织制度的系统规定，实现了二者的统一，为党的组织工作奠定了基础，对组织路线乃至政治路线的贯彻实施有着深远意义。

第二，提出并阐释组织路线。中共六大首次提出“组织路线”的概念，并指出组织工作中的主要缺点：“没有建立全党由上至下的明确的、坚定的组织路线”。[2]古田会议上，毛泽东同志提出，红军“还要负担宣传群众、组织群众、武装群众、帮助群众建设革命政权以至于建立共产党的组织等项重大的任务”[3]，体现了组织路线与群众路线相结合的重要性。同时，会议在“党的组织路线问题”部分中提出“党员的发展路线”，重申“支部建在连上”，组织路线的内涵得到进一步明确。

2. 社会主义革命和建设时期

第一，整顿和发展党组织。1950年5月，中共中央发出《关于发展和巩固党的组织的指示》，强调党的发展工作重点首先在于工人阶级。党的七届三中全会提出“谨慎发展党组织的方针和整顿基层党组织”的要求。第一次全国组织工作会议通过的《关于整顿党的基层组织的决议》指出，必须对党的基层组织进行一次普遍的整顿。从此，党的整顿工作逐步展开，该工作使党的队伍得到扩大、战斗力得到加强。

第二，维护党的团结统一。维护党的团结统一，可以促进组织路线的认可度并保障其实施。1953年，出现了“高饶事件”，即高岗、饶漱石分裂党的活动。为了维护党的团结统一，进而利于政治路线的贯彻执行，毛泽东同志在中共中央政治局会议上对高岗提出警告，同时就加强党的团结提出建议。此后，党中央一直强调党的团结是党的生命，及其作为马克思列宁主义基本原则的重要性。

第三，做好知识分子工作。知识分子问题会议上，周恩来同志宣布我国知识分子的绝大部分“已经是工人阶级的一部分”[4]，并提出其已经是劳动人民知识分子的观点。知识分子在新民主主义革命时期曾属于城市小资产阶级，在社会主义革命和建设时期归入工人阶级，体现出党注重在组织上对其进行吸纳。做好知识分子工作，既有利于发挥其知识才能为社会主义事业服务，又有利于在组织上团结与其密切联系的民族资产阶级和无党派人士，进而巩固和扩大统一战线。

第四，管理和培养干部。党的八届六中全会上，毛泽东同志强调干部要做到“又红又专”，即培养政治敏锐性和技能专业性。1964年7月，在赫鲁晓夫修正主义的背景下，毛泽东同志在《人民日报》中指出，要培养和造就革命事业的接班人。这是在正确判断国际形势的前提下对组织路线的正确论断。只有将接班人培养好，“又红又专”的干部队伍才能后继有人，组织路线才能得到进一步落实发展。

3. 中国特色社会主义现代化建设时期

第一，管理和培养干部。改革开放后对干部队伍建设的重视，是对前一时期的继承发展。邓小平同志提出干部队伍革命化、年轻化、知识化、专业化的方针。依据“四化”方针，以江泽民同志为核心的第三代党中央高度重视建设高素质的干部队伍。胡锦涛同志在党的十六届四中全会指出，加强党的执政能力建设关键是建设高素质干部队伍。组织路线内含干部问题，因此加强干部管理培养的过程亦是加强组织路线的过程，同时高素质的干部队伍也能更好领导党的组织建设。

第二，加强党员队伍建设。党的十四大强调培养和造就千百万社会主义事业接班人，解决好不合格党员问题，能促进党培养出社会主义事业接班人，进而加强党员队伍建设。党的十六届四中全会指出加强党的执政能力建设的基础，包括党员队伍建设；党的十七大指出党的执政能力和先进性建设的重点，包括造就高质量党员。党员与干部构成了党组织的全部主体，党员队伍建设与干部队伍建设结合，对组织建设具有重要意义。

第三，加强党的组织建设。江泽民同志指出，“加强党的组织建设，根本的是把党建设成坚强的领导核心，充分发挥党的组织优势”[5]，规定了加强组织建设的根本目标。胡锦涛同志在党的十六届四中全会上强调加强党的执政能力建设的基础，其中包括加强党的基层组织建设，进而体现出组织建设与执政能力建设的关系：加强组织建设，可以为执政能力提供组织保证并促进其提高；进一步，执政能力的提高可以为组织路线与组织建设提供有力支撑，最终形成相互促进的良性循环。

党的组织路线的理论逻辑

马克思主义建党学说和马克思主义经典作家关于组织工作的思想，规范了马克思主义政党的组织建设；我们党将其与中国实际结合，形成了自身的组织理论。

1. 理论源泉：马克思主义建党原则和组织工作思想

第一，强调组织工作的重要性。马克思、恩格斯把无产阶级组织成为独立政党作为无产阶级革命的首要条件[6]，指出“应该使自己的每一个支部都变成工人协会的中心和核心”[7]。保障支部的核心地位，能够确保组织的向心力和凝聚力，进而为组织工作赋能。列宁强调，“工人阶级的力量在于组织”[8]“组织起来的无产阶级就无所不能”[9]，无产阶级战胜资产阶级，“除了组织，没有别的武器”[10]，将组织工作的重要性推向新高度。在阶级斗争中，加强组织工作能集聚无产阶级的力量，进而发挥其先进性，最终推翻资产阶级的统治。

第二，按照民主集中制实行严格的组织制度。马克思、恩格斯指出，无产阶级政党必须严格按照民主集中制的原则组织起来实行严格的组织和制度，他们同时强调民主和集中。列宁继承了马克思、恩格斯的思想，用“民主集中制”代替“集中制”，并在创建新型无产阶级政党的过程中坚持和发展了这一原则。民主集中制是马克思主义政党区别于其他政党的重要特质，既能够同时保障决策的民主性和科学性，又能够在党的领导下集中多方意见，充分体现无产阶级政党的执政优势。

第三，注重党员质量以维护党的先进性。注重党员质量是马克思主义党建学说的一条重要原则[11]，直接关乎党的先进性。马克思、恩格斯强调，无产阶级政党必须由最彻底、最坚定的先进分子组成[12]。《共产主义者同盟章程》规定了盟员的条件，“盟员如果不能遵守这些条件即行开除”[13]。马克思在《国际工人协会共同章程》中规定，“每一支部应对接受的会员的品行负责”[14]。列宁指出，要注重党员质量而非数量的提高，“徒有其名的党员，就是白给，我们也不要”[15]。党的特性取决于党员的品行特征，因此维护党的先进性取决于党员质量的提高。

第四，突出党的权威性和纪律性。恩格斯强调无产阶级政权的权威性，“没有权威，就不可能有任何一致的行动”[16]；马克思强调无产阶级政党的纪律性，“我们现在必须绝对保持党的纪律，否则将一事无成”[17]。列宁指出，“全体党员不分上下都必须无例外和无条件地承认党的纪律”[18]。因此，无产阶级政党既需要维护党的核心地位，在组织上坚持党的领导；又需要保证全体党员在思想、政治、组织上与党中央高度一致，加强党内治理，进而加强党的领导作用，为实施组织路线乃至总路线提供必要的前提。

第五，坚持党的团结统一和正确进行党内斗争。以斗争和批评促进团结是党内团结的辩证法。恩格斯指出，“没有批评就不能互相了解，因而也就谈不到团结”[19]。不仅民主是促进团结的方式，而且斗争批评与团结之间也能形成相反相成的效应，使矛盾双方地位发生变化，团结成为矛盾的主要方面。针对党内团结与斗争的关系，列宁强调将争论、批评与团结、帮助相结合。对待犯错误的同志，列宁反对只讲妥协，不讲斗争；也反对只讲斗争，不讲妥协。[20]将斗争与团结相结合，换言之，在斗争的基础上进行团结，能更大程度促进党的团结统一。

2. 内在规律：中国共产党的组织理论

第一，组织建设是党的建设的基础。毛泽东同志在《〈共产党人〉发刊词》指出，中国革命的“三大法宝”之一“党的建设”包括“思想建设、组织建设、作风建设”。习近平总书记提出的新时代党的建设总要求，内含“政治建设、思想建设、组织建设、作风建设、纪律建设，把制度建设贯穿其中”。由此可见，组织建设在党的建设总体布局中不可或缺。列宁指出，“无产阶级所以能够成为而且必然会成为不可战胜的力量，就是因为它根据马克思主义原则形成的思想一致是用组织的物质统一来巩固的”。[21]因此，组织建设能为党的思想建设以及党的建设总体布局提供物质保障。

第二，组织工作是党的中心工作的可靠动力。党的组织工作始终与各个时期党的中心工作紧密相连，在一定程度上促进中心工作的开展，为其提供组织上的路径和保证。毛泽东同志指出，“一个政党要引导革命到胜利，必须依靠自己政治路线的正确和组织上的巩固”[22]。当组织工作促进正确的中心工作时，对推进党的事业起积极作用，反之则起消极甚至阻碍作用。因此，要确保党的中心工作的准确性，进而使党的组织工作发挥其正面效益。

第三，组织路线是政治路线、思想路线和群众路线的保证。邓小平同志强调，“中国的稳定，四个现代化的实现，要有正确的组织路线来保证”[23]。组织路线始终为政治路线服务，是保证该路线的必然要求；组织路线为思想路线提供实施路径；组织路线为群众路线提供必要的实施条件。在中国革命、建设、改革的进程中，四种路线协同演进，组织工作发展的同时推进政治工作、思想工作和群众工作的全面深化发展。

党的组织路线的实践逻辑

党的十八大以来，中国特色社会主义进入新时代，组织路线的实践逻辑表现为其在中国特色社会主义新时代的实践逻辑。

1. 坚持全面从严治党

坚持全面从严治党，是组织路线在实践层面的坚实基础，需要做到以下几点：一是坚持贯彻新时期好干部标准；二是坚持正风肃纪、严惩腐败；三是坚持思想建党和制度建党同时发力。全面从严治党在党的十八大以来取得了显著成效，但在“四大危险”“四大考验”面前，党的组织不纯问题仍然存在。因此，必须把党锻造成深得人民拥护的强大政党，才能推进组织路线在中国特色社会主义新时代的实践。

2. 注重党员和干部队伍建设

一是针对党员队伍建设问题，中共中央办公厅印发的《中国共产党发展党员工作细则》指出，在坚持“控制总量、优化结构、提高质量、发挥作用”总要求的基础上，始终把政治标准放在首位。其凸显了加强党员队伍建设的意义，为解决党员数量大幅增加的问题提供了重要指示，为优化党员队伍并使其符合新时代的要求提供了鲜明指引。二是针对干部标准问题，习近平总书记强调把好干部标准落到实处，突出政治标准，提拔重用忠诚、干净、担当的干部。中国特色社会主义进入新时代以来，关于干部培养的新标准、新论述，是习近平总书记对新时代好干部的殷切期望，是组织路线随着时代发展在实践维度上的创新。

3. 高度重视人才工作

习近平总书记在中央政治局第二十一次集体学习时强调，实行更加积极、更加开放、更加有效的人才政策，形成具有吸引力和国际竞争力的人才制度体系。党的十九届五中全会强调，“十四五”时期经济社会发展要以推动高质量发展为主题，高质量发展的实现离不开一支高质量的党员干部人才队伍，凸显了人才工作的重要性；会议还从组织路线的高度，确定了组织干部人才工作共同推进的工作布局。把人才工作纳入基本路线之中，是组织路线的一大贡献。

4. 加强党的组织体系建设

党的组织体系包括党的组织架构、组织制度和组织纪律等。从组织架构看，各级党组织注重组织架构的发展和完善；从组织制度看，党中央修订党内组织法规、民主集中制等制度也在党的领导下继续实施；从组织纪律看，党中央制定修订一系列规则，对其进行深刻阐述和严明规定，并强调坚持党性原则。党的组织架构、组织制度和组织纪律的发展服务于组织路线的实践，为其提供架构体系、制度和纪律上的保证。

5. 提出新时代党的组织路线

习近平总书记在2018年全国组织工作会议上提出“新时代党的组织路线”，是我们党首次对组织路线做出完整表述。新时代党的组织路线的内涵，要求全党在实践中遵循“五个抓好”：一是要抓好坚持和完善党的领导、坚持和发展中国特色社会主义；二是要抓好用党的科学理论武装全党；三是要抓好党的组织体系建设；四是要抓好执政骨干队伍和人才队伍建设；五是要抓好党的组织制度建设，这是贯彻落实新时代党的组织路线的有力保证，要抓好民主集中制根本制度、完善组织制度体系、注重制度的落实执行。

参考文献

[1] 李君 . 再论中共七大的历史贡献 [J]. 广西社会科学，2006（10）：123.

[2] 中央档案馆 . 中共中央文件选集：第四册（一九二八）[M]. 北京：中共中央出版社，1989：443.

[3][22] 毛泽东 . 毛泽东选集：第一卷 [M]. 北京：人民出版社 .1991：86，303.

[4] 中共中央文献研究室 . 周恩来年谱 1949—1976：上卷 [M]. 北京：中央文献出版社 1997：539.

[5] 江泽民 . 江泽民论有中国特色社会主义（专题摘编）学习读本 [M]. 北京：中央文献出版社，2002：594.

[6][12] 习近平 . 贯彻落实新时代党的组织路线 不断把党建设得更加坚强有力 [J]. 求是，2020（15）：4-7.

[7] 中共中央马克思列宁斯大林著作编译局 . 马克思恩格斯选集：第 1 卷 [M]. 北京：人民出版社，2012：369.

[8][9] 列宁 . 列宁全集：第 14 卷 [M]. 北京：人民出版社，2017：121.

[10] 中共中央马克思恩格斯列宁斯大林著作编译局．列宁专题文集·论无产阶级政党 [M]. 北京：人民出版社，2009：158.

[11] 邸乘光．马克思主义的一条重要建党原则 [J]. 学习论坛，2014，30（1）：22.

[13][19] 中共中央马克思列宁斯大林著作编译局．马克思恩格斯全集：第四卷 [M]. 北京：人民出版社，1958：572，423.

[14] 中共中央马克思列宁斯大林著作编译局．马克思恩格斯选集：第 3 卷 [M]. 北京：人民出版社，2012：174.

[15] 列宁．列宁全集：第 37 卷 [M]. 北京：人民出版社，2017：217.

[16] 中共中央马克思列宁斯大林著作编译局．马克思恩格斯全集：第 33 卷 [M]. 北京：人民出版社，1973：368.

[17] 中共中央马克思列宁斯大林著作编译局．马克思恩格斯全集：第 29 卷 [M]. 北京：人民出版社，1972：413.

[18] 列宁．列宁全集：第 10 卷 [M]. 北京：人民出版社，2017：202.

[20] 柯士炎．学习列宁关于党内斗争的辩证法 [J]. 北京师范大学学报（社会科学版），1980（4）：71.

[21] 列宁．列宁选集：第 1 卷 [M]. 北京：人民出版社，2012：510.

[23] 邓小平．邓小平文选：第 2 卷 [M]. 北京：人民出版社，1994：193.

本文刊发于《北京教育》（高教）2021年第7期

中国共产党百年青年理想信念教育的主题演进与经验启示

王天民　王晓雅*

摘　要：中国共产党在百年奋斗历程中，十分重视青年理想信念教育，随着不同历史时期党的中心任务的变化，理想信念教育主题也有所不同。梳理党的理想信念教育主题演进过程，总结党百年青年理想信念教育基本经验，对于新时代青年理想信念教育具有重要的借鉴意义。

关键词：中国共产党；青年理想信念教育；主题演进；经验启示

高度重视青年理想信念教育既是中国共产党的优良传统，也是当前立德树人工作的重点和关键。习近平总书记关于青年理想信念教育发表了一系列重要论述。他强调指出："青年时代树立正确的理想、坚定的信念十分紧要，不仅要树立，而且要在心中扎根，一辈子都能坚持为之奋斗。"[1]落实习近平总书记强化青年理想信念教育重要指示，推动新时代青年理想信念教育创新发展，必须深刻总结中国共产党百年青年理想信念教育历史经验，传承其宝贵精神，使之在新时代发扬光大、再结硕果。

中国共产党青年理想信念教育主题的演进

中国共产党青年理想信念教育服务于党在各个历史时期的中心任务。随着党的中心任务的变化，青年理想信念教育先后确立了救亡图存、艰苦奋斗、开拓进取、自强追梦四个具有鲜明历史特征的教育主题。

*　王天民、王晓雅，北京师范大学马克思主义学院

1. 救亡图存，寻求解放

新民主主义革命时期，中华民族内外交困，以马克思主义为指导思想的中国共产党成立之初就把“反帝反封建”作为中心任务，在青年理想信念教育过程中充分彰显出为无产阶级寻求解放的核心理念。青年团组织是新民主主义革命时期党进行理想信念教育的重要载体。1922年，中国社会主义青年团第一次代表大会在广州举行，大会通过了《中国社会主义青年团纲领》和《中国社会主义青年团章程》。在中国共产党的领导下，共青团活动提高了青年团员对于马克思主义的认识，增强了青年的理想信念。创办学校宣传马克思主义理论，是当时进行理想信念教育的重要途径和方式。通过在延安地区兴办陕北公学，向青年和知识分子宣传马列主义，鼓励青年和知识分子参与政治实践，提高政治参与能力。这些重要措施，坚定了青年寻求民族解放、推动革命发展的理想信念，为新民主主义革命胜利奠定了坚实基础。

2. 艰苦奋斗，追求发展

中华人民共和国成立初期，百废待兴，中国共产党的中心任务是巩固政权、迅速恢复和发展经济。这一时期，青年理想信念教育围绕这一中心任务展开。在新中国建设过程中涌现出一批先进典型，如雷锋、邓稼先、焦裕禄等，他们的先进事迹被广泛传播，使人们受到了极大的鼓舞和激励，坚定了广大党员群众艰苦奋斗的理想信念，建树了争先恐后、积极为新中国建设作贡献的良好风尚。劳动教育在这一时期青年理想信念教育过程中发挥了重要作用。1955年，毛泽东同志提出：“农村是一个广阔的天地，在那里是可以大有作为的。”[2] 1956年，中央政治局讨论通过了《1956年到1967年全国农业发展纲要（草案）》，作出了“上山下乡”的重要指示。在“上山下乡”劳动教育中，广大青年与农民长期生活在一起，亲身参与社会建设，为国家发展作贡献，强化了理想信念。社会主义建设时期的青年理想信念教育，为改变新中国成立初期“一穷二白”的困难局面奠定了思想基础，为社会主义初期建设成就的取得发挥了重要作用，增强了青年积极投身社会主义建设的决心。

3. 开拓进取，探求创新

改革开放以来，各种思想相互交织，既推动了人民对致富道路的探求，也给人们带来了思想困扰。为了引导人民特别是青年树立正确的思想观念，理想信念教育主要采用了学校教育、社会主义精神文明建设以及推进思想政治教育学科化等基本举措。1983年，中共中央宣传部与中央书记处研究室联合发布了《关于加强爱国主义宣传教育的意见》，文件详细说明了爱国主义宣传教育的地位、重要性及做法，奠定了青年爱国主义教育的理论与政策基础。在实施“以经济建设为中心”发展路线的过程中，利己主义思想有所抬头并且严重冲击了理想信念教育。针对这一状况，邓小平同志强调指出，要坚持两手抓，两手都要硬，在抓好物质文明建设的同时，切实抓好精神文明建设。[3]在中央倡议下，各地纷纷创造性地开展群众性精神文明建设活动。1984年，经教育部审批，同意在高校设立思想政治教育专业并在十二个学校进行招生。随着思想政治教育学科化的发展，思想政治教育理论体系也在不断完善与创新，思政课成为青年理想信念教育的主渠道，在青年理想信念教育过程中发挥了重要的阵地和载体作用。改革开放以来，理想信念教育的创新和强化，为社会主义建设培育了大量具有崇高理想信念的优秀人才。

4. 自强追梦，谋求复兴

党的十八大以来，中国特色社会主义进入新时代，同时中国的发展进入“攻坚期”，改革遭遇到“难啃的硬骨头”。在此背景下，必须强化理想信念教育，为实现“两个一百年”奋斗目标、建成社会主义现代化强国、实现中华民族伟大复兴奠定坚实的思想基础。学校思政课作为理想信念教育的主渠道得到党和国家高度重视。2019年3月18日，习近平总书记在学校思想政治理论课教师座谈会上发表重要讲话，指出：“办好思想政治理论课，最根本的是要全面贯彻党的教育方针，解决好培养什么人、怎样培养人、为谁培养人这个根本问题。”[4]习近平总书记系列重要论述为新时代强化青年理想信念教育提供了根本遵循。先进青年楷模人物宣传是新时代青年理想信念教育的重要方式。甘如意、黄文秀等新时代楷模人物，为青年理想信念教育提供了宝贵素材。新时代以来，中国共产党将新精神、新气象融入青年理想信念教育之中，使其渗透到青年的生活、学习中，有效强化了青年的理想信念，激发了广大青年为实现中华民族伟大复兴中国梦而奋斗的意志和决心。

中国共产党青年理想信念教育的基本经验

中国共产党在革命、建设与改革各个时期都十分重视青年理想信念教育，形成了许多宝贵经验，培养了大批具有坚定理想信念的青年。系统总结中国共产党百年青年理想信念教育的基本经验，对于深化和推动新时代青年理想信念教育具有重要意义。

1. 理论和实践相结合

在中国共产党长期的理想信念教育过程中，始终坚持将理论教育和实践教育相结合，探索符合革命和建设事业需要，适合青年群体特点的理想信念教育的理念、原则和方法。例如：毛泽东同志在《抗大三周年纪念》一文中指出，来抗大需要学习三样东西，即“坚定正确的政治方向，艰苦朴素的工作作风，灵活机动的战略战术”[5]。毛泽东同志将正确的政治方向放在首位，体现了对理想信念教育的高度重视。在改革开放时期，邓小平同志针对改革开放过程中出现的一系列思想问题，提出了要加强对于党史、马克思主义中国化成果以及四项基本原则的教育，培养青年坚定的理想信念。进入新时代以来，习近平总书记更加重视青年理想信念教育，形成了关于理想信念教育基本目标、总体要求、基本方法等比较完整的理论体系。理想信念不是空谈，需要在实际行动中践行。在社会主义建设时期，提出教育与生产劳动相结合，在生产劳动过程中培养青年艰苦奋斗的品质；改革开放时期，提出教育与业务工作相结合，在日常工作中培养坚定的意志品质；在新时代，提出教育与实现中国梦相结合，将“小我”融入“大我”之中。因此，中国共产党领导的理想信念教育总是立足时代任务和发展主题，坚持理论与实践相结合基本原则，激励广大青年利用所学知识投身于实践、投身于中国的建设与发展之中，为各个时期的奋斗目标贡献自己的力量。

2. 传统与现代相承接

中国共产党在长期理想信念教育过程中，坚持将中华优秀理想信念文化与现代精神理念相结合，推动青年理想信念教育不断丰富和发展。1940年，毛泽东同志在《新民主主义论》中提出："中国的长期封建社会中，创造了灿烂的古代文化。"[6]这一重要观点体现了中国共产党对于传统文化的正确认识和客观评价。1986年，党的十二届六中全会决议指出："创造出以马克思主义为指导的，批判继承历史传统而又充分体现时代精神的，立足本国而又面向世界的，这样一种高度发达的社会主义精神文明。"[7]可见，高度发达的社会主义精神文明离不开对于传统文化的批判和继承，批判地继承传统文化才能使先进的社会主义精神文明建设获得厚实的历史根基和丰富的文化滋养。在进行青年理想信念教育的过程中，也应该不断地从中华优秀传统文化中汲取营养，为理想信念教育提供丰富资源。习近平总书记在2014年北京大学师生座谈会上指出："中国古代历来讲格物致知、诚意正心、修身齐家、治国平天下。"[8]突出强调了中国传统文化兼及自我、家国、天下的价值观念。这种价值观念与社会主义核心价值观内蕴的个体、社会、国家三重结构具有高度的一致性，充分体现了新时代价值观念对中华优秀传统文化的传承与发展，为新时代青年理想信念教育赓续传承传统文化基本精神提供了重要思路。

中国共产党青年理想信念教育的重要启示

中国共产党青年理想信念教育的百年历程所积淀的丰富经验，是党培养社会主义建设者和接班人的宝贵财富，对新时代青年理想信念教育具有重要启示价值。

1. 适应时代需要

习近平总书记指出："在改革、开放过程中，有大量的外国东西涌入，其中有不少腐朽、没落的东西，首当其冲、最受影响的是青年。”[9]青年正处于抽穗拔节的成长阶段，极易受到外来思潮的影响。加之，传统理想信念教育评价体系相对僵化，效果有待提升。在此背景下，理想信念教育必须根据时代发展需要转变教育方式，推动教育内容、路径与评价体系创新，从而提高理想信念教育的效果。教育内容要反映新时代新气象，借助于鲜活的社会生活素材，使学生对课本理论知识有更深层次的理解，从而在强化生动性、深刻性的基础上提升理想信念教育的实效性。教育机制要借助于完善的“思政课程”和“课程思政”协同运行育人机制，在专业知识教学过程中灵活深入地开展理想信念教育，促使学生将专业知识转化为内在修养，实现润物无声的教育效果。在具体教育教学工作中，一方面，要积极创新教学评价体系，着力突出理想信念教育，改变以往较为单一的评价方式；另一方面，要积极改进教育教学方式，要着力破除“唯知识论”的教育教学观念，突出实践育人，强化实践教学，使学生在实践磨砺中深化思想认识，坚定理想信念。

2. 注重人文关怀

新时代青年理想信念教育，要坚持以马克思主义青年观为指导，结合青年群体的特点进行理想信念教育。习近平总书记强调指出：“青年身上蕴藏着巨大的创造能量和活力。要充分认识青年的这种特质，适应这种特质去拓展工作。”[10]习近平总书记关于青年的重要论述，对于强化青年理想信念教育，确立科学有效的教育方法和对策提供了重要的指导方针。其中，尤为重要的是要用发展的眼光看待青年群体，结合青年群体特点和尊重其成长规律，强化人文关怀。首先，要了解青年，熟悉新时代背景下青年的成长经历和思想特点，准确把握青年理想信念教育的侧重点、着力点和针对性，提升教育实效。其次，要切实加强教育过程中的双向互动。进行理想信念教育不能简单地传授理论，卓有成效的教育离不开教育者和受教育者之间的密切互动。教学双方的密切互动，一方面，能够拉近双方的心理距离，提高受教育者对教育内容的接受程度，对受教育者的认知和意志产生潜移默化的深层影响；另一方面，能够使教育者全面深入地了解受教育者，使教育活动更具针对性和实效性。最后，还应该关注青年成长过程中的切身利益。了解青年成长过程中的困惑和需要解决的难题，通过生活上解困、思想上解惑，帮助青年提升觉悟境界、强化理想信念。

3. 完善育人体系

新时代党中央和各级教育机构高度重视青年理想信念教育，为改进青年理想信念教育进行了大量积极有益的探索，取得了显著成效，但是青年理想信念教育仍存在一些亟待解决的问题。例如：学校在推进理想信念教育过程中，教育者往往局限于将现成的思想观点传授给学生，而忽略了对思想观点背后的理论与历史的挖掘；家庭是理想信念教育的重要环节和场所，但是很多父母没有认识到理想信念教育的重要性，甚至少数父母的不良行为对于青年理想信念产生了负面作用；社会上的不良现象及思想观念对青年的理想信念具有侵蚀腐化作用，混杂在网络媒体中的不良信息对青年的理想信念具有冲击消解作用。这些问题严重制约着新时代青年理想信念教育质量和成效提升，必须予以正视和解决。习近平总书记强调："办好教育事业，家庭、学校、政府、社会都有责任。"[11]新时代青年理想信念教育，必须做到学校、家庭、社会同频共振。学校要不断创新和改进思想政治理论课教学，教育者要深入挖掘理论资源和生活素材，借助受教者关注的时代热点深入浅出地讲解思想观点；父母要充分发挥言传身教重要作用，营造良好家风，做好孩子理想信念教育的第一任老师；社会各阶层要积极建树和谐、文明的社会风尚，为青年确立积极向上的理想信念营造良好社会氛围，特别是要把互联网虚拟生活空间，列为社会风气整治的重心和焦点，为青年理想信念教育提供无漏洞、全覆盖的良好环境。总之，新时代青年理想信念教育，通过全面强化党的领导，整合全方位的社会力量，群策群力完善育人体系，才能谱新篇开新局，培育有底气、有骨气、有志气，堪当重任的时代新人。

2021年是中国共产党的百年华诞，同时也开启了全面建成社会主义现代化强国、实现中华民族伟大复兴新的征程。以史为鉴、展望未来，要充分汲取中国共产党百年青年理想信念教育的宝贵经验，大力推动青年理想信念教育创新发展和实效提升，培养造就理想信念坚定、堪当民族复兴大任的时代新人，推动党的事业向第二个百年奋斗目标阔步前进！

本文系教育部高校思想政治工作创新发展中心（北京师范大学）开放课题“百年未有大变局中坚定文化自信研究”（课题编号：2021SZZX05）阶段性成果。

参考文献

[1][10] 中共中央文献研究室 . 习近平关于青少年和共青团工作论述摘编 [M]. 北京：中共中央文献出版社，2017：23，66-67.

[2][5][6] 毛泽东 . 毛泽东同志论教育工作 [M]. 北京：人民教育出版社，1958：198，36，167.

[3] 中国人民政治协商会议第八届全国委员会第一次会议文件 [M]. 北京：人民出版社，1993：149-150.

[4] 用新时代中国特色社会主义思想铸魂育人 贯彻党的教育方针 落实立德树人根本任务 [N]. 人民日报，2019-03-19（1）.

[7] 中共中央关于社会主义精神文明建设指导方针的决议 [M]. 北京：人民出版社，1986：8.

[8] 习近平 . 青年要自觉践行社会主义核心价值观——在北京大学师生座谈会上的讲话 [M]. 北京：人民出版社，2014：5.

[9] 习近平 . 摆脱贫困 [M]. 福州：福建人民出版社，1992：110.

[11] 坚持中国特色社会主义教育发展道路 培养德智体美劳全面发展的社会主义建设者和接班人 [N]. 人民日报，2018-09-11（1）.

本文刊发于《北京教育》（高教）2021年第12期

中国共产党自我革命研究述评

闫长丽　王冰月*

摘　要：勇于自我革命是中国共产党最鲜明的政治品格，是党的建设的关键一招，也是中国共产党区别于其他政党的重要特质。党的十八大以来，国内学者围绕党的自我革命作出了较为深入的研究，尤其是在自我革命的内涵、动力、历史演进、经验与意义等方面的研究成果较为丰硕。但尚存研究空间，须不断完善与拓展研究内容，积极探寻关于党的自我革命的研究创新点。

关键词：中国共产党；自我革命；新时代

勇于自我革命是中国共产党最鲜明的政治品格，是党的建设的关键一招，也是中国共产党区别于其他政党的重要特质。中国共产党之所以能成为中国特色社会主义事业的坚强领导核心，正是因为其成立以来，所渗透与包含着的自我革命的基因在历尽千帆中记载了诸多宝贵经验。党和国家的前途命运是相连的，办好中国事情，实现中华民族伟大复兴，就要不断进行党的自我革命，加强党的自身建设，永葆党的先进性和纯洁性。中国特色社会主义进入新时代，中国共产党更要将自我革命精神发扬到底，将自我革命的政治勇气贯彻到底，将党的伟大自我革命进行到底。

当前，国内学术界对中国共产党的自我革命的关注与研究成果较为丰硕，其中，新时代党的自我革命更是学者研究的热点问题。为了全面掌握党的自我革命研究现状与发展方向，本文从内涵界定、动力分析、历史演进、宝贵经验与重要意义等方面，进行梳理、归纳与总结，以期为推动中国共产党自

* 闫长丽、王冰月，北京交通大学马克思主义学院

我革命研究提供启发与借鉴。

关于中国共产党自我革命的内涵界定

党的十八大以来，以习近平同志为核心的党中央高度重视党的自我革命，这一课题引起了学者们的广泛关注。关于党的自我革命的基本内涵，学者主要从以下角度进行阐释：第一，从马克思主义哲学视阈下看，党的自我革命遵循了马克思主义批判的、革命的辩证法，是坚持真理、修正错误，是一种与消极因素做斗争的、自我扬弃的过程；第二，从党的自我革命的表现形式看，党的自我革命是党的革命精神的重要表现形式，是党在进行党外革命的同时，还坚决在党内进行发现错误并纠正错误的斗争，是党的建设当中的一种必不可少的实践活动；第三，从党的自我革命的价值作用看，勇于自我革命，是马克思主义政党的本质属性和内在要求，是规范党内政治生活的关键所在，是清醒认识党的前途命运的必然要求，是回顾总结我们党的历史得出的科学结论；第四，从新时代政治语境看，自我革命是中国共产党顺应新时代、新形势的必然要求，是以党的建设新的伟大工程推动伟大斗争、伟大事业和伟大梦想的必然产物，可表现为不忘初心、牢记使命。

关于中国共产党自我革命的动力分析

中国共产党为什么要一以贯之推进自我革命，为什么能够坚定目标实现自我革命，这是一个动力问题。学界主要从内生动力、外生动力、动力要素分布等方面进行了阐述和研究。第一，从内生动力看，主要分为理论指导动力和理想精神动力：理论指导动力，即马克思主义关于党自我革命理论指导无产阶级政党不断发展壮大，是中国共产党能够实现自我革命的重要理论遵循；理想精神动力，即中国共产党人始终坚定理想信念，并在中华民族伟大复兴奋斗历程中将其转化为现实力量，成为塑造中国共产党人灵魂的导向性力量。第二，从外生动力看，主要分为社会环境动力与人民群众动力：近现代中国极为复杂的社会环境催生党的自我革命意识，时代变迁与历史方位变化推进党的自我革命实践，时代背景与社会大环境的转变会影响自我革命的重点与进程；坚持以人民为中心是实现党自我革命的外在动力，人民群众是中国共产党宝贵的财富，推动党的自我革命要从人民群众中汲取力量。第三，从动力要素分布看，中国共产党自我革命的动力是中国共产党深入推进自我革命过程中可资利用的各类驱动要素的总和。理论引领力、政治领导力、文化推动力、物质基础力及制度规范力等要素的挖掘与归纳为推进自我革命提供了全方位力量支撑。

关于中国共产党自我革命的历史演进

中国共产党成立以来的历史，是中国共产党带领中国人民开拓奋进的探索史，也是中国共产党不断加强自我革命的发展史。中国共产党在带领中国人民积极投身革命运动时，也注重自身建设与自我革命，形成了党的自我革命发展历程。第一，从党的自我革命的时间演进历程进行分期。党的自我革命演进过程可分为新民主主义革命时期的探索发展、社会主义革命时期的曲折发展、改革开放和现代化建设时期的接续发展和党的十八大以来的深入发展四个时期。第二，从党的自我革命的具体历史事件进行分期。可以分为四个具有重大意义的历史事件：遵义会议实现重大历史转折；延安整风整顿学风、党风、文风；党的十一届三中全会拨乱反正；党的十八大以来全面从严治党。第三，从党的历届领导集体的自我革命思想进行分期。以毛泽东、邓小平、江泽民、胡锦涛与习近平为代表的历代领导人都在推进党的自我革命进程中做出了不懈探索。第四，从党在不同时期自我革命的主题进行分期。党的自我革命历程可分为三个阶段，分别以“思想革命”“制度革命”及“全面从严治党”为主题不断深化党的自我革命。

关于中国共产党自我革命的宝贵经验

勇于自我革命是中国共产党的优良传统，是我们党始终保持先进性与纯洁性的有力武器，中国共产党沧海桑田近百年，为党的自我革命的深入推进积累了宝贵经验。第一，注重思想建设，凝聚精神之力。要始终把思想建设摆在党的建设的重要位置，以科学理论强化思想武装，以正确思想带动实践行动，保证党的自我革命的正确方向。第二，培养问题意识，勇于自我革命。要结合时代要求，抓准时代新问题，坚持问题导向推进自我革命，正视问题并解决问题，永葆党的肌体健康。第三，加强组织建设，强化组织力量。推进党的自我革命深入发展要加强党的组织建设，促使党员干部坚持党性原则，坚守正确政治方向，锻造自我革命意识。第四，抓好作风建设，夯实群众之基。要高度重视党的作风建设，以驰而不息的毅力抓出成效，使党风并带动政风、民风持续向善向好。第五，依靠人民群众，自觉接受监督。密切联系群众是我们党的巨大优势，始终坚持以人民为中心，是筑牢自我革命根基的目标导向。

关于中国共产党自我革命的重要意义

党的自我革命作为永不过时一个重大命题，对于不断加强党的自身建设，锻造党的健康肌体具有十分重要的意义。学界主要从理论意义和实践意义两个方面进行了阐述。第一，自我革命的理论意义。从理论维度上讲，中国共产党在发展过程中形成的自我革命理论不仅为新时代“全面从严治党”提供重要理论支撑，而且还充实了马克思主义关于革命的理论宝库。第二，自我革命的实践意义。学者关于自我革命实践意义的分析，主要包括三个方面：一是自我革命为新时代兴党强党提供了重要保证，为解决改革与发展难题提供了有效途径；二是自我革命为新时代的伟大社会革命注入不竭动力，中国共产党必须以彻底自我革命精神加强党的自我革命，从而推动新时代伟大的社会革命不断前行；三是党的自我革命所取得成就彰显了“中国智慧”和“中国方案”。中国共产党的自我革命不仅增强了自身力量，而且还为世界政党的建设发展提供了有益借鉴。

中国共产党自我革命的研究回顾与展望

国内学界对党的自我革命做出了多方面、多角度的研究，取得了丰硕的研究成果，对于我们了解与把握中国共产党自我革命的基础性概念、动力、历史演进、基本经验与意义等研究问题提供了坚实基础。党的自我革命是中国共产党永恒的重要任务和不变的话题，尚需要进一步拓展研究空间，既要深入挖掘理论问题，亦要关注现实，与时俱进地推进实践路径，积极探寻关于党的自我革命的研究创新点。

1. 阐释概念内涵，注重基础研究

第一，厘清党的自我革命的概念内涵。对党的“自我革命”的概念需要有进一步的准确界定。一方面，掌握“自我革命”的基本内涵要了解“革命”的内涵，要把两者的关系加以区分和明确；另一方面，部分学者把“自我革命精神”“自我革命品格”等同于“自我革命”，需要厘清自我革命精神与品格都只是“自我革命”的表现形式。此外，有些研究未将自我革命理论与实践有机联系起来。因此，透彻把握党自我革命的真谛与内涵尚需要进一步研究。第二，梳理党的自我革命的演进历程。关于中国共产党自我革命的历史演进问题，学者们根据不同的标准进行了区分，但是有些界定相对较为笼统，缺少更加细致的梳理。例如：研究演进历程过程中把历史上犯过的错误作为区分点，需要深入详细地分析区分点的原因。因此，结合党史资料与文献资料，仍需要把党的自我革命的分期梳理得更加细致与合理，更加符合党自身发展的规律。第三，把握党的自我革命的理论意义。通过对文献的梳理发现，大多数学者从实践意义层面上阐述了党自我革命的意义，更多地注重分析通过党的自我革命所获得的具体成效和实干经验，而对于党的自我革命理论层

面的经验总结和实际意义研究关注相对较少，在一定程度上缺乏实现理论突破与创新的根基。

2. 挖掘理论渊源，夯实实践基础

党的自我革命不是凭空出现的，而是在一定的理论基础上应运而生的，因而对于党的自我革命的理论逻辑分析亟待深入。中国共产党是先进的马克思主义政党，自我革命的理论溯源可从马克思主义经典作家革命理论中加大研究力度，同时亦可从马克思主义经典作家关于自我革命的思想中探寻理论遵循。

中国共产党作为百年大党，秉承了马克思主义经典作家关于无产阶级政党自我革命的思想。马克思主义经典作家认为无产阶级政党在本质上是批判的和革命的，并主张无产阶级需要通过革命才能净化自己。具体而言，可将中国共产党的自我革命与马克思主义基本原理相结合。第一，马克思主义自我革命是唯物辩证法否定观的一种表现形式，体现了否定之否定原理，体现了“扬弃”。第二，中国共产党秉持与时俱进的思想路线，特别是新时代党中央提出全面从严治党的战略举措，体现了与时俱进的马克思主义基本方法。第三，中国共产党勇于自我革命体现了唯物史观中的马克思主义理论群众史观。无产阶级政党把人民利益放在首位，以人民为中心是党自我革命的价值追求。要牢固树立马克思主义群众观点，准确理解党的自我革命与群众息息相关。

3. 关注现实发展，探索价值意蕴

关于中国共产党自我革命的研究，研究视角大多集中在概念界定、经验总结等基础方面，提出的路径选择与对策建议有些相对较为宏观，对于可行性路径的探析相对较少。新时代为更好推动党的自我革命理论的实践路径研究，需要以党目前所面临的重大现实问题为着眼点，探寻党自我革命的现实问题及实现路径。

一方面，党的自我革命为新时代的社会革命提供了强大力量。习近平总书记关于“两个伟大革命”的重要论述继承了马克思主义革命思想并为其注入新时代内涵，在今后的研究中可从整体出发，用马克思主义最新成果引领党的自我革命，重新审视与把握社会革命和自我革命的理论逻辑和实践逻辑，统筹推进中华民族伟大复兴中国梦。另一方面，党的自我革命要与时俱进。全面从严治党是新时代党的自我革命的一场伟大实践，党的自我革命是全面从严治党的必然要求。目前，把自我革命与全面从严治党联系起来的相关研究尚少。新时代要把党的自我革命放在党和国家事业发展的全局中看待，以“鼎新”的视角看待新时代全面从严治党与党自我革命的内在联系，并在学习中创新发展全面从严治党的战略举措与路径选择。

4. 着眼点面结合，力求整体推进

目前，大多数学者从宏观角度探析党的自我革命的框架、历史演进过程、基本经验等。为了进一步拓展党的自我革命的研究空间，可从微观层面研究党的自我革命相关问题。例如：以党员干部个人为切入点，以点带面找出问题，分析推进党的自我革命的举措与建设性意见；亦可以党的自我革命文化与精神为切入点，阐述精神文化方面对党的自我革命的重要影响及意义。此外，还可从历史维度加强对中国共产党每个阶段的自我革命的详细研究，在比较中总结每一阶段的具体脉络和宝贵经验等，研究过程中力求做到微观切入、突出重点、点面兼具、整体把握。

5. 推进研究深度，拓宽研究视野

目前，党的自我革命理论体系尚不完全成熟，仍需要进一步拓展研究视域、扩充研究视角，并在理论和实践中深入构建与完善理论体系，进而拓宽研究的深度与广度。从世界视阈的角度看，党的自我革命理论不仅是中华民族宝贵的财富，而且为世界政党的进步事业提供了“中国智慧”，为世界政党的自身建设提供了“中国方案”；与此同时，通过对世界政党的建设与发展对比分析，总结世界政党自身建设的经验与教训，为中国共产党的建设提供借鉴，进一步凸显党的自我革命的理论价值与实践意义。此外，关于党的自我革命的研究方法还有待进一步补充与创新，立足于文献研究法、历史研究法等基础性研究方法，要开展多视角、多学科的综合研究，从社会学、教育学、政治学等相关学科中汲取研究视角与研究方法。

新时代中国共产党的自我革命理论的提出，具有重大的现实意义，从理论维度上丰富了以习近平同志为核心的党中央关于新时代治国理政的思想内涵，从实践维度上为全面从严治党和协调推进“四个全面”战略布局指明了崭新方向，从历史维度上展示了中国共产党人努力提高党的自身建设的主体自觉。新时代深刻领悟中国共产党自我革命理论的科学内涵与精神实质，不断深入研究中国共产党的自我革命理论的基本经验与创新发展，是中国共产党在新的历史条件下永葆先进性和纯洁性的有力武器，更是中国共产党打赢全面从严治党的攻坚战，进而建成风清气正的政治生态的理论保证，中国共产党的自我革命永远在路上！

本文系首都大学生思想政治教育研究基地项目“新时代大学生思想政治教育研究”（项目编号：SDSZJD2020001）和北京市社科基金项目“新时代高校意识形态安全建设研究”（项目编号：18JDKDB004）阶段性成果。

参考文献

[1] 何旗．中国共产党推进自我革命的三重逻辑 [J]. 科学社会主义，2020（3）：63-69.

[2] 胡洪彬．中国共产党自我革命的动力系统与优化路径 [J]. 长白学刊，2020（3）：28-37.

[3] 齐卫平．论新时代党的自我革命与全面从严治党 [J]. 思想理论教育，2019（8）：4-10.

[4] 任晓伟．习近平关于“两个伟大革命”基本内涵和内在关系的重要论述及其意义 [J]. 党的文献，2019（5）：18-23.

[5] 郭世军．中国共产党自我革命的理论追溯和深层剖析 [J]. 求实，2019（5）：16-

26，109.

[6]赵剑英.论党的十九大报告蕴含的马克思主义哲学思想[J].哲学研究，2018（4）：3-8.

[7]曲青山.勇于自我革命是我们党的鲜明品格[J].党建，2017（4）：30.

本文刊发于《北京教育》（高教）2021年第3期

百年来党的建设话语建构的鲜明特色

马玉婕*

摘　要：百年党史是党团结带领人民进行理论创新、实践探索、制度建构的奋斗史，也是党接续进行自我革命和自身治理的发展史。党的建设话语作为特殊的表达符号，不仅直观反映着百年来党的成立、发展与壮大，而且对于实现党的指导思想武装全党、教育人民发挥着重要作用。回顾历史，党的建设话语建构具有鲜明的基本特征，中国共产党作为马克思主义执政党，政党政治性构成党的建设话语的本质属性；体现历史厚重性，注重积累党的建设话语的经验传承，积极推动创造性转化和创新性发展；坚持问题意识与问题导向，科学回应时代，遵循党的建设话语的现实需要；秉承开放包容心态，既合理借鉴吸收各种优秀文明的有益成果，又善于在国际舞台上实现中国共产党党的建设话语经验共享，推动更加广泛的党际交流对话合作。

关键词：党的建设；话语；新时代；政党治理

党的建设话语作为党的建设的表达形式，对于阐释党的建设理论、塑造党的建设形态、规范党的建设实践、总结党的建设经验、揭示党的建设规律都具有重要作用。党建话语不仅具有工具意义，而且具有价值意义。党建话语在将党的建设价值与作用形式进行深度融合的过程中，充分展现党的建设的历史意义和时代价值。其根本在于掌握、增强党的建设思想的彻底性，正如马克思指出“理论只要能说服人，就能掌握群众；而理论只要彻底，就能说服人”[1]，构建党建话语体系已然成为推进党的建设进程中不可或缺的组成部分。纵观党史，我们党在建构党的领导制度体系、总结党的领导制度优势、

*　马玉婕，北京化工大学马克思主义学院

推进全面从严治党的过程中，形成了富有时代特色的新型党建话语。深入分析党建话语演进历程、历史逻辑、主要资源和建构路径，在全面从严治党时代要求下，对于坚持党的自我革命精神、不断提升党的建设的科学化水平、把党建设成为马克思主义长期执政党，具有十分重要的借鉴意义。

政党政治性：党的建设话语的本质属性

第一，作为马克思主义政党，政治性是中国共产党的根本属性，也是党建话语体系的本质属性。当今政党政治时代，任何政党都具有政治属性，马克思主义政党更是将政治性放在突出位置，正如习近平总书记指出，“我们党作为马克思主义政党，讲政治是突出的特点和优势。没有强有力的政治保证，党的团结统一就是一句空话”[2]，推动话语体系建构应当立足并服务于这种属性。从话语的存在形态方面来讲，党的建设主要有四种存在形式，即党建思想理论、党建制度规范、党建实践活动、党建话语体系，而话语体系是实现这四种形态协调互动的重要媒介。党建话语是党的建设理论、实践、制度的表达体系，集中体现了党的政治信仰、政治价值、政治原则和政治文化等。尽管百年来党建话语呈现出鲜明的阶段性、演进性、发展性特征，但是党建话语最为鲜明的属性都是政党政治性，根本要求就是要始终坚持党性立场和人民立场。

第二，党建话语与党的建设布局是紧密联系在一起的，随着中国共产党党建思想的发展创新，党建话语的表现形式也发生着阶段性变化。党建话语有不同的表现形式，要善于从差异性中把握统一性。基于不同的类型化标准可以将党建话语进行不同的归类。一方面，依据新时代党的建设总要求，可以将党建话语划分为党的政治建设话语、思想建设话语、组织建设话语、作风建设话语、纪律建设话语、制度建设话语和反腐败斗争话语等。另一方面，依据话语存在属性，可以将党建话语划分为理论话语、实践话语、制度话语、文化话语等；依据话语表达样态，可以将党建话语划分为政治话语、学术话语和大众话语等，学术话语是政治话语和大众话语的重要基础，在实践中，三者相辅相成、相互转化。依据话语产生背景，在新民主主义革命时期、社会主义改造与建设时期、改革开放新时期以及进入新时代以来，党的建设话语适应时代需求呈现阶段性特征，坚定政治性有力保障了党的建设始终坚持正确的方向和道路，并通过党的自我革命引导伟大社会革命取得了一个又一个的巨大成就。

第三，坚持党的建设话语的政治性，是马克思主义政党的本质要求，也是把握党建话语统一性的关键维度。彰显和遵循党建话语的政治性，一是要坚持“用学术讲政治”，阐释好党的建设理论，为建构党建话语体系提供支撑；二是要坚持把马克思主义政党理论与党领导的革命、建设和改革实践紧密结合，依据中国的现实实践和时代发展不断创新党建话语，形成具有马克思主义政党要求、中国特点和时代特色的党建话语体系，讲好中国故事，不断增强人们的政治认同；三是要不断增强不同属性话语、不同形态话语的融通性，接续提升党建的科学化水平。尤其，要将党的政治建设置于首要位置，充分发挥党的政治建设的统领作用和党的政治建设话语的引导作用，提升党的建设的不同方面之间的机制协同性和话语融合性。

历史厚重性：党的建设话语的经验传承

第一，一切历史都是当代史。“历史的经验值得注意，历史的教训更应引以为戒。”[3]历史是最好的教科书也是最好的老师，历史为现实和未来提供了丰富智慧与精神资源，我们既要善于总结历史经验，也要善于创造性转化和创新性发展历史文化资源和话语资源。作为百年大党，中国共产党在百年的发展历程中形成了丰富多样的话语表达，尤其是推进了中华优秀传统文化与马克思主义中国化的衔接，推动了党建话语的中国化、时代化和大众化。百年来党的建设话语建构深刻把握了这种历史厚重性，从不同话语体系的历史互动关系中挖掘并整合话语资源，融入新民主主义革命时期、社会主义改造与建设时期、改革开放新时期以及新时代的全面从严治党进程中，形成了开拓性、创新性和发展性党建话语。

第二，发扬中国共产党总结经验的优良传统。中国共产党将总结经验作为自身一以贯之的优良传统，注重从历史厚重性中感知并转化党建经验，推动党建话语创新从历史经验中汲取营养，与时代要求同频共振。正如邓小平曾指出的，“马克思有他那个时代的语言，我们有我们时代的语言。一个时代有一个时代的语言，新时代总有新语言”[4]，我们党注重总结历史经验，形成每个时代的历史语言，建构时代话语必须从历史语言中汲取经验借鉴，并且不断结合新的实践基础，从而构成特色的时代话语。百年来，党的建设话语随着党的建设理论创新、实践发展而凝练形成多种样态，概括说来，一种是体现党的阶级属性、本质要求、理想信念的核心话语；另一种是随着时代进步产生的时代话语。核心话语是时代话语的基础，时代话语是核心话语的鲜活体现。核心话语和时代话语之间的历史互动，构成了党建话语的内在特质。

第三，要从“四史”中充分汲取党建话语体系建构的营养。党史、新中国史、改革开放史、社会主义发展史蕴含着宝贵的历史经验，是中国共产党从弱小到强大、从局部执政到全面执政的百年奋斗史，是新中国筚路蓝缕建设社会主义70多年的艰辛探索，是深化推进改革开放40多年的伟大实践，也是社会主义思潮、理论、运动、制度深刻发展的历史。加强对“四史”学习，深入推进思想建党、理论强党，能够为建构党的建设话语提供源源不断的资源支持。一是深入分析党史，总结百年来党建话语的生成机制、主要特点和基本经验，探索形成体现马克思主义政党的话语体系；二是深入分析新中国史，总结党在全国执政条件下自我建设经验和规律的话语表达，不断深化党领导社会主义建设一般规律的系统总结；三是深入分析改革开放史，总结党在领导改革开放过程中政党治理方案和优势的话语表达，构成独具中国特色的党建话语体系；四是深入分析社会主义发展史，总结社会主义政党建设的一般规律的话语表达，为无产阶级政党和工人政党建设提供更多经验借鉴。

时代回应性：党的建设话语的现实需要

第一，回应时代需求是党建话语发展的内生动力。时代是思想之母，实践是理论之源。近代以来，我们经历了从“三千年未有之大变局”到“百年未有之大变局”的重大历史性转变，从面临侵略欺辱到自立于世界民族之林，中华民族迎来了从站起来、富起来到强起来的伟大飞跃，党建话语积极回应不同的时代诉求，从而展现了鲜明的时代特质。当前，我国发展仍处于重要战略机遇期，面临着诸多新的机遇和挑战，这都需要党作出积极的现实回应。把握时代才能赢得时代，赢得时代必须回应时代。问题是时代的口号，问题意识和问题导向始终是党建话语的鲜明指向，为党建话语的时代建构提供了现实着力点，也为推动党建话语体系创新带来了许多新角度。党的建设话语具有时代性色彩，“说新话”确保了党的思想理论具有鲜活生命力，从而实现与时俱进推动马克思主义中国化、时代化、大众化。

第二，党建话语的时代印记植根于党的革命、建设和改革实践。立足党的领导地位和制度优势，从党建话语视角推动历史经验总结和优良传统传承，融入党的建设的各个维度之中，构成推动党的执政能力与领导水平的重要支撑。中国共产党作为马克思主义长期执政党，通过革命夺取政权只是自身所肩负的历史使命的第一步，还要不断加强政党本领建设继续完成伟大社会革命的任务，一以贯之践行为中国人民谋幸福、为中华民族谋复兴的初心与使命，这就决定了党在不同发展阶段有着不同的现实问题。党的先进性和纯洁性建设要适应历史的演进和时代的转换，始终走在时代的前列并将自身的主张转化为人民群众的自觉行动，如此才能实现践行初心与使命、坚守基本路线与方略、实现民族复兴和社会主义现代化强国的目标。尤其是进入新时代，我国社会主要矛盾发生变化，对党的建设提出新的阶段性要求，构建体现时代需求的党建话语就要善于从人民、社会和世界的需求中把握发展趋势。

第三，科学把握党的领导的关键性是构建时代化的话语体系。面对新的世界变局，中国共产党作为全面领导党、长期执政党、自我革命党的统一体，党的建设不仅要回应自身先进性和纯洁性建设的要求，而且要回应如何更好统揽各方力量、各项工作和国家治理要求，不断提升党的领导水平、执政水平，还要从人民群众对美好生活的向往出发不断提升党的建设解决社会主要矛盾的能力，通过新时代党建话语充分展现党的领导优势、中国制度优势和国家治理体系优势。基于加强党的建设的时代要求，党建话语体系在解读加强党的建设实践、构建党的建设理论上，显得尤为迫切且重要。为此，科学回应时代需要，要通过善于提炼和打造标识性的新概念、新范畴、新表述，注重加强党建话语体系的完整性建设，增强党建理论、思想和观点的传播力，凝聚更多共识，实现掌握更多党员和群众的客观要求。

文明互鉴性：党的建设话语的方案贡献

第一，政党政治是现代国家的基本特征，但中国的政党政治基于新型政党制度和新型国家制度持续内生性演化，而表现出一系列的特殊性和创新性。中国共产党的自身建设不仅遵循了政党政治运行和无产阶级政党建设的一般规律，而且遵循了中国共产党自身建设和治国理政的特殊规律，充分体现在党的领导是中国特色社会主义的最本质特征和中国特色社会主义制度的最大优势。加强党的建设是一项系统工程，中国共产党科学地选择了马克思主义为指导思想，在面临各种不同历史任务的客观要求下，从接受共产国际指导、学习苏共和其他无产阶级政党基本经验，到结合中国具体国情形成了推进党的建设的许多新成就，由此决定了党的建设话语的接续性探索新样态。

第二，建构党建话语批判性融合了各类优秀文明成果。习近平总书记强调，“对人类创造的有益的理论观点和学术成果，我们应该吸收借鉴，但不能把一种理论观点和学术成果当成‘唯一准则’，不能企图用一种模式来改造整个世界，否则就容易滑入机械论的泥坑”[5]。党建话语不仅继承发展了马克思主义政党理论，而且以古语新解等形式对中华优秀传统文化进行了创造性解释和运用，并且以开放发展的心态接受转化了不同文明的有益成果。我们党作为马克思主义执政党，坚持并发展了唯物史观关于人民群众在历史发展中起决定性作用的基本观点，积极推动“民为邦本、爱民惜民”等传统民本思想的创造性转化和创新性发展，并且借鉴吸收了域外无产阶级政党发展人民群众利益的可取之处，党的十八大以来，基于当代社会发展的现实需要，以人民为中心的发展思想彰显了新时代加强党的建设的价值追求。文明互鉴是党建话语体系建构的客观现象，也是推动党建话语创新发展的时代要求。

第三，新时代以来，深刻把握中国共产党的建设话语，就要“认真研究、宣传、阐述党的思想理论，加强党的基本理论研究，更加及时地发出中国声音、更加鲜明地展现中国思想、更加响亮地提出中国主张”[6]。立足党的建设的内生性特点，植根于党的建设生动实践，“提出具有主体性、原创性的理论观点”[7]。既不希求从域外搬来党的建设的“飞来峰”，也不走向自我封闭的“老旧路”，善于推动党的建设话语传入、形塑和转化有机统一，坚守政治定力、增强“四个自信”、强化话语建构，构建具有马克思主义政党性质、中国特色的党建话语体系。与此同时，要充分借助和运用政党对话会、文明对话会等形式增进与世界各国各政党的交流，围绕着政党治理、国家治理以及全球治理提供中国方案、贡献中国智慧、展现中国担当。

立足世界正经历百年未有之大变局和中华民族伟大复兴的战略全局，深刻把握新时代党建话语建构，不断增强三种能力：一是自我审视能力，树立自我净化、自我完善、自我革新、自我提高的自觉意识，从党的建设历程中深入挖掘和转化党建话语的资源，从自身的历时性对比和不同政党的共时性对比中揭示党的建设的独特优势；二是自我创新能力，紧密结合自身发展的内在要求和时代发展的客观要求进行话语创新，在推动党的建设理论形态、实践形态和话语形态深度融合基础上创新党建路径；三是自我建构能力，增强解读新实践、提炼新概念、创新新理论的能力，通过党内法规体系建设和全面从严治党制度建设形成党建话语的表达体系，不断提升党建话语的制度化水平和党建制度的话语认同力。

本文系国家社科基金西部项目“西方输出民主与中国的应对策略研究”（项目编号：19XKS031）阶段性成果。

参考文献

[1] 中共中央马克思恩格斯列宁斯大林著作编译局 . 马克思恩格斯选集（第一卷）

[M]. 北京：人民出版社，2012：9-10.

[2] 中共中央纪律检查委员会，中共中央文献研究室 . 习近平关于严明党的纪律和规矩论述摘编 [M]. 北京：中央文献出版社，中国方正出版社，2016：23.

[3] 习近平 . 习近平谈治国理政（第一卷）[M]. 北京：外文出版社，2018：390.

[4] 中共中央文献研究室 . 邓小平文集（一九四九—一九七四年）（中卷）[M]. 北京：人民出版社，2014：390.

[5] 习近平 . 在哲学社会科学工作座谈会上的讲话 [M]. 北京：人民出版社，2016：18.

[6] 习近平 . 在全国党校工作会议上的讲话 [M]. 北京：人民出版社，2016：21.

[7] 习近平 . 在哲学社会科学工作座谈会上的讲话 [M]. 北京：人民出版社，2016：19.

本文刊发于《北京教育》（高教）2021年第2期

旅欧中国少年共产党与北京大学

郭建荣*

摘　要：今年是中国共产党成立100周年，从零星到燎原，党的发展历程是一个又一个恢宏篇章。1921年春，赵世炎、周恩来等在法国组织了共产主义小组，第二年成立了“旅欧中国少年共产党”。在法国成立的“旅欧中国少年共产党”则是中国共产党组织的重要海外部分，其多位成员则是中国革命的先驱和建立新中国的元勋。其赴法勤工俭学和建立里昂中法大学皆与北京大学有着极其密切的关联。北京大学作为中国传播马克思主义的最早基地和中国共产党人的摇篮之一，其命运与国家的前途、民族的命运始终紧密地联系在一起。

关键词：中国共产党；旅欧留学生；北京大学

一百年来，中华大地发生了翻天覆地的变化，这是中国共产党团结、带领全国人民奋斗的结果。人们公认1920年3月成立的“北京大学马克思学说研究会”是其思想源头；同年9月，李大钊、张崧年（申府）、张国焘在北京大学成立的“北京共产党小组”则是组织源头。1922年6月，在法国成立的“旅欧中国少年共产党”则是中国共产党组织的重要海外部分，其多位成员则是中国革命的闯将和建立新中国的元勋。

旅欧中国少年共产党

1921年春，部分旅欧留学生和在法国的华工酝酿成立一个共产主义组织

*　郭建荣，北京大学校史馆

“少年共产党”。经过联络协商，1922年6月，来自法国、德国、比利时的赵世炎、周恩来、王若飞、李维汉等代表18人，在法国巴黎西郊的布伦开会，成立了“旅欧中国少年共产党”，选举赵世炎、周恩来、张伯简三人为中央执行委员，赵世炎为书记。1923年1月，“旅欧中国少年共产党”改组为“旅欧中国共产主义青年团”，其中央执行委员会由五人组成，周恩来为书记。其时共有团员72人（旅法58人、旅德8人、旅比6人），他们申请加入了1922年5月在广州成立的“中国社会主义青年团”，因此又称“中国社会主义青年团旅欧之部”①在共产主义的旗帜下，在中国共产党的指导下，其开展的主要活动是学习共产主义、组织青年阅读马列著作、发展团员、宣传中国共产党的政策和主张等。众多旅欧勤工俭学学生及赴法华工是其主要工作对象。其中，周恩来、王若飞、朱德、陈毅、聂荣臻、李富春、李维汉、邓小平、蔡和森、李立三、蔡畅、徐特立等革命家的丰功伟业，家喻户晓，传诸后世。政治学家许德珩、地质学家尹赞勋院士、生物学家朱洗院士、画家常书鸿和潘玉良、雕刻家王静远、音乐家冼星海等为国家民族的巨大贡献，永载史册。这些人大都来自勤工俭学的学生、赴法华工和里昂中法大学学生。

留法勤工俭学

历史上称为“留法勤工俭学运动”的组织“俭学会”，由李石曾、吴稚晖等于1912年春发起，其宗旨为“以纳最俭之费用，求达留学之目的”，得到教育总长蔡元培的大力支持，首批入会者有李书华、顾兆麟等百余人。1913年秋，蔡元培携眷赴法游学、考察之初，落脚于李石曾、齐竺山在法创办的“豆腐公司”。1915年6月，蔡元培、李石曾在法国发起“勤工俭学会”，以“勤于工作，俭以求学”为目的。这一举措正好符合大批爱国人士欲赴欧洲

① 参见清华大学中共党史教研组：《赴法勤工俭学运动史料》2下，北京出版社，1980年，第849页；“我们已立在共产主义的统一旗帜之下”——致中国社会主义青年团中央，1923年3月13日《周恩来书信选集》第55页；《聂荣臻元帅回忆录》，解放军文艺出版社，2005年，第21页。

“留学数年，尽心研究”“悉心研究彼邦之长处，以冀将来回国时有造于中国”的美好愿望[1]。“俭学会”“勤工俭学会”两会成立后，国人赴法者日多，引起法方注意，为加强管理，协调中法文化交流，法国成立了“法华教育会”为两国文化事业之总机关，会长欧乐（Francois Victor Alphonse Aulard，法国历史学家、巴黎大学教授、法国革命历史学会创立者）。于是蔡元培、李石曾等人组织相应机关“华法教育会”与之对接，会长蔡元培。他们于1916年3月，在巴黎设立“华工学校”使在法华工有求学之所。蔡元培为华工学校编写《华工学校讲义》，并亲自讲授。该讲义中的《舍己为群》《理信与迷信》《文明与奢侈》《责己重而责人轻》等多篇被选入民国中学课本。①1916年4月起，蔡元培、李石曾等以“华法教育会”名义开始陆续致函国内各省行政机关、各地劝学所和小学、社会名流及有关人士和教育部等，说明世运日新，学风丕变，学习西方先进已成共识。以其居法多年所观察，认为法国人民，素无歧视外人之习；工业组织，甚为周密。而“法人之思想自由，甲于世界。既无崇拜官僚之风，尤少迷信宗教之迹”[2]。其风气、观念与我族颇为相类。时至第一次世界大战期间，法国工人大多上了战场，今在法国工厂急需工人之际，其认为我国应积极行动，遣员前往：一方面，解决其生活问题；另一方面，耳濡目染，吸取所长，学习技能，他日归国，于我国发展实业、普及教育等均大有裨益。在他们的推动下，大批有志青年前赴欧洲法国、德国（朱德等）、比利时（聂荣臻等）等国勤工俭学，寻求革命真理和富民强国之策。其中，赴法国者人数最多，于是“少数服从多数”，异口同声加上“留法”二字，很快“俭学会”“勤工俭学会”的本来名称被“留法俭学会”“留法勤工俭学会”所淹没。

1916年8月，教育总长范源廉函请蔡元培归国出任北京大学校长，同年10月2日，蔡元培携眷离法。1917年1月4日，到北京大学上任。同年，蔡元培聘请李石曾到北京大学任教。他们以当时京城唯一国立大学为平台，发挥北京大学的影响力，积极推进“华法教育会”的工作。《北京大学日刊》不时刊有

---

① 1961年9月，台湾大学中文系将德育部分以《蔡元培先生著德育讲义》的书名出版，定为大学一年级教材.

李煜瀛（石曾）启事："……凡欲知赴法及留学情形者……—华法教育会、留法俭学会干事李煜瀛谨启"，又于北京、上海、广州、长沙、成都、济南等地成立分会，并在北京长辛店、河北高阳县布里村、保定育德中学及成都等地先后成立留法预备学校，在北京设立"法文高等专修馆"，蔡元培兼任馆长。于是大批立志报国人士纷纷投身其中，寻求救国救民之路。消息传到湖南，毛泽东、何叔衡、萧子升、蔡和森等组织的"新民学会"正在讨论"向外发展"问题，可谓及时雨。1918年7月25日，萧子升、蔡和森到达北京与李石曾联系，促成26日的"湖南留法勤工俭学预备学生会议"，蔡元培校长出席并讲话。同年8月中旬，毛泽东和萧子升、罗学瓒、罗章龙等准备留法的湘籍青年到达北京，由北京"华法教育会"安排赴法准备事宜，毛泽东经恩师杨昌济介绍，进入北京大学图书馆服务做助理员得以接触李大钊、陈独秀、邵飘萍等倾向社会主义、共产主义思想的人士。1919年3月、7月、12月，1920年5月，毛泽东数次为赴欧勤工俭学的学生送行，大力支持出国勤工俭学活动，为筹集赴欧资金，他曾找当时与熊希龄共同负责为湘籍无力自筹留学经费者筹款的湘籍名流章士钊[3]借款两万元。四十年后，从1963年起，毛泽东用自己的稿费分十年时间还清了这笔账，并付利息。而他自己却留在国内研究"各种学问的纲要"，待有所得，以便他日留学时足资比较[4]。

由于湖南"新民学会"有组织的大力赞助，湖南赴欧勤工俭学者不仅人数最多，居全国之首，而且出现了许多感人佳话：创办湘乡县（现湘乡市）立第二女子职业学校，并任校长，且已55岁的葛健豪与一双儿女蔡和森、蔡畅，母子三人一同前去法国勤工俭学，探求改造社会、救国图强的知识和真理；曾任湖南省临时参议会副议长、孤儿院院长、长沙师范学校校长的徐特立以43岁不惑之年，愿与他的学生、他学生的学生一起勤工俭学，远涉重洋去寻求救国救民之路……

1918年冬，第一次世界大战结束，欧洲百业凋敝，随着赴法人员日众，法国的工作岗位有限，工作日益难找，留法中国学生陷于艰困之中。一篇《冼星海在巴黎》真实地记述了他初到法国时找不到工作，几天吃不上饭，饥饿晕倒在巴黎街头的情景。这个曾是北京大学音乐传习所学生的冼星海，学成回国后以气势磅礴、精神昂扬、感情激越、深沉悲壮的《黄河大合唱》组曲，激励千千万万中华儿女英勇抗战，保卫家乡。

里昂中法大学

赴法勤工俭学的学生家境多不富裕，在法工作难找，有些人不得不住破棚子、睡地板、一餐只有面包加凉水[5]，生活艰难如冼星海者不在少数，他们当然希望能进入生活有保障的机关。周恩来致严修信中说："留法中国学生甚多，合勤工与俭学生①约在两千人以上，……留法界最大问题即勤工生不易寻找工作，饥饿之人日围绕于华法教育会办事处，……恩来居法约半月余，以事外之身来看，以为勤工生之救济，里昂大学外实无再善之所。"[6]周恩来这里所说的"里昂大学"实为"里昂中国大学海外部"又称"里昂中法大学"简称"里大"（下同）。李石曾、蔡元培、吴稚晖、吴玉章等本来是要使用法国退还的部分庚子赔款在巴黎建一所规模较大的"海外中国大学"，因为他们认为那样比较经济，同样的费用可以培养更多的学生，比美国退还庚子赔款建立清华学校收效会更多，且使留学生们"耳目便于觉察"。吴稚晖曾撰长文《海外中国大学末议》，阐述在海外办大学的种种优势，蔡元培为之题跋，表示赞同。但由于经费等种种问题，只好缩减规划，最后成了"里昂中国大学海外部"。1918年冬，第一次世界大战刚结束，留英回国关注时事的北京大学教授王兼善（字云阁）就草拟了《拟联合同志陈请各国退还庚子赔款专供吾国推广教育事业意见书》（以下简称《意见书》），其列举了各国的赔款数，将此等赔款退还专做发展我国教育用的种种可能和好处及进行方法等。此《意见书》立即得到蔡元培校长及陈独秀、夏元瑮、王建祖、温宗禹等人的赞成支持，并委托北京大学教授李石曾前去法国运动其事。此《意见书》在1918年12月7日、9日的《北京大学日刊》刊出后，得到广泛响应，如湖南、直隶两省教育会即发出通电："各省教育会北京大学钧鉴：我国学款支绌万分，全

① 当时，留法生分为勤工生与俭学生两类，前者以做工为主，工余读书；后者以读书为主，学余做工.

国教育陷于危境。揆厥原因，庚子赔款之负担实居其一。……敝会特发起请求友邦退还庚子赔款专做教育经费之用。……直隶省教育会湖南省教育会同叩径[①]。”全国农工商界、华发各团体代表熊希龄等纷纷发出请愿退还庚子赔款专做教育经费通电[②]，形成国人舆论支援。法方友好人士，法国教育总长奥拿拉、议员莫岱、里昂市市长爱侣友、里昂大学校长儒班等热情支持[③]，几经周折，法方同意，但又恐短时间之内不易解决，拖延太久，又会无形消灭，认为不若先有一校舍，“由中法分担小款”，办一个雏形，或“可促成赔款的退还”。商议结果：法方由里昂大学扶助，中方则由北京大学代为支付十万法郎做启动费（曾议设为北京大学海外部），并选择了里昂一处废弃的兵营胜堤爱内堡作为校舍，就此开始了“里昂中法大学”的建设，法方校长儒班，中方校长吴稚晖[④]。法方遂以退还部分庚款按年注入，经费得到保证，所以周恩来在给母校南开创办人严修的信中有如上“以为勤工生之救济，里昂大学外实无再善之所”的表述，这代表了不少赴法勤工俭学的学生的想法。由于里昂中法大学条件限制，不可能满足所有赴法勤工俭学的学生的要求，曾发生不愉快事件。但考核合格的在里昂中法大学注册的学生，都可以到里昂大学文、法、理、医药四个本科和工业、建筑、音乐、美术、商业、兽医等十二个专科学校就读，如画家潘玉良、常书鸿，古生物学家、地质学家尹赞勋院士，生物学家朱洗院士，植物分类学家林镕院士，语言学家岑麒祥教授等。

1920年8月31日，北京大学举行首次名誉学位授予仪式，蔡元培校长授予两位积极推进法中友好和文化交流的法国学者班乐卫、儒班“理学名誉博士”学位。班乐卫，今译潘勒韦，法国数学家、法国科学院院士、政治活动家，曾任法国教育部部长、巴黎大学教授、巴黎大学中国学院院长等职，热情从事法中友好工作。1912年，“中华民国”成立，班乐卫是第一个要求法国政府承认“中华民国”的法国下议院议员；1920年，他来华进行考察，从事法中

---

① 韵目代日是中国历史上的一种电报纪日方法，其中“径”指25日.

② 参见《中法大学丛刊》第四种，1921：2—7，14—17.

③ 参见《中法大学丛刊》第一种，1922：5—7，13，15—16，59.

④ 参见《中法大学丛刊》第一种，1922：5—7，13，15—16，59.

文化交流活动。班乐卫与1919年来华考察教育的里昂大学校长、教授儒班为法国退还庚子赔款建设里昂中法大学出力良多。

北京大学不仅支付了十万法郎做启动资金建设里昂中法大学，而且还有张崧年（申府）等北大人到里昂中法大学工作。1920年9月，李大钊、张崧年、张国焘在北京大学成立了“北京共产党小组”；同年12月，北京大学哲学系讲师张申府前往法国里昂中法大学任教，他受李大钊委托在法国组织海外共产主义组织。张申府在法国发展的第一个党员是刘清扬。1921年，张申府、刘清扬介绍周恩来入党。1922年，张申府、周恩来在德国介绍朱德、孙炳文入党[7]。……

余音

一百年前，新文化运动的大本营、五四运动策源地的北京大学到处弥漫着革新的空气，孕育着革命的组织。大家公认北京大学教授、图书馆主任李大钊同志是中国共产党的创始人之一，是在中国传播马克思主义的第一人。北京大学是在中国传播马克思主义的最早基地和中国共产党人的摇篮之一。马克思主义在中国的传播和中国共产党的建立是中国现代史上极其伟大的事件，而这极其伟大的事件与北京大学有着极其密切的关联。

鸦片战争以来，由于西方列强的入侵，封建统治的腐败，中国逐步沦为半殖民地半封建社会，在中华民族内忧外患、社会危机空前深重的背景下，华夏儿女奋起抗争，在救亡图存的维新浪潮中，京师大学堂（今北京大学）应运而生，肩负着求新、求变、求富、求强的历史使命，它的命运与国家的前途、民族的命运始终紧密地联系在一起。一百多年来，北京大学不辱使命，在中国近现代史上贡献巨大、地位突出。北大人谨记历史使命，怀仁辅义，行之大道，居高视远，与时偕行，使这里成为世人瞩目之地。“雄关漫道真如铁，而今迈步从头越。”今天，在实现中华民族伟大复兴的大道上，北大人满怀自信，发扬传统，肩负责任，阔步向前！

参考文献

[1][5] 清华大学中共党史教研室 . 赴法勤工俭学运动史料：第二册（上）[M]. 北京：北京出版社，1980：98，123，303，306.

[2] 中国蔡元培研究会 . 蔡元培全集：第十卷 [M]. 杭州：浙江教育出版社，1998：272.

[3] 清华大学中共党史教研室 . 赴法勤工俭学运动史料：第二册（下）[M]. 北京：北京出版社，1980：849，12；

[4] 中共中央文献研究室 . 毛泽东年谱（1893—1949）上卷 [M]. 北京：中央文献出版社，2013：36，39，41，48，53，57，59.

[6] 周恩来 . 周恩来书信选集 [M]. 北京：中央文献出版社，1988：55，17，19.

[7] 金冲及 . 周恩来传（1898—1949）修订本 [M]. 北京：中央文献出版社，1998：71，83.

本文刊发于《北京教育》（高教）2021年第7期

跨越时代的选择：伊莎白·柯鲁克的中国情缘

马晓燕*

伊莎白·柯鲁克（Isabel Crook），加拿大人，1915年出生于中国成都，著名人类学家、国际共产主义者，新中国英语教学园地的拓荒人，北京外国语大学外国专家。她经历了抗日战争、解放战争、土地革命和新中国成立的历史时期，著有《兴隆场——抗战时期四川农民生活调查（1940—1942）》（与俞锡玑合著）、《十里店——中国一个村庄的革命》和《十里店——中国一个村庄的群众运动》（与丈夫大卫·柯鲁克合著）等作品，以朴实清新的文笔向世界介绍中国。1948年，伊莎白夫妇受中国共产党邀请，在南海山中央外事学校（北京外国语大学前身）任教，为中国培养外语外事人才。从此，半世风华，投入中国英语教育事业。2007年，北京外国语大学授予伊莎白教授"终身荣誉教授"。2008年，加拿大多伦多大学授予伊莎白教授"名誉博士学位"。2014年，伊莎白教授荣获中国"十大功勋外教"。2018年，伊莎白教授被授予"改革开放40周年最具影响力的外国专家"称号。2019年，伊莎白教授获中华人民共和国"友谊勋章"。

世纪选择，情种华夏

一百多年前，两位年轻的加拿大传教士不远万里、远渡重洋来到四川，他们就是伊莎白的父母。1912年，父亲饶和美任华西协和大学教育系主任；母亲饶珍芳在四川倾尽全力办教育，帮助创建蒙台梭利幼儿园和成都弟维小学。1915年，伊莎白出生在成都四圣祠教堂对面的房子里，父母为她取了个

* 马晓燕，北京外国语大学继续教育学院

中文名字——饶淑梅，希望她善良淑美，顽强如梅。1928年，为了使她接受更好的教育，父母将她送回加拿大上学。1938年，伊莎白从多伦多大学硕士毕业后，重返成都。

回到中国，伊莎白就去四川雅安地区汉源县彝族山村、阿坝理县嘉绒藏羌山村做人类学社会调查，成为最早走向藏区的西方女人类学者之一。她攀蜀道、荡溜索，在陡峭的山路间行走，一路充满艰险。她和农民一起吃饭、劳动，虽然条件很艰苦，但感受到被信任的幸福。抗战时期，伊莎白和同伴俞锡玑一起投入了四川璧山县乡村建设项目。1940年至1942年，她们对兴隆场村的1500户人家进行挨家挨户的田野调查，用日记的形式，客观记录了有关当地历史沿革、政治、经济、婚姻、妇女、法律诉讼、民间信仰等方面的信息，保存了大量的鲜活事例。

1942年，伊莎白与1935年加入英国共产党的英国皇家空军的大卫·柯鲁克结婚。随后，他们投身于反法西斯战争中。1946年，退伍后的伊莎白，在伦敦政治经济学院攻读人类学博士，但她心中所想依然是那时积贫积弱的中国。

1947年，柯鲁克和伊莎白持英国共产党介绍信，以国际观察员的身份来到中国晋冀鲁豫解放区武安县的十里店村，观察和记录中国共产党领导下的土改复查的整个过程。他们与村民们热情交谈，一起劳动、一起生活，听不懂的时候，就连说带比画。他们用笔、打字机和照相机对一个中国村庄土改全过程做了生动、翔实、完整的记录。他们倾注大量心血，用这些材料共同写成了《十里店——中国一个村庄的革命》（Revolution in a Chinese Village：Ten Mile Inn），记述了1937年至1947年的村史，于1959年在英国伦敦出版。20年后，翔实记述1948年土地改革全过程的《十里店——中国一个村庄的群众运动》（Mass Movement in a Chinese Village：Ten Mile Inn）在美国纽约问世。这两部著作，在海外引起了强烈关注，使西方人真实了解了中国的土改运动。

1948年，当十里店的调查接近尾声时，王炳南同志代表中共中央邀请柯鲁克和伊莎白留下来帮助新中国培养外语人才，他们欣然接受了邀请。那年夏天，柯鲁克和伊莎白到石家庄西边南海山的小村子，开始在叶剑英、王炳南直接领导的南海山中央外事学校（北京外国语大学前身）任教。自此之后的半个多世纪，他们教书育人，在新中国英语教育园地开拓和耕耘，与中国人民甘苦与共，结下世纪情缘。

扎根教育，风华时代

“别怕出错，要有信心”，伊莎白老师的很多学生虽然已是耄耋老人，但仍然清晰记得老师的鼓励。办学之初，教材严重缺乏，学生水平参差不齐，上课不敢开口。伊莎白就对同一年级的学生，按照听说读写的不同水平进行编班教学，组织少数口语较差的学生单独补课，循循善诱。她上课非常有耐心，既严肃认真又和蔼可亲，对答不出问题或答错的学生从没有不高兴的表示。除了课堂教学，学习最活泼的时刻是晚饭后的散步时光，伊莎白带着几个学生边走边谈话，讨论最近看过的书，谈论对某事的看法，边走边练习口语，每次约一个多小时。每每有学生面红耳赤、语无伦次时，伊莎白总是温柔而坚定地对他们说：“别怕出错，要有信心。”在操场、在食堂、在昆明湖边、在秋收劳动时，“试试，我会帮助你的”“不错，说得很好，在学习方面该有点儿自信”“只有大胆讲、多讲，才能学会外语”，这些鼓励的话语激励着一届又一届的学生，当他们走上讲台做教师后，也传承着“让学生树立自信”的信条。

伊莎白关心学生，常常为他们解答思想、情绪上的困惑。据她的学生林桐回忆：1954年初夏的一个傍晚，在紫竹院公园的一条小溪旁，有近十位同学即将赴罗马尼亚、瑞典、丹麦、芬兰等国转学小语种，有些同学想不通“半路出家”去学小语种。伊莎白讲了许多学小语种的重要性。她说：“……正是因为你们有了英语基础，国家才把你们送去学驻在国语言，为的是更快培养外事干部。中国的国际地位一日千里，同中国建交的国家越来越多，这样就理解你们去学习小语种的重要意义了，一个外事干部如能当‘双枪手’该多好呀！”一段简短又语重心长的讲话让大家顿时开窍了，全场情绪沸腾起来。伊莎白让班干部带大家唱校歌，“人民需要我们到哪里，我们就到哪里……”歌声在月光下划破了长空。

“她时刻关心、帮助别人，把全组团结得像一个人。”伊莎白老师的好几位学生，后来成为她的同事，都这样由衷赞赏她。伊莎白是口语教学的主要设计者、组织者和带头人，表现出充分的主动性和创造性，她对教学全心全意的投入赢得了全组的信任和拥戴。原本口语课以“情景对话”的形式出现，学生上课前已经拿到对话材料。但伊莎白一开始就坚定反对预发口语材料，她认为这会让学生形成死抠生词和语法的不良学习习惯。为此，她引导教师们讨论，统一认识，决定上课之前不预发材料，使学生在上课时集中精力观察和倾听教师示范的情景对话。在没有任何电教器材的情况下，在整个年级100多名学生面前重复示范表演这些对话，伊莎白用她那轻美柔和的嗓音，投入地一遍一遍演示，慢慢地学生的口语水平有了明显的提高。她的投入精神、探索精神，是对青年教师最有力的榜样示范。有的老师说：“伊莎白对工作极端负责，对学生耐心教导，她是我们的一面镜子，对着这面镜子我们总感到自己的不足，总想着应该做得更好一些。”

伊莎白和柯鲁克把全部的知识和才华、全部的精力和心血无私地献给了新中国的外语教育事业。他们教过的学生分布在中国外交、文化教育、新闻出版、金融法律等领域，遍布世界五大洲，是名副其实的“桃李满天下”。

赤忱情谊，苦乐与共

“你们怎么样，我们也怎么样。”伊莎白和柯鲁克一直这样坚持着、实践着。他们和参加土改工作队的同志一样，穿着解放军的土布军装，在农民家中睡土炕，端着碗蹲在村里门外的“饭场”上，和老乡们吃着、谈着，津津有味。十里店村的妇女做军鞋支前是拿手活，伊莎白也跟她们学做军鞋。她对农民的针线活儿很感兴趣，还细心观察妇女织的方格花布，询问有几道工序。十里店人也不把柯鲁克夫妇当“外国人”，而是亲如兄弟姐妹。

1956年，伊莎白和柯鲁克被教育部正式确立专家身份，可是他们认为这会损害外国教师和中国教师的关系，不符合国际主义精神，反对拿高于一般教师几倍的专家工资，反对设立专家餐厅，要求天天去学生餐厅。五十年后的21世纪，还常听我们的教师说起上学时和伊莎白老师一边吃饭，一边练口语的故事。三年困难时期，为和中国人民同甘共苦，他们提出把自己的专家工资减半，国家外专局和学校起初坚决不同意，但他们一再坚持，最后才确定将工资下调30%。这一调，就是近二十年。直到20世纪70年代末期，才重新恢复。

2008年5月15日，加拿大多伦多大学授予伊莎白教授“名誉博士学位”。同年5月12日，伊莎白和笔者等一行四人出发从北京飞往多伦多，登机之前听地勤人员说四川发生地震，成都双流机场暂时关闭，伊莎白非常关切。当我们一落地多伦多，她对前来接机的国家外专局驻多伦多总代表刘永志先生道谢后，第一句话就问:“四川地震严重吗？”得知当时伤亡人数已有8000多人，伊莎白很震惊、伤心。期间，她每天关注态势发展和救援情况，还去中国驻多伦多总领馆进行悼念和捐款。

深情厚谊，守望相助

“我们的友谊要子孙万代传下去，世世代代保留这种友情。”柯鲁克夫妇握着十里店村支书和村长的手说。从1947年来到十里店，他们工作生活在这片土地，与这里的人结下了深厚的友谊。他们认为真挚的友情是坦诚相待、互相信任、坚贞不渝。柯鲁克夫妇多次重访十里店村，看望当年的老朋友。他们到学校的操场、教室走走看看，还听了初中英语课和小学三年级语文课，表达了一定要办好教育的期望。了解到当地饮水还有困难，他们向河北省和邯郸地区人民政府反映具体情况，后来村里有了一眼深水井。柯鲁克夫妇在北京工作几十年，始终没有忘记与十里店农民之间的深情厚谊，平时信件往来从未间断。1986年，他们的小儿子柯鸿岗代父母访问十里店村。村里的干部、乡亲到北京出差、办事也来看望他们。2005年12月，伊莎白九十寿辰时，十里店村的干部和村民代表特意来北京送上全体乡亲们的祝福。2010年10月，“柯鲁克同志诞辰百年纪念会”在人民大会堂新闻发布厅举办，时任河北省武安市副市长刘常珍也带来了十里店乡亲的问候，对柯鲁克同志表达了崇高的敬意和无限的追思，并向伊莎白同志及其家人表示真挚的问候。

从教学岗位退下来后，伊莎白有时间继续从事人类学研究，她多次返回西南重访故人，补充调研材料。那里的发展变化一直牵动着伊莎白的心，她还设立了专门基金，用于资助当地贫困家庭的孩子上学，并常年和这些孩子保持通信联系。笔者在学校国际处工作时，每当收到这些孩子的信，伊莎白总是高兴地和笔者分享。他们在信中汇报自己的成绩，分析自己的进步原因、探讨失败的教训，完全不是客套而疏远，而是亲切而温暖；他们分享生活中的高兴与苦恼，就如孙辈写给祖父母的信件一样。伊莎白看到这些信的时候格外喜悦。自20世纪90年代以来，北京外国语大学“柯鲁克夫妇奖学金”已经资助了300多名学习成绩优秀、家庭经济困难的学生。

伊莎白的青春在中国农村开始，她始终深情地关注着这片土地。在了解到一些地方村小学被撤销合并到乡镇中心校的情况后，伊莎白表示了她的担忧。她向时任国务院总理温家宝写信，呼吁保留村小学。十几年前，中国的城市化进程加快。伴随大量劳动力走进城市，乡村建设在就业、教育、医疗等民生问题上，资源不够、人才不足、资金缺少问题更加突出。伊莎白担心城市化进程太快，对乡村发展关注不够，认为城市和乡村应该协调发展。后来，“城市化”的提法被“城镇化”的提法取代，伊莎白对此非常高兴。在2010年的新春佳节前夕，时任中共中央政治局常委、国务院总理温家宝会见了长期参与中国革命和建设事业的外国老专家，并与他们亲切交谈。伊莎白在会见中就农村社区建设和中国经济可持续发展问题发表看法、提出建议。温家宝总理对伊莎白的发言表示了肯定，指出城镇化加快是一个重要的问题，一定会研究好、解决好。在回程的车上，伊莎白格外兴奋，温总理对农村的了解和发展的关心，也让她十分感动。

人性光辉，成长达观

因工作关系，笔者有幸经常和伊莎白及其家人保持联系，时常折服于其人格魅力。她说：人要一直保持强烈的学习欲望和好奇心。所以，93岁时她还在整理资料，学习发送E-mail、使用MSN。她说：每天至少要做一件有意义的事情，阅读、烘焙等都可以。她是这样说，也是这样做的，退休后整理当年手稿，仍笔耕不辍。2018年12月，在103岁高寿时，她的新作《战时中国农村的风习、改造与抵拒——兴隆场（1940—1941）》出版，这体现了老一辈革命者、建设者、教育者全心全意投身事业的实干、开创精神。

伊莎白说："一个人要总想着自己拥有什么，别总计较自己失去什么，这样就总觉得自己很幸福。"她说："要坚持力所能及的劳动和运动。"八十多岁时，她依然喜欢冬天在颐和园的冰场滑冰；九十多岁时，她加入广场健身操的行列，动作节奏上丝毫不落下风。她经常和北外的邻居们寒暄问候、家长里短，过着一个平凡老人简单平常的晚年生活。就像她的妹妹笑着说的："这里（多伦多）哪里是姐姐的家，她的家一直在中国。"虽说是一句玩笑话，但她的家人早早就理解并尊重她扎根中国的选择。

当越来越多的人了解到伊莎白的故事，好奇又感动，越来越多的媒体开始预约采访。伊莎白让二儿子柯马凯和笔者来选择和婉拒。她说："我没有那么伟大，就是每次都选择了中国，选择留在自己喜欢的地方，选择和喜欢的人民在一起。"可是，我们知道，每一次选择是那么不同寻常、勇气十足。1938年，她选择回到战火纷飞的中国；1948年，她选择留在无比艰苦的外事学校；1957年，他们拿着英国利兹大学的教职邀请，选择留在中国；1966年，柯鲁克先生已年近花甲，有了落叶归根的想法，但他知道妻子更爱中国，他们再次留在了中国。

百年沧桑，当年的亭亭少女如今已成为世纪老人，成为中国人民的亲密朋友。伊莎白的选择写在中国发展的大地上，执着、坚定、诚恳、仁爱。她在中国走过了自己一百多年的人生，这里，有她的家人，有她的事业，有她的梦想，有她的乡亲。衷心祝福老人家继续走下去，在中国，在家里，福寿安康。

参考文献

[1] 李正凌，宁均维，应曼蓉．柯鲁克夫妇在中国 [M]. 北京：外语教学与研究出版社，1995.

[2] 管贞．伊莎白与中国的百年情缘 [J]. 国际人才交流，2019（1）：16-19.

本文刊发于《北京教育》（高教）2021年第7期

百年党史述说党对教育工作的全面领导

徐永利*

摘　要：党对教育事业的全面领导，始终体现在教育事业发展之中，始终体现在人民群众兴学办校的需求之中，始终体现在建设教育强国的奋斗之中。通过梳理和总结建党百年以来，党和国家在教育理论与实践探索方面所取得的辉煌成就和突出贡献，得以明确加强党的领导是做好教育工作的根本保证。

关键词：中国共产党；中国特色社会主义；党的领导

沧海横流一百年，方显党的英雄本色。回望中国共产党领导中国人民走过的百年历程，我国教育发生了翻天覆地的变化，一步步从教育大国向教育强国迈进。党的教育方针、教育思想、教育政策得到广大人民群众高度的政治认同、情感认同；党重视教育、重视知识、重视教师、重视教育现代化的行动已成为完整的教育领导制度；党对教育工作的领导已成为科学选择、人心选择、历史选择。

从培养人出发，是党领导教育的最根本追求

第一，我们党对教育事业的全面领导，始终坚持治学之要在为人、治校之道在为民。早在大革命时期，国共两党合作创办的农民运动讲习所，就是为土地革命服务，培养中国农村土地革命的骨干，学员们走出农讲所奔赴各地播撒革命火种。当时，在广东、广西、湖南、湖北和福建等地创办了多所农

* 徐永利，北京联合大学北京政治文明建设研究基地

民运动讲习所。仅广州和武昌两个讲习所就开设了20多门课程，为全国20多个省区培养了1600多人。抗日战争时期，中国共产党在延安创办了中国人民抗日军事政治大学（以下简称抗大）、鲁迅艺术学院、陕北公学、延安自然科学院和众多抗日小学。仅抗大就在抗日战争期间培养了10万多人，总校学员最多时达1万多人，女学员达1000多人；在各根据地有14所分校，为革命和建设培养人才凝聚力量。那时，我们党办学校培养人是为了反对帝国主义、反对封建主义和官僚资本主义，调动最广大人民群众的积极性，建立一个独立、自由、民主、统一和富强的新中国。

第二，坚持党对教育的全面领导，牢牢把握培养社会主义建设者和接班人的正确方向。历史一路进行到今天，我们拥有了全世界最大规模的高等教育，建设了普惠的基础教育，形成了最有力的教育保障制度。习近平总书记指出："我国是中国共产党领导的社会主义国家，这就决定了我们的教育必须把培养社会主义建设者和接班人作为根本任务，培养一代又一代拥护中国共产党领导和我国社会主义制度、立志为中国特色社会主义事业奋斗终生的有用人才，这是教育工作的根本任务，也是教育现代化的方向目标。"[1] 2021年3月，习近平总书记在福州闽江学院考察时再次强调：我们培养的社会主义建设者和接班人必须是"有用人才"。必须是热爱中华人民共和国，拥护中国共产党领导、拥护社会主义事业、致力于实现中华民族伟大复兴。中华人民共和国成立70多年来，我国教育事业在党的领导下发生了翻天覆地的变化，但教育系统"为人民群众谋教育幸福，为民族复兴谋人才支撑"的初心和使命始终没有变。

从教育强国出发，是党领导教育的最大目标

第一，中华人民共和国成立后，党对教育工作的领导体现在迅速恢复和发展人民教育是当前重要任务上。中华人民共和国成立前，全国人口中有80%以上文化程度低，其中大多数在农村。迫切需要改变教育的旧制度、旧课程，实行以造福人民为目标的新制度、新课程，因此开始出现"扫盲运

动”、工农速成学校、函授教育、夜大等教育形式，尤其是在农村和厂矿。进入20世纪六七十年代，党对教育工作的领导体现在大力发展各类教育，重点是在基础教育上。此时高等教育发展借鉴第二次世界大战后各国经验，先是学习苏联教育经验，进行院系调整，成立专科类院校，出发点是为工业化快出、多出专门技术人才。改革开放以来，党对教育工作的领导体现在把教育摆在优先发展的战略位置上。全国教育体制改革推动了基础教育、职业教育高速发展，尤其是高等教育体制改革和高校扩招，借鉴发达国家的做法，主动快速适应了以经济建设为中心的大批量人才需求，适应了“既要懂技术又要懂经济、既要懂外语又要懂专业”的复合型人才需求。

第二，进入新时代，党对教育工作的领导体现在全面贯彻教育方针上。当代中国教育以凝聚人心、完善人格、开发人力、培育人才、造福人民为工作目标，服务经济社会的能力显著提升。国家财政性教育经费支出占国内生产总值的比例连续八年保持在4%以上，2019年首次突破4万亿元。2019年，学前三年毛入学率达到83.4%，小学学龄人口入学率达到99.94%，初中毛入学率达到102.6%，高中毛入学率达到89.5%，高等教育毛入学率达到51.6%。①2019年，全国高校在学人数达到4002万人，北京地区在学研究生人数达到36万人。我国教育发展总体水平已稳居世界中上行列，为全面建成小康社会作出重要贡献。因此，要以深入学习贯彻习近平总书记关于教育的重要论述为指南，坚持立德树人根本任务不动摇，以高质量教育支撑高质量发展，坚定不移推动高等教育内涵式发展，努力实现到2035年建成教育强国的远景目标。

从教师队伍出发，是党领导教育的最大优势

第一，尊师是兴教办学之本，也是我们党的优良作风。毛泽东同志对湖南长沙第一师范学校的老师徐特立、罗元鲲、袁吉六等人非常尊敬，曾专为

① 数据来源于2019年全国教育事业发展统计公报，中华人民共和国教育部.http：//www.moe.gov.cn/jyb_sjzl/sjzl_fztjgb/202005/t20200520_456751.html?from=timeline&isappinstalled=0.

袁吉六老师写墓文。称徐特立老师："你是我二十年前的先生，你现在仍然是我的先生，你将来必定还是我的先生。"[2] 1955年，陈云同志重返家乡，一下小船，最先踏上的故地就是他的母校——颜安小学。[3] 1978年3月，邓小平同志在全国科学大会上对科学家和教师一样尊重："我们的科学家、教师发现人才，培养人才，本身就是一种成就，就是对国家的贡献。"[4] 1991年12月，江泽民同志在厦门大学指出："我要向所有的教师同志讲一句话，我非常感谢你们的辛勤劳动。你们在这里日夜耕耘是十分光荣的，你们从事的教育事业是伟大的事业，世界上所有发达国家没有一个不是注重教育发展的，教育搞好了，新的人才不断涌现，广大劳动者的文化素质不断提高，就会有力促进经济持续发展，促进国家的繁荣昌盛。"[5] 2016年9月，习近平总书记在母校—八一学校，专门看望了满头白发的田潞英和陈秋影老师。他强调："一个人遇到好老师是人生的幸运，一个学校拥有好老师是学校的光荣，一个民族源源不断涌现出一批一批好老师则是民族的希望。"[6]

第二，办好人民满意的教育，要努力培养越来越多的好老师。截至2019年，全国专任教师总数达1732万人。全国高校专任教师达174.01万人，其中44岁以下的有1121718人，有57%的人具备高级职称。①教师工作是终身学习的创造性劳动，在教室里的教学内容和教学方法、在实验室里的试验和应用、在学科上的发展和建树，就是知识的再创造，就是教育发展的内生力量。习近平总书记到北京师范大学看望教师学生时强调："国家繁荣、民族振兴、教育发展，需要我们大力培养造就一支师德高尚、业务精湛、结构合理、充满活力的高素质专业化教师队伍，需要涌现一大批好老师。""今天的学生就是未来实现中华民族伟大复兴中国梦的主力军，广大教师就是打造这支中华民族'梦之队'的筑梦人。"[7]

第三，建设教育强国是新时代中国教育新使命，给教师队伍建设提出了新的更高要求。"人民教师无上光荣，每个教师都要珍惜这份光荣，爱惜这份职业，严格要求自己，不断完善自己。"[8]目前，教师队伍建设的重点是内涵

① 数据来源于2019年全国教育事业发展统计公报，中华人民共和国教育部.http：//www.moe.gov.cn/jyb_sjzl/sjzl_fztjgb/202005/t20200520_456751.html?from=timeline&isappinstalled=0.

建设，教育部等七部门印发的《关于加强和改进新时代师德师风建设的意见》与2018年11月出台的新时代高校、中小学、幼儿园教师职业行为十项准则结合在一起，构建起完备的新时代师德师风建设的制度体系。[9]教师队伍建设的关键是要在政治立场、政治方向、政治原则上同党中央保持高度一致。学校党的工作要落实在加强教师党支部和党员队伍建设上，落实在凝聚广大教师的政治追求上，落实在帮助教师安心从教、服务教师热心从教的行动上。新时代加强教师队伍建设的关键在于培养一代又一代拥护中国共产党领导和我国社会主义制度、立志为中国特色社会主义事业奋斗终生的有用人才，切实将立德树人根本任务落在实处。[10]

从法治建设出发，是党领导教育的最稳健安排

第一，党对教育工作的领导贯穿在依法治校、依规理教的全过程。在党的领导下，我们有强烈的教育立法愿望、强大的民意基础和制度优势，在国家层面已经拥有50多部教育法规：从学前教育到成人教育、从民办教育到中外合作办学、从教师法到教师资格、从未成年人保护到伦理道德、从语言文字到体育卫生工作，不仅全面而且已成体系。截至2020年底，我国现行法律法规已经接近300部，教育法律法规已成为社会主义法律体系的重要组成部分。

第二，党对教育工作的领导是有党纪条规和法律保障的。2021年4月22日，中共中央印发了修订后的《中国共产党普通高等学校基层组织工作条例》，旨在坚持和加强党对高校全面领导。《中华人民共和国高等教育法》规定："国家举办的高等学校实行中国共产党高等学校基层委员会领导下的校长负责制。"党领导教育改革渡过深水区、啃掉"硬骨头"要靠依法行政、要靠制度力量。党的领导就是善于将传统教育治理经验和现代教育治理办法高度融合；善于沟通学生和家长不断增长的新诉求，善于化解招生就业的新挑战，善于应对多元教育观念的新碰撞，大力推动国家教育体系和学校治理能力建设行稳致远。

第三，党对教育工作的领导是通过成熟制度实现的。在建设教育强国长期发展中，我们正在建设和完善幼有所育、学有所教的国家教育服务体系，改进和完善职责明确的教育治理体系，加强大学章程制度建设。强化用制度保障教育基础性和公平性、用制度保障教育优先和均衡、用制度保障教育立德树人和高质量发展，满足人民群众上好学、享受优质教育资源的要求，把制度落实到各项工作中，发挥教育聚天下英才而育之、培养造就千百万社会主义建设者和接班人的制度优势。

第四，党对教育工作的领导是以全面从严治党为基础的，是靠学校党组织和广大党员的行动实现的。学校党组织按照《中国共产党章程》要求扛起管党治党的主体责任，加强教师党员和学生党员的组织、思想建设，发挥教师党支部的战斗堡垒作用，发挥党员的模范带头作用。把师生员工的理想追求凝聚成正能量，把知识能力转化成教书育人的实际行动，最终焕发出建设教育强国的执行力。

参考文献

[1][8] 习近平总书记在全国教育大会上的重要讲话引起热烈反响 [N]. 人民日报，2018-09-12（2）.

[2][4][5] 共青团中央编 . 毛泽东、邓小平、江泽民论青少年和青少年工作 [M]. 北京：中国青年出版社，2003：4，163，276.

[3] 金冲及，陈群 . 陈云传（上）[M]. 北京：中央文献出版社，2005：11.

[6] 习近平 . 做党和人民满意的好老师——同北京师范大学师生代表座谈时的讲话 [N]. 人民日报，2014-09-10（1）.

[7] 习近平的尊师重教观：教师是打造中华民族“梦之队”的筑梦人 [EB/OL].（2014-09-10）[2021-06-01].http：//theory.people.com.cn/n/2014/0910/c40531-25630470.html?from=groupmessage.

[9] 教育部：构建完备的新时代师德师风建设制度体系 [EB/OL].（2019-12-16）[2021-06-01].https：//www.sohu.com/a/360756932_123753.

[10] 教育部习近平新时代中国特色社会主义思想研究中心 . 新时代加强教师队伍建设的关键所在 [N]. 光明日报，2019-06-11（6）.

本文刊发于《北京教育》（高教）2021年第7期

在党史学习教育中着力提升
新时代高校党委中心组学习科学化水平

杨　勇*

摘　要：在党史学习教育中，坚持和运用建党百年以来尤其是党的十八大以来高校党委中心组学习实践积累的宝贵经验，厘清核心作用、构建学习体系、优化关键路径，以敢为人先的胆识、改革创新的精神，提升新时代高校党委中心组学习科学化水平，为新时代高校教育治理现代化提供组织保证和机制保障。

关键词：党史学习教育；建党百年；高校党委中心组学习；科学化

习近平总书记指出："在全党开展党史学习教育，是党中央立足党的百年历史新起点、统筹中华民族伟大复兴战略全局和世界百年未有之大变局、为动员全党全国满怀信心投身全面建设社会主义现代化国家而作出的重大决策。"[1]不断提升高校党委中心组学习科学化水平，对于推进新时代高校治理体系与治理能力现代化，增强高校党组织的创造力、凝聚力和战斗力，保持和增强党的先进性和纯洁性，具有重大战略意义。

高校党委中心组学习在建设学习型、服务型、创新型党组织中的核心作用

旗帜鲜明讲政治是我们党作为马克思主义政党的根本要求。加强和改进高校党的建设要继续坚持和贯彻好正确的指导原则，紧紧围绕服务大局和促

*　杨勇，广西大学马克思主义学院

进高等教育事业科学发展这一主题来开展，围绕培养中国特色社会主义事业合格建设者和可靠接班人这一根本来推进，围绕贯彻好党委领导下的校长负责制这一领导体制来加强，围绕抓好基层打牢基础这一重要支撑来深化，为高校改革发展稳定提供坚强保证。[2]新时代建设高校学习型服务型创新型党组织，有利于增强高校党委理论创新的引领作用、学习成果的辐射作用、决策议题的统合作用。

1.高校党委中心组学习的引领作用。高校党委对高校各项事业和工作的领导，从根本上说是思想政治领导，党委中心组学习是加强和改进高校领导班子思想政治建设的重要途径和政治优势。学校领导班子强不强、有没有凝聚力，首先就表现在思想上有没有共识、能不能统一，用什么思想来达成共识、实现统一，就此而言，高校党委中心组学习只能加强不能削弱，只能改进不能倒退，要以理论上的清醒保证政治上的清醒，以思想上的坚定保证行动上的坚定。邓小平同志指出，党员干部“不注意学习，忙于事务，思想就容易庸俗化。如果说要变质，那么思想的庸俗化就是一个危险的起点”[3]。领导班子通过学习深刻掌握党的基本理论、基本路线、基本方略，充分领悟党中央的重大决策部署，在思想上紧跟党的理论创新和发展，在行动上始终与党中央保持高度一致，引领整个组织营造出一种要学习、讲学习、会学习的理论学习氛围。

2.高校党委中心组学习的辐射作用。高校党委领导班子在工作繁忙、任务繁重、事务烦琐的情况下，以身作则、率先垂范学习理论，对于其他党员干部、师生员工具有强烈的引导示范、鼓励鞭策的辐射作用。高校党委中心组学习的理论与实践成果，对于促进高校充分发挥人才培养、科学研究、服务经济社会发展、文化传承创新、国际交流合作五大职能具有重大的促进作用。高校党委中心组根据专题学习的研讨主题和内容，强化领导班子之间交流互动学习，同时吸收党委行政职能机构、二级学院党委和行政部门负责人参与学习研讨，有利于及时传达和落实党委中心组学习的内容和精神。高校党委中心组成员通过深入基层，对基层党员干部、一线教师进行理论辅导、专题报告、交流座谈，以会议推动、典型带动、考评促动提升高校基层党组织、教职员工对高校党委中心组学习活动的认知度、认可度和认同度。

3.高校党委中心组学习的统合作用。保证全党服从中央，坚持党中央权威和集中统一领导，是党的政治建设的首要任务。高校领导班子对于关涉学校治理的各种不实和不良信息能不能作出及时舆情回应，高效统合各类疑问、疑虑、疑惑，使整个管理系统和谐运行和有序运转，是高校党委中心组学习的价值所在。高校决策议题的多样性决定了决策过程的复杂性，这是一个多元看法主张、意见建议、价值观念、办学理念交流交融的过程，使不同观点和主张在学习探讨中取长补短，在求同存异中去伪存真、在趋同化异中去粗取精。完善高校治理结构需要始终坚持依法决策、民主决策与科学决策的有机统一，提高高校党委领导能力和决策水平，借助高校党委中心组学习的有益形式，进一步增强党委集体决策的统合能力和统合效能。

系统构建提升新时代高校党委中心组学习科学化水平的学习体系

从高校党委中心组学习的功能定位、特点要求、过程规律出发，坚持走群众路线，不忘初心、牢记使命，系统构建以科学理论为指导、科学制度为保障、科学方法为抓手的中心组学习的学习体系，全面提高高校党委中心组学习的科学化水平。

1.以科学理论为指导把握目标指向。建党以来，党中央历来重视党的组织建设与党员学习，从延安时期成立的中央学习组以及毛泽东同志亲自任主任的中央总学习委员会，到中华人民共和国成立后中共中央关于加强干部理论学习尤其是在职干部学习的正规化要求[4]；从党的十一届三中全会后邓小平同志要求“全党必须再重新进行一次学习”的指示要求[5]，到1993年11月中共中央通过党内文件正式确认“党委中心组学习”名称及做法；从江泽民同志提出共产党员“必须坚持刻苦学习马克思主义，学习科学文化，努力提高觉悟，精通本行业务”[6]，到胡锦涛同志指出“要做合格的领导者和管理者，必须大力加强学习，努力用人类社会创造的丰富知识来充实自己”[7]。习近平总书记指出："我们的干部要上进，我们的党要上进，我们的国家要上进，我们的民族要上进，就必须大兴学习之风，坚持学习、学习、再学习，坚持实践、实践、再实践。"[8]党中央对于进一步加强和改进党委中心组学习的规范化、制度化建设的具体要求与详尽规定，对于各级各类党委中心组学习产生了极大的推动作用，极大地提升了高校领导干部思想理论水平和实践工作能力。[9]这些保持马克思主义政党先进性和纯洁性的科学理论和成功经验，必须倍加重视、珍惜并在实践中不断发展。

2.以科学制度为保障完善体制机制。加强党的制度建设，是新时期以来党的建设的一项重要创造和创新。以新时代高校党委中心组学习带领和建设好高校理论战线的领导干部队伍，制度更带有根本性、全局性与长期性。以科学制度保障高校党委中心组学习科学化水平，必须坚持以党章为根本，以民主集中制为核心来系统规划和整体推进，构建内容复合、形式多样、程序缜密、过程连贯、监督完备、反馈顺畅的体制机制。一是学习管理制度。高校党委书记作为高校党委中心组学习的第一责任人，首要职责是要将党委中心组学习制度规范化，通过党内文件明确学习意义、组织过程、计划实施、方法运用、措施保障、档案管理、绩效评估等方面的相关规定。从审定主题、调研设计、研讨规划到督促检查通盘考虑、周密安排，保证高校党委中心组学习有序推进。二是学习执行制度。高校党委中心组学习是一个连续和渐进的过程，具体涉及年度计划与日常管理、集体学习与个人自学、考勤记录与档案整理、成果通报与经验推广等内容与活动形式，确保学习天天有进展、处处有实效。三是学习考评制度。对高校党委中心组成员学习考勤、即席发言、自学进度、读书笔记、研习论文等及时跟踪摸底，将定性与定量、规范与实证、考试与考核结合起来，从"查、看、问、听、评"五个步骤和环节综合考评中心组学习成效，逐步建立定期检查、联合巡视、流动旁听、经验交流、秘书培训等监控制度与反馈机制，形成科学的高校党委中心组学习考评制度和考核体系。

3.以科学方法为抓手提升组织效能。积极探索和改进理论学习的方式和方法是提高高校党委中心组学习质量和效果重要途径。一是理论研讨方法。在高校党委中心组学习研讨中，坚持把专题学习与系统学习、重点发言与一般阐述、个人研读与集体研讨、理论学习与实际调研、个人自主思考与专家理论输导相结合，多管齐下、互为补充，开展灵活多样、生动活泼的学习实践活动。二是理论传输方法。在理论学习过程中，广泛运用和借助于电脑网络和通信工具，利用学习讲坛、网络联动、读书会、报告会、恳谈会等形式，通过微博、QQ、微信等平台，采用互动交流、案例分析、现场观摩、拓展体验等方式，增强理论学习的感染力和吸引力。三是信息处理方法。处理纷繁复杂的校园事务、问题和矛盾，高校治理者应注重学习和运用大数据等现代信息技术的理论和方法，使之成为高校党委中心组学习的重要帮手和决策工具，实现由定性化向定量化、粗放式向精准化、随意性向规范性管理和服务转变，提升党委中心组学习的组织效能。

整体优化提升新时代高校党委中心组学习科学化水平的关键路径

从高校办学理念出发、特色出发、风格出发，综合高校党委领导班子的学科背景、岗位经历、职权划分等因素，整体优化中心组学习的关键路径，有效提升新时代高校党委中心组学习科学化水平。

1.突出重点，提高理论学习的深度、精度和宽度。高校党委中心组学习不同于党校干部按教学要求和课程设置进行的脱产学习，也不同于机关团体中班子成员到分管部门进行指导的干部学习，而是领导班子和在职领导干部集体学习的一种形式，主要是在自学基础上进行专题学习，故此，必须突出学习重点、调整学习焦点、攻克学习难点，着力提高理论学习的深度、精度和宽度。一是要始终把坚持学好用好马克思主义及其中国化的最新成果——习近平新时代中国特色社会主义思想以及关于教育的重要论述作为学习重点，深度把握重大理论的基本观点、科学内涵、精神实质和理论特质，做到学以致用、学以管用。通过系统学习，完整把握教育治理现代化的理论论述与实践要求。二是要精心选读基本的马克思主义理论的经典著作，按照分工协作、读写结合、学研统一的要求，下苦功、下真功、下硬功，原原本本、规规矩矩、扎扎实实地啃读原著、钻研原著，连贯性地把理论著作读透读懂读通，系统性地领会和掌握马克思主义立场观点方法。三是要合理拓宽相关专业知识，诸如科技军事、法律文化、统战外交、社会治理等各方面的知识。学习理论与学习知识相辅相成、互推共进，以理论学习作为知识学习的灵魂，以知识学习作为理论学习的补充，提高运用科学理论分析和解决实际问题的能力和水平。

2.改进学风，提高理论学习的针对性、持久性和有效性。新时代高校教育治理和决策方式发展很快，实践创造与创新众多，高校党委中心组学习应紧密结合实践去学，带着问题去学，才能融会贯通、学懂弄通。坚持解放思想、实事求是，紧密联系教育治理现代化的新要求，紧密联系领导干部、师生员工的思想实际，真抓实干，努力用学习的成果提升治理能力。一是重视学习和研究高等教育的根本性战略性问题。包括高等教育与人才培养质量，科研水平与增强社会能力，优化学科专业、类型、层次结构办出特色等具体问题。二是重视学习和研究高校管理与教育中的经常性普遍性问题。涉及公办高校坚持和完善党委领导下的校长负责制，发挥学术委员会在学科建设、学术评价、学术发展中的重要作用，探索高校教授治学的有效途径，完善教授参与治理活动的各项制度。三是重视高校建设和发展中的前置性、基础性问题。关于高校高素质教师队伍建设，师德建设、教师业务水平、和谐师生关系、教师地位待遇与教师管理制度等问题。对于社会各界关注的热点和焦点问题，高校党委中心组学习不可回避而应主动加强具有针对性的学习研讨，帮助班子成员弄清理论是非、提高理论水平，在高校管理和服务的实践中有效解决这些问题。

3.拓宽渠道，提高理论学习的行动力、洞察力和穿透力。高校党委中心组学习应拓宽和延伸理论学习的渠道，将调查研究作为重要环节安排到整个学习进程当中，使调研成为高校党委领导班子深化理论学习和作出科学决策两者之间的桥梁和纽带。坚持“走出去”与“引进来”相结合的办法，深入到党政部委机构、企业事业单位、重点院校部门，在密切联系群众中看情况、听意见、提问题、找差距、释疑惑，为实现高质量发展探寻守正创新之路。一是深入社会。服务社会是高校五大基本职能之一，高校增强社会服务能力首先要树立主动服务国家重大战略需求和社会发展的意识、广泛深入到党政机关、厂矿企业、相关高校、农村社区、城市街道，唯有深入社会才能感受和了解社会急切渴望什么、迫切需要什么，在此基础上，主动开展前瞻性、可行性、对策性研究，充分体现和发挥高校智囊团、思想库、参谋部的作用，提高理论学习的行动力。二是深入基层。高校基层的管理与教学部门是落实和扩大高校办学自主权的主体力量，在学科、专业的设置和调整中，在高校规划的组织和实施中，在人才、经费的管理和使用中，在教学改革、育人方式、社会服务等方面都发挥着不可替代的基础性作用。在理论学习中将理论思考与问题化解紧密结合起来，悉心为基层部门办正事、办实事、办好事，提高理论学习的洞察力。三是深入师生。教育大计、教师为本，教学过程、学生为体。高校党委中心组成员以中心组学习为契机，一方面，鼓励教师在教育教学实践中大胆探索、积极试点，着力创新教育思想、教育模式和教育方法，形成独具匠心的教学手法与独具特色教育风格；另一方面，激励学生在校园学习生活中，把文化知识学习和思想品德修养、创新思维和社会实践、全面发展和个性发展紧密结合起来，提高理论学习的穿透力。

习近平总书记强调："党员、干部不管处在哪个层次和岗位，都要全身心投入，静下心来，认真学习、深入思考，做到学有所思、学有所悟、学有所得。"[10]提升新时代高校党委中心组学习科学化水平，重点在于教育引导高校党员干部树立宗旨意识、牢记初心使命、践行以人民为中心的发展思想，切实改进学习作风和工作作风，认真查摆、集中解决在形式主义、官僚主义、享乐主义和奢靡之风方面存在的突出问题，推进高等教育事业高质量发展。

本文系2021年广西研究生教育创新计划项目学位与研究生教育改革课题"基于'知行合体、四位一体'的研究生思想政治教育高质量发展研究"（项目编号：JGY2021009）的阶段性研究成果。

参考文献

[1][10] 习近平 . 在党史学习教育动员大会上的讲话 [J]. 党建，2021（4）：4，10.

[2] 习近平 . 高校党建要继续坚持和贯彻好正确指导原则 [N]. 人民日报，2012-06-21（3）.

[3] 邓小平 . 邓小平文选：第一卷 [M]. 北京：人民出版社，1994：316.

[4] 张磊 . 党委中心组学习的由来和作用 [J]. 党建，2008（10）：26.

[5] 邓小平 . 邓小平文选：第二卷 [M]. 北京：人民出版社，1994：153.

[6] 江泽民 . 江泽民文选：第一卷 [M]. 北京：人民出版社，2006：39.

[7] 胡锦涛 . 加强领导干部学习 提高执政兴国本领 [N]. 人民日报，2002-12-27（1）.

[8] 习近平 . 习近平谈治国理政：第一卷 [M]. 北京：外文出版社，2018：407.

[9] 徐蕾 . 关于党委理论学习中心组学习制度的思考——基于历史和文本的视角 [J]. 北京教育（高教），2020（8）：70.

本文刊发于《北京教育》（高教）2021年第12期

在“四史”学习教育中读好“真经”

杨澜洁*

摘　要：“经史关系”是中国政治哲学中的重要命题，也是中国文化的传统特征。在马克思主义中国化的历史进程中，中国共产党创造性地将“人民”作为一切工作的出发点和立足点，使“全心全意为人民服务”成为理解在中国共产党领导下所进行的社会主义建设的伟大实践这一“真经”的破局点。

关键词：“经史关系”；人民性；“四史”；党史学习教育

“经史关系”是中国文化的重要特征

在先秦时期，孔子及儒学的地位时常遭遇到来自法家和阴阳家等“百家言”的挑战，儒家的经典体系尚未完全建立。直到西汉，司马谈在《论六家要旨》中仍将“儒”并列为六家之一。直至董仲舒上书建议“独尊儒术”、汉武帝设立“五经博士”之后，孔子的地位才得到了擢升，将删《诗》《书》、定《礼》《乐》、赞《周易》、修《春秋》之功归于孔子，以儒学为核心内容的“经学”，也才得以成为汉代的主流思想。

1. 以何为“经”，事关政治哲学之根本

在董仲舒看来，提高“五经”的地位，其意图并不仅仅在于将儒学的知识谱系与其他学派区分开来，他更看重的是儒学知识谱系中的现实意义，即“更化”社会的价值。“故汉得天下以来，常欲善治而至今不可善治者，失之于当更化而不更化也。”[1]董仲舒的问题是“如何通过吸收先秦百家之言来创

---

*　杨澜洁，中国人民大学哲学院

制一套适合西汉社会发展的思想学说”。因此，如何通过对秦制的反思、对社会主流价值的更化来建立起一套达致善治的社会制度，成为西汉崇尚“经学”的根本原因。在汉代之后，以儒家经典为主体的知识谱系，经由科举制等官吏选拔体制的补充，成为中国古代传统社会的主流价值和主干思想，“经学”的稳固地位也得到了长期的保障。

但是，价值无法脱离具体事实进行传播，对抽象“道理”的叙述也无法脱离具象化的史实。古人即知言理不可离事，则在对儒家经典进行诠释的同时，也必须对历史进行阐释。因此，在对“经”的诠释过程中也必须涉及对“史”的解释。在处理“经史关系”时，持“我注六经”还是持“六经皆史”的立场，其根本在于执政者对社会制度和立国之基的思考与态度。

2. “经史关系”的互证与中国社会的时代精神息息相关

汉代之后，“经史关系”的互证对中国古代社会和中国历史产生了深刻的影响。明清两代，“史”的地位得到了提升，在长期的注经考史、群书分类和治学方法的发展基础上，章学诚等人提出“六经皆史”，意图在于重思儒家经典的地位与价值，不再将其视为社会的大经大本，而是视为可证实、可批评的史料，进而提出一套具有革命性、适应社会发展的新的政治哲学。在近代中国“三千年未有之大变局”的背景下，“经史关系”再度呈现出深刻的思想史意义：当“超稳定”的“王朝”社会被西方列强所打破时，传统中国所面对的是完成了现代化准备的西方各国，以物质、技术、制度、文教等全方面、多角度的“先进性”，对中国传统社会造成极大冲击。

在“六经皆史”叙事逻辑的发展之下，如何面对和诠释中国历史，如何建立现代中国的主流价值，如何建立一套根植于中国社会土壤的政治、经济和社会制度，事关立国之本、事关民族危亡、事关人民利益。

正确认识和把握党史学习教育的“真经”

“十月革命”一声炮响，给中国送来了马克思列宁主义。在“十月革命”

和五四运动的精神洗礼下，中国的先进分子，第一次看到了一条解决中国问题的出路。而如何面对中国传统文化，如何面对西方外来思想，如何建造一套适合中国本土的思想体系、价值体系、话语体系和哲学体系，成了马克思主义中国化的核心问题，也是中国共产党人进行伟大理论创造过程中所贯穿始终的“经史关系”问题意识。

1. “经史关系”是马克思主义中国化的关键问题

在中国共产党领导下所进行的社会主义建设的伟大实践，必须建造一套扎根于中国土壤、带有中国特色社会主义的鲜明特色、兼有伦理教化作用和治国安邦之志的政治哲学体系和理论体系，这才是在党的领导下实现中华民族伟大复兴所依据的“真经”，而任何脱离了中国革命和中国特色社会主义建设具体实践的理论则成了对“真经”的背离。坚持党的领导、坚持走自己的路，坚持把马克思主义的普遍真理同中国的具体实际相结合，这才是理解和实践中国特色社会主义建设的根本方法。只有从这一立场出发，才能正确理解和把握新民主主义革命、社会主义革命和改革开放新的伟大革命。

2. “人民性”是党处理“经史关系”的根本立场

在马克思主义中国化的过程中，中国共产党人处理“经史关系”问题时，创造性地将“人民性”作为党的根本立场和唯一依据，将坚持“人民立场”作为新中国建设和发展的根本方法。将“全心全意为人民服务”作为根本宗旨的中国共产党，始终坚持将人民利益作为一切工作的出发点和立足点，使得“人民性”可以成为理解“经史关系”、悟透“四史”学习教育的破局之点。

习近平总书记指出：“我们党领导人民打土豪、分田地，是为人民根本利益而斗争；领导人民开展抗日战争、赶走日本侵略者，是为人民根本利益而斗争；领导人民推翻蒋家王朝、建立新中国，是为人民根本利益而斗争；领导人民开展社会主义革命和建设、改变一穷二白的国家面貌，是为人民根本利益而斗争；领导人民实行改革开放、推进社会主义现代化，同样是为了人民根本利益而斗争。”[2]因此，在“四史”学习教育中，要清醒地分清主流和支流，坚持“不忘初心、牢记使命”，永远保持建党时中国共产党人的奋斗精神，永远保持对人民的“赤子之心”，这就是在“四史”学习教育中必须牢牢把握的“真经”。

在“四史”教育中力行“真经”

党史学习是“四史”学习教育的重中之重。通过深入学习党史，才能更为深刻地把握、更为彻底地体悟坚持人民立场、建设中国特色社会主义这一“真经”。

纵观历史，带领14多亿中国人民实现共同富裕、物质文明和精神文明相协调、人与自然和谐共生、走和平发展道路的现代化，这是亘古未有的创举。在这一过程中，旗帜鲜明讲政治、保证党的团结和集中统一，是党的生命，也是我们党能成为百年大党、创造世纪伟业的关键所在。因此，我们必须始终坚决维护党中央权威和集中统一领导，坚决维护习近平总书记党中央的核心、全党的核心地位，必须以史为鉴，坚定不移向党中央看齐，不断提高政治判断力、政治领悟力、政治执行力，时刻注重全面增强“政治意识、大局意识、核心意识、看齐意识”，自觉在思想上政治上行动上同党中央保持高度一致，确保全党上下拧成一股绳，心往一处想、劲往一处使，这才是力行“真经”的不二法门。

参考文献

[1] 班固 . 汉书：三 [M]. 北京：中华书局，2012：2179.

[2] 习近平 . 论中国共产党历史 [M]. 北京：中央文献出版社，2021：19.

本文刊发于《北京教育》（高教）2021年第7期

红色基因

以中国共产党人的精神谱系抚育一代青年

王向明*

摘　要：中国共产党波澜壮阔的百年奋斗，由小到大、由弱到强，艰难困苦、玉汝于成，从苦难到辉煌。由中国共产党人创造的中国革命精神谱系，正是百年来鼓舞激励我们党勇往直前、百炼成钢的内在动因。在中华民族走向伟大复兴的新征程中，把党的这些宝贵精神财富传承好、发扬好，特别是用以激励当代青年立大志、做大事，以中国共产党人的精神谱系抚育一代青年成长，在坚持和发展中国特色社会主义的伟大事业中建功立业，具有极为重大的历史和现实意义。

关键词：中国共产党；精神谱系；青年

一百年前，当嘉兴南湖的那艘红船载着年轻的中国共产党艰难启航时，党的一大仅有13名党代表，代表着全国58名共产党员。但党所面临的国内外敌人却异常凶猛，帝国主义、封建主义、官僚资本主义犹如三座大山压在中国人民头上。党要同强大的敌人进行殊死斗争，必须做好精神上、思想上的充分准备。中国共产党正是在中国革命的历史进程中勇于实践、善于总结，提炼其中的精神营养和思想精华，创造出了伟大的中国共产党人的精神谱系。

中国共产党人精神谱系的形成和发展

在全党党史学习教育动员大会上，习近平总书记对中国共产党人精神谱

* 王向明，中国人民大学马克思主义学院、中国人民大学习近平新时代中国特色社会主义思想研究院

系的基本内涵和意义作了概括："在一百年的非凡奋斗历程中，一代又一代中国共产党人顽强拼搏、不懈奋斗，涌现了一大批视死如归的革命烈士、一大批顽强奋斗的英雄人物、一大批忘我奉献的先进模范，形成了井冈山精神、长征精神、遵义会议精神、延安精神、'两弹一星'精神、抗疫精神等伟大精神，构筑起了中国共产党人的精神谱系。我们党之所以历经百年而风华正茂、饱经磨难而生生不息，就是凭着那么一股革命加拼命的强大精神。"目前，中央有关部门已经总结了数十种中国共产党人的革命精神，并还在进一步地开掘、整理和总结中。中国共产党人的精神谱系已经成为激励全党全国人民不懈奋斗的强大精神力量。

中国共产党人的精神谱系最早的源头，可以追溯到建党之时的红船精神。2005年6月21日，时任浙江省委书记的习近平同志在《光明日报》发表文章《弘扬"红船精神"走在时代前列》，以深邃的历史思考和凝练的理论表达，首次提出并对"红船精神"的内涵进行了概括和论述，那就是"开天辟地、敢为人先的首创精神；坚定理想、百折不挠的奋斗精神；立党为公、忠诚为民的奉献精神"。他指出，"红船所代表和昭示的是时代高度，是发展方向，是奋进明灯，是铸就在中华儿女心中的永不褪色的精神丰碑"。2017年10月31日，党的十九大闭幕仅一周，习近平总书记就带领中共中央政治局常委专程从北京前往上海和浙江嘉兴，在瞻仰上海中共一大会址和浙江嘉兴南湖红船时，习近平总书记深情地说："上海党的一大会址、嘉兴南湖红船是我们党梦想起航的地方。我们党从这里诞生，从这里出征，从这里走向全国执政。这里是我们党的根脉。"从红船精神一路走来，中国共产党人的精神谱系在历史的潮流中随着我国革命建设改革的历程而不断被赋予新的内涵。在中国特色社会主义已经进入新时代的今天，中国要走上全面建设社会主义现代化的强国之路，面对的困难和牺牲虽然与过去有很大的具体差别，但同样面临种种风险和挑战，甚至会遇到难以想象的惊涛骇浪，就需要继续发扬"敢闯敢试、敢为人先、埋头苦干"的特区精神，激励干部群众勇当新时代的"拓荒牛"。发扬"生命至上"的伟大抗疫精神，以人民为中心、保障人民以生命权、健康权为首位的各项基本权利。这些宝贵的精神财富，不仅是中国共产党人卓越精神的体现，而且也是中华民族发展历程中积淀的民族精神的精华，是全体人民弥足珍贵、必须倍加珍惜的精神瑰宝。

中国共产党人的精神谱系既一脉相承又与时俱进，就像一条汹涌不息的源流，江河万里、绵延不绝。从最早秀水泱泱的红船精神到伟大抗疫精神，中国共产党走出了一条开天辟地的革命新路，带领中华民族历经革命建设改革的百年奋斗，迎来了从站起来、富起来到强起来的伟大飞跃，迎来了实现中华民族伟大复兴的光明前景，绘出了光耀千秋的恢宏画卷。

中国共产党人精神谱系的内在品格

1. 坚定的理想信念是中国共产党人精神谱系的根基

无论是当年的红船精神，还是现在中国特色社会主义新时代的抗疫精神、脱贫攻坚精神等，都体现着坚定信念这一核心命题。这个信念就是对马克思主义、对共产主义的坚定信念；对中国特色社会主义的坚定信念；就是“为中国人民谋幸福，为中华民族谋复兴”的初心与使命。一部中国革命的奋斗史，就是一曲理想信念的赞歌，没有革命的理想信念，就不可能有中国革命建设改革的成功。邓小平同志曾多次强调这一点，他指出：“光靠物质条件，我们的革命和建设都不可能胜利。过去我们党无论怎样弱小，无论遇到什么困难，一直有强大的战斗力，因为我们有马克思主义和共产主义的信念。”习近平总书记说：“理想信念是共产党人精神上的‘钙’。”例如：井冈山精神的灵魂就是“坚定执着追理想”，它就是在大革命失败，中国革命处在血雨腥风的最艰难时刻创立的。在井冈山两年零四个月的斗争中，牺牲了48000多名革命先烈，平均每天就有50多人倒在这片红土地上。正是由于他们以一往无前的英雄气概、英勇顽强的浴血奋斗，才迎来了“黄洋界上炮声隆、报道敌军宵遁”的战斗胜利。在井冈山斗争最艰苦的岁月里，毛泽东同志在1930年写下了《星星之火可以燎原》的不朽名篇，燃起了共产党人心中永不熄灭的理想之火，并终在理想之光的照耀下迎来了天安门广场“风展红旗如画”的燎原之势。

2. 真挚的人民情怀是中国共产党人精神谱系的核心

从红船精神中的“忠诚为民”，到井冈山精神的“依靠群众”；从西柏坡精神的“一心为民”，到抗美援朝精神中“祖国和人民利益高于一切”；从抗洪精神的“万众一心”，到伟大抗疫精神的“生命至上”；真挚的人民情怀始终是百年来中国共产党人精神谱系中一以贯之的最鲜明、最生动的核心命题。就如同毛泽东同志曾经说过的：“我们党尝尽了艰难困苦，轰轰烈烈，英勇奋斗。自古以来，中国没有一个集团，像共产党一样，不惜牺牲一切，牺牲多少人，干这样的大事。”1920年11月，党的早期组织发表的《中国共产党宣言》提出，要将政权“放在个人和农民的手里”。1922年，党的二大通过的第一个《中国共产党章程》和《关于共产党的组织章程决议案》等文献中，明确提出了开展党的活动的第一个重大原则就是“党的一切活动都必须深入到广大的群众里面去”，并制定出“中国共产党为工人和贫农的目前利益”而奋斗的七条目标。而在今天我们决胜全面建成小康社会和决胜脱贫攻坚的现实奋斗中，习近平总书记强调：“全面建成小康社会，一个也不能少；共同富裕路上，一个也不能掉队。”凸显的都是中国共产党人以人民的利益为根本、让人民群众有具体真实的幸福感安全感获得感的无私诉求。

3. 高度的自觉自信是中国共产党人精神谱系的内在支撑

人的行为是靠人的思想去支配控制的，而只有从思想深处对某种理论或实践具有一种深信不疑的精神状态，才可能自觉地、主动地、积极地为实现这一理论和实践目标而奋斗。在中国共产党精神谱系形成发展的历史过程中，每一个精神的内涵都会随时随地以当时的历史条件为转移，从而呈现出不同的特点。但这些不同中又始终彰显着同样高度的自觉、自信。站在敌人绞刑架下的李大钊，面对死亡坚定地说：“你们可以绞死我李大钊，但绝绞不死伟大的共产主义理想！”在发生东欧剧变，世界社会主义遭受重大挫折的形势下，邓小平同志坚定地讲：“别人的事我们管不了，只讲一个道理：中国的社会主义是变不了的。中国肯定要沿着自己选择的社会主义道路走到底。谁也压不垮我们。只要中国不垮，世界上就有五分之一的人口在坚持社会主义。我们对社会主义的前途充满信心。”这种坚定的信心，正是来自对马克思主义的自觉自信、对党的事业的自觉自信、对革命前途的自觉自信，支撑起了共产党人不懈奋斗的精神大厦。一百年来，我们党始终对党的各项事业和目标如此坚定而充满信心，就是因为坚信我们追求的是真理、遵循的是规律、服务的是人民！这也是我们党在任何艰难困苦的情况下，都能创造出独具时代特点和具体内涵的中国革命精神，鼓舞我们战胜一切困难的力量之源。

4. 无畏的担当精神是中国共产党人精神谱系的实践特征

精神的力量最终会成为物质的力量。在中国共产党人精神谱系的支撑下，中国共产党人总是在国家民族需要的时候冲在最前面，总是以坚韧的勇气和无私的牺牲克服万难去夺取胜利。例如：在日寇发动九一八事变，妄图灭亡中国的危难时刻，中国共产党毅然举起抗日救亡的旗帜，历经千难万险“北上抗日”，在二万五千里的漫漫征途中形成了内蕴“为了救国救民，不怕任何艰难险阻，不惜付出一切牺牲”的伟大长征精神，拯救了国家和民族。中华人民共和国成立之初，当美帝国主义把战火烧到鸭绿江边，对新生的中华人民共和国安全和发展利益构成严重威胁时，我们在国力等物质条件与美国存在巨大差距的情况下，依然以敢于担当的勇气、横刀立马的豪气，“打得一拳开，挡得百拳来”，开展了轰轰烈烈的抗美援朝运动，形成了内蕴“为了祖国和民族的尊严而奋不顾身的”伟大抗美援朝精神，以“钢少气多”战胜了美国的“钢多气少”。当下，美国等西方国家试图在许多核心技术领域对我们封堵围剿，中国要想突破只有靠自力更生、靠人民的智慧、靠无畏的担当，必须充分发扬“特别能吃苦、特别能战斗、特别能攻关、特别能奉献”的伟大载人航天精神，我们也才能完成自主技术和科技创新，攀登世界科技高峰。

中国共产党人精神谱系在当代青年中的传播途径

根据中国共产党人精神谱系的特定内容、结合当代青年思想成长的规律，运用富有创造性的方式方法，把党的这些宝贵精神财富根植到当代青年的心田，是对青年进行思想政治教育的重要内容和方法。

1. 以正确的党史观学好党史，把握党的历史主流、主线和本质

习近平总书记在党史学习教育动员大会上的讲话中，提出了一个极为重要的观点，即树立正确的党史观。首先就是要正确把握党的历史的主流、主线和本质。回望历史，我们党依靠形成于建党伊始的“红船精神”，从石库门到天安门，从兴业路到复兴路，战胜了数不清的困难，不断取得新的胜利。其间，我们也走过弯路，经历过曲折，但贯穿于党的全部历史的主线始终是“为中国人民谋幸福、为中华民族谋复兴”。党的全部历史就是一部在提出和不断探索马克思主义中国化的历史进程中进行理论和实践创新的历史。因此，对青年一代的党史学习教育首先要具有权威性，即必须以党的重要历史文献，如《中国共产党的九十年》《中国共产党简史》等为主要教材，切忌以碎片化、网络化甚至是“猎奇”的态度对待党史。

2. 以鲜明的问题导向传递中国共产党人精神谱系的价值内涵

在整个人类教育史上，任何教育的根本目的都要首先回答“培养什么人、怎样培养人、为谁培养人”的重大问题，都要进行价值观的传输。对青年一代进行中国共产党人的精神谱系的教育，关键就是要为青年一代回答好中国共产党为什么“能”、马克思主义为什么“行”、中国特色社会主义为什么“好”的根本问题，从而充分认识我们的红色政权来之不易、新中国来之不易、改革开放来之不易。而党的百年历史中那些鲜活生动的史实，就是最好的教科书。正如习近平总书记所说：“一定要告诉大家我们党是怎样走过来的”。我们党作为世界上长期执政的最大政党，最有资格也最有底气向世人

讲清楚党的过去、现在、未来。要运用好这些宝贵财富，引导青年把党的历史学习好、总结好、传承好、发扬好。以党的历史中那些具有标志性意义的重大事件，即“里程碑”式的记忆法学习和传承中国共产党人的精神谱系。百年党史、百年沧桑，其间的历史事件与人物可以说浩如烟海，要让广大青年学习和了解党的历史，重点首先是那些具有标志性的重大事件，即“里程碑”，这是党史学习教育中最重要的部分。例如：反映“开天辟地大事记、中国有了共产党”的红船精神；反映“军叫工农革命、旗号镰刀斧头”建军大业的井冈山精神；反映中国共产党历史上第一次伟大转折、标志中国共产党人开始独立自主地处理中国事务的遵义会议精神；反映中国共产党将从武装夺取政权转向全国执政，谨记“两个务必”为核心的西柏坡精神等，无疑就是新民主主义革命阶段党的历史的“里程碑”。重点解读这些重大事件和党的精神内涵，是党史学习教育的好方法。

3. 以真挚的情感和人格的力量打动人、感染人，让中国共产党人的精神谱系牢植于心

情感是主体活动的心理动力，情感像催化剂，激励和诱导人们满怀激情地去从事实践、认识和审美等各种活动。正如列宁所说：“没有人的情感，就从来没有也不可能有人对真理的追求。”百年党史中无数革命先驱们崇高的人格力量就是让我们产生强烈情感共鸣的最好教材。例如：民主革命时期的夏明翰、方志敏、江姐；社会主义时期的雷锋、焦裕禄、孔繁森等，都对人民产生了巨大的人格示范作用。在中国共产党人的精神谱系中，从始至终都饱含着对国家富强、民族振兴、人民幸福最浓郁的情感，都真切体现着为实现党的初心和使命“虽九死其尤未悔”的高尚情操。同时，以人格的力量感染人，还意味着思想政治教育工作者自身必须以真诚坚定的信仰、真挚热烈的情感、表里如一的人格来播撒真理的阳光。

4. 以丰富生动多样化的教育形式教育引导一代青年传承好中国共产党人精神谱系的血脉

在当前信息渠道日益多样化、复杂化，青年人又处在思想极为活跃的青春阶段，党史学习教育一定要注重方式方法，以更贴近青年实际的手段做好工作。除了传统的课堂式教学、报告式教学、阅读式教学等，还应该以更加多样化的生动手段，提升教学教育的实效，组织或推荐青年看一些拍得比较严肃认真的历史题材影视剧，如《觉醒年代》《建党伟业》《建军大业》《建国大业》《历史转折中的邓小平》等。充分利用革命历史遗迹等实体教材，通过凭吊先烈、重走长征路等体验式、沉浸式的教育手段，激发青年追忆革命历史、缅怀革命前辈的内心情感。特别是注重从身边的历史讲起，努力发掘本地区、本单位的历史传承，也更能激起受教育者的内心共鸣。

雄关漫道真如铁，而今迈步从头越。中国共产党走过了百年岁月，百年大党正风华正茂。党的事业、中华民族伟大复兴的事业需要千千万万有理想、有信仰、有能力的中国青年努力奋斗。以中国共产党人的精神谱系抚育一代青年成长，对于传承红色基因、牢记初心使命、坚持正确方向，以习近平新时代中国特色社会主义思想为指导，在新的历史起点上奋力夺取新时代中国特色社会主义伟大胜利，是影响中华民族当下及未来命运的永恒课题。

本文刊发于《北京教育》(高教)2021年第7期

高校红色基因的内涵及其在新时代的传承

魏书亮　姜　文*

摘　要：中国高校的红色基因是广大进步师生追随党的步伐，在开展革命斗争、育人实践的过程中形成的。经过长时期的积淀和涵养，红色基因已熔铸于中国高校的办学过程。北京师范大学的红色基因表现为：紧跟步伐、永不褪色的红色师范；爱国进步、择善固执的家国情怀；敦品励学、诚信质朴的京师品格；弘扬师道、舍我其谁的责任担当。在新时代，高校要进一步强化传承红色基因的使命意识，以北京师范大学为代表的北京高校应发挥标杆作用。

关键词：红色基因；红色师范；传承；标杆

红色基因是中国特色社会主义大学的根本政治内核，是中国高校"扎根中国大地"办学的立身之本，是中国大学争创"世界一流"的重要动力源泉。伴随中国共产党成立而发展和壮大起来的一批高校，尤其是北京高校，在多年来的办学实践中，自觉将党的信仰、宗旨和追求融入办学过程中，形成了具有自身精神特质和文化品格的"红色标识"。北京师范大学（以下简称北师大）是早期党组织建设的重要基地、北京地区的重要革命活动中心，也是革命人才和优秀人民教师的摇篮，其长期孕育形成的红色文化深厚，红色标识鲜明，红色基因强大。

*　魏书亮、姜文，北京师范大学校史研究室

北师大的红色基因形成于新民主主义革命时期，体现北师大人“坚定跟党走、勇于做先锋”的使命自觉

高校的红色基因是在革命年代、战争时期，中国共产党的初心和使命、路线和政策在高校的不断内化，高校进步师生自发地把个人的追求与国家和民族的命运紧密联系，二者长期共同作用的结果。中国共产党是中国高校红色基因的塑造者，中国高校同时也是中国共产党伟大事业的重要建设主体。

一是党的组织及其活动是北师大红色基因的政治源泉和根本保障。北师大有着深厚悠久的党建传统，其党建工作的起点，可以追溯到中国共产党的创立时期。1919年秋，李大钊开始在北京高师、北京女高师（以下简称北京两高师）授课，他推动了马克思主义在北京两高师的深入传播。在李大钊同志的领导下，1921年秋，中共北京西城支部和东城支部成立，其中，西城支部以北京两高师的党员为主组成，支部书记由中共历史上的第一位女党员、北京女高师的学生缪伯英担任，这是北师大党组织活动的开端。1923年冬，两高师分设支部，党组织平行发展。1931年，北京师范大学与北平女子师范大学合并，一些左翼团体，如反帝大同盟、社联、左联、教联、世界语联、互济会等在师大相继出现。1936年，北师大支部扩大为中心支部，下属师大文学院支部、师大教理学院支部以及民国学院支部、平大法商学院支部和东北大学文学院支部等支部。1946年4月，北师大建立了党总支。1948年12月，北师大地下党组织南系和北系合并。在总支的领导和推动下，北师大学生的进步活动轰轰烈烈地开展起来，不仅走出了中国共产党的首批党员、成批的革命人才，而且还是马克思主义在中国宣传和传播的一个重要阵地。党在师大学生运动中的领导和引领，使得党的宗旨和主张在师大得到响应，党的初心和使命通过进步师生的撒播和力行得以落实和推广。北师大也因此被誉为革命人才的一个成长摇篮以及优秀教育人才的重要培养基地。

二是北师大学子是青年学生反帝爱国运动的先锋力量。追求国家独立、民族解放是几代中国人的梦想，在反帝反封建的新民主主义革命进程中，以青年学生为代表的先进知识分子，率先扛起了“思想解放、爱国救亡”的大旗。1919年，北师大是五四运动重要的策源地，北京高师工学会参与了这场运动的策划、筹备和校际联络工作。运动中，北师大学生最早到达天安门广场，走在游行示威队伍的前列，数理部学生匡互生火烧赵家楼，引燃了全国民众“外争国权、内惩国贼”的怒火，他们中的一批同志走上了革命道路。1935年爆发的“一二·九”运动，北师大是重要的活动中心，由北师大学生组成的“北平师范大学爱国请愿团”，引领示威请愿的方向。1936年2月，民族解放先锋队在北师大成立，学生敖白枫任总队长。在民先队的影响和带动下，一批批的青年学生和先进知识分子走向抗日救亡的前线。解放战争时期的第二条战线上，北师大学生积极参加地下党组织领导的“反饥饿、反内战、反迫害”“反对行宪国民大会”运动。1948年4月9日，100余名国民党特务对北师大进行抢砸。事件发生后，北师大600余名师生示威请愿，北平高校“一校有事，各校支援”，把“反饥饿、反内战、反迫害”的学生运动推向高潮，这场运动有力地支援了正面战场。经过历次运动的洗礼，北师大学子的先锋意识、爱国精神得到锤炼，“与民族共命运，与人民同呼吸”的使命意识强烈坚定，红色基因在反帝爱国、抗日救亡、解放战争的一系列运动中，不断得到锤炼和巩固。

红色基因决定北师大的红色特质，诠释北师大“为民族复兴办教育、为国家富强育英才”的办学初心

“为民族复兴办教育、为国家富强育英才”是党的初心使命在北师大的体现。党的领导和几代北师大人的共同努力，塑造了北师大的红色特质，造就了北师大人听党话、跟党走，为党的事业而奋斗的革命传统，形成了内涵丰富的红色基因。今天，北师大的红色基因已熔铸于学校办学的多个方面，成为北师大“为党育才、育人兴邦”的政治保证和精神动力。

一是紧跟步伐、永不褪色的红色师范。北京两高师在李大钊同志的引领和推动下，很早就涌现出了一批共产党员，他们走出校门后，很快担当起了发展党组织、开展革命活动的重任。1924年至1926年春，魏野畴在西安以教

书为掩护发展党的组织，成立了共青团西安地方委员会、中共西安特别支部。楚图南带着李大钊先生“一要尽可能多地接触学生，多组织读书会，阅读进步书刊；二要适当地宣传马列主义和十月革命的胜利，为建立党团组织准备条件”[1]的嘱托，回到云南酝酿党团建设工作。黄道积极参加与组织北京学生的罢课斗争和游行请愿，在党组织的安排下，他回江西发展地方党组织，投身革命事业。1927年4月，李大钊被奉系军阀张作霖杀害，与李大钊同志一同牺牲的就有北师大的学生党员谢伯俞、吴平地，他们是为了党的事业而最早牺牲的一批共产党员。受李大钊同志的勉励，读书时期的侯外庐就有服务革命事业的志向，以十年心血翻译《资本论》是他为马克思主义在中国发展贡献心力的最好注脚。在众多的中国师范院校中，北师大发挥的辐射影响最大，湖南一师和绥德师范的光荣传统都有得益于北师大的地方。京师大学堂师范馆走出的符定一是湖南一师的缔造者，五四运动的学生领袖匡互生、周谷城毕业后都曾在湖南一师任教。在绥德师范的创办时期，高师学生杨明轩担任学校的教务长。学校党组织坚强有力、上级党组织信得过，广大师生拥护党的主张和宗旨，是北师大保持革命底色、顺应人民期待的政治保证。

二是爱国进步、择善固执的家国情怀。在师范馆时期的“拒俄运动”中，北师大学子忧心于东北的丧失，就曾发出“发大志愿，结大团体，为四万万人请命”[2]的宣言。五四运动中，出于对日本野心的警惕和对“中国存亡”问题的担忧，北师大学子以敢立潮头的先锋意识、奋不顾身的牺牲精神，和北京青年学生一道，开启了新民主主义革命的序幕。五四运动的胜利，使青年学子看到了自身的力量，也使他们开始认识到了民众的力量。“一二·九”运动中，北师大学子自觉地把青年学生自发的抗日救亡行动与全国抗战的需要结合起来，他们组织的南下宣传团走出北平、深入农村，呼吁“工农兵学商，一起来救亡”。北师大人的贡献不止于启蒙，不限于发动。抗日战争、解放战争中，数百名的北师大学子走上了战争前线，斗争于敌后战场。由于北师大人的执着，学校的发展多次遭到反动当局的打压，1925年的“女师大风潮”、1932年的停止招生、1939年由师大而为师范学院的降格办学、1946年的国民政府“不准复原”的命令、1948年的“四九血案”都是明证。既能做先锋，也能做殿军，代表了北师大人的坚持和韧性，但他们迭逢艰难从不止步，历经险阻犹始终向前。

三是敦品励学、诚信质朴的京师品格。北师大作为近现代高等师范教育的开拓者，在继承中国教育的优秀传统、服务时代需求的探索和引领中，形成了自己的治学风范和服务品格。在新文化运动的前夕，北京高师时期的校长陈宝泉为学校凝练的“诚、勤、勇、爱”的校训、“成己成物”的励学及服务方针，勤勉治学、品端学粹、淑世情怀印刻在师大人的心坎里。“高师改大”后的首任校长范源廉先生要求的“以身作则”，董事会董事长梁启超先生手书的“无负今日”，老校长袁敦礼题赠学子的“成德达材”，都是这一治学理念的拓展和延伸。这种治学传统，由众多的名师先贤垂范而来。被誉为文学革命的旗手、文字音韵学大师的钱玄同先生，不仅学术成就无愧于大师称号，而且他至死不渝的爱国节操、对家庭伦理的坚守同样可做国人典范。黎锦熙先生，终生致力于国语改革和推广事业，“攘夷武仗三千虎，建国文凭十八龙”[3]，是他学术报国志向的明确表达。中国现代文学的奠基人鲁迅先生、经学大师吴承仕先生，他们分别以讲坛和文坛为阵地，为党的事业和引领青年成长作出了突出贡献。在他们的感召下，一代代师大人甘守清贫，敦品励学，孜孜以求。师大的勤勉和踏实也是出了名的，在学学生“勤朴好学之风，甲于各校”，毕业学生“克尽厥职之声誉，腾于全国”。[4]时至今日，这种敦品励学的风范、不随人后的志向、诚信质朴的品格，已成为师大人之为师大人的形象特质和人格标识。

四是弘扬师道、舍我其谁的责任担当。作为中国高等师范教育的发源地，北师大对于国家教育发展，自始便有“开先河”“辟基础”“垂典范”“塑体系”的意识与贡献。高师时期，北师大通过六部本科科系设置、各类专修科讲习班探索以及多个研究科的建设，成为当时学科门类最全的高师院校。北师大老校长陈宝泉所说的“使师大之校风可以转移全国教育之风气”，表明了师大人的责任和雄心。1922年，壬戌学制颁布施行，北京高师调整学科结构和办学定位，于1923年正式升格为北京师范大学。在经费竭蹶、学潮频发、师资队伍不稳的严峻形势下，范源廉校长上任之日给大家鼓劲：“无论政局如何纷扰，只要我们个人精神不乱；无论经济如何困难，只要我们大家志气不馁；那么，前途便有无穷的希望。”[5]师大人的精神和志气在哪里？范源廉校长将他的思想表达在了师大的校歌当中，“师道，师道，谁与立？责无旁贷在藐躬”。他将师道浓缩为“宏我教化、昌我民智”的八字箴言，把其作为为师者的担当和责任，要求师大人把“振立师道”担在肩上，并一以贯之地坚持下去。抗日战争时期，这一师道精神随北师大的西迁而扩展于西北。解放战争时期，由于地处国统区，为了撑得起这一责任，师大人多方面、多方位地进行了抗争。从20世纪30年代一直到中华人民共和国成立初期，经过几代师生的苦心经营，北师大最终构建了“从研究生教育、本科教育，一直延伸至附属中学、小学和幼儿园”的完整办学体系，形成了底蕴深厚的教育优势和鲜明的办学特色，为探索中国特色的师范教育体制作出了无可替代的独有贡献。这一责任，在中华民族危难之际，它表现为师大人“育人兴邦”的使命意识；中华人民共和国成立初期，它表现为师大人“改革在前”的先行精神；改革开放时期，它表现为师大人“开拓创新”的转型决心；在全面深化改革的新时期，它表现为师大人建设“综合性、研究型、教师教育世界领先的世界一流大学”的发展志向。

红色基因涵养北师大的党建传统，体现北师大建设党和人民满意的世界一流大学的标杆意识

新时代，中国高校尤其是北京高校的改革发展站在了更高的起点上。强化扎根中国大地的立场自信，树立建设世界一流大学的发展自信，要求北京高校必须高扬红色旗帜，将传承红色基因作为应负的政治责任。经过一百年的组织发展，特别是中华人民共和国成立以来在党领导下的扎实办学，红色基因已植根于北师大，红色已成为北师大办学的鲜明底色，党建已成为北师大的工作优势，初心使命已转化为北师大建设中国特色社会主义大学的强大精神动力。北师大重视这一传统和优势，采取多种措施，在党建工作中充分利用红色资源，积极弘扬红色文化。

一是夯实党建优势，发挥标杆作用。百年的组织发展，孕育了北师大“围绕中心抓党建、凝心聚力促发展”的优良传统，北师大党建工作一直走在全国高校前列，多次成为党建体制机制探索、思政工作改革的全国试点单位，并多次被评为北京市党建和思想政治工作先进高校。2017年6月，习近平总书记指示北京师范大学要做“巡视整改的标杆”，这其中包括对北师大党建工作的肯定和期望。学校第十三次党代会明确，将“坚持党的领导，扎根中国大地办社会主义大学”作为建设“综合性、研究型、教师教育世界领先的中国特色世界一流大学”的根本政治保证，“继承北京师范大学红色基因和光荣传统”作为政治保证的首要措施，在全校范围内得到安排和部署。

二是弘扬红色文化，砥砺初心使命。红色基因不能自动遗传，需要通过涵濡和培育进行传承，需要借助文化的感染力。学校着力“思政课程和课程思政一体化建设，推动思政小课堂与社会大课堂‘同频共振’”[6]。北师大师生珍视自己的“红字”招牌，自觉将红色资源凝练为文化标识，融进学校的校园文化景观建设。五四运动纪念碑、“一二·九”纪念碑、“三·一八”殉难烈士纪念碑、刘和珍浮雕像、鲁迅雕塑等布设于学校的主要场所，在北师大西城校园和北师大附属中学，也矗立有“一二·九”运动纪念碑、二烈士纪念碑和赵世炎烈士塑像等红色地标。这些地标已成为广大师生感悟初心使命、社会公众体验北师大红色文化的生动课堂和培训基地。

三是讲好红色故事，服务立德树人。在中共师大组织百年的发展历程中，北师大涌现出一批可歌可泣的英雄人物，一大批执着奉献的先进模范。“火烧赵家楼”“纪念刘和珍君”“女师大风潮”等广为流传，李大钊就义、“英雄夫妻”缪伯英与何孟雄的传奇、“姐弟党员”赵世兰与赵世炎以及“红专老人”陈垣的入党故事等，这些都是党史教育的鲜活案例，是对红色基因的形象阐释。在党史学习教育活动中，学校通过组织编写《中共北京师范大学组织发展百年图志》、举办专题展览，通过媒体传播、校史平台以及课堂讲授，使之成为北京师范大学学生思政工作的生动素材，传承红色基因的有效载体。

参考文献

[1] 楚图南 . 楚图南集：第 2 卷 [M]. 昆明：云南教育出版社，1999：596.

[2] 王学珍，张万仓编 . 北京高等教育文献资料选编：1861—1948[M]. 北京：首都师范大学出版社，2004：128.

[3] 黎锦熙 . 黎锦熙纪事诗存 [M]. 北京：中国文史出版社，1998：76-78.

[4] 李溪桥 . 李蒸纪念文集 [M]. 北京：中国社会科学出版社，1996：132.

[5] 范源廉 . 范源廉集 [M]. 长沙：湖南教育出版社，2010：244.

[6] 教育兴邦 师范报国——北京师范大学扎实推进党史学习教育 [N]. 光明日报，2021-05-04（5）.

本文刊发于《北京教育》（高教）2021年第7期

从延安精神到西迁精神：红色基因融入高等教育的思考与实践

李 重 何 欣*

摘 要： 习近平总书记指出："伟大事业孕育伟大精神，伟大精神引领伟大事业。"延安精神和西迁精神虽诞生于不同社会历史时期，但两者都是中国共产党精神谱系的重要组成部分。当前，我国正处于"两个一百年"奋斗目标的历史交汇时期，深入汲取延安精神和西迁精神精髓，破解高等教育发展的难题，加快建设中国特色世界一流大学步伐，对于推进教育现代化具有重要的现实意义和指导作用。

关键词： 延安精神；西迁精神；高等教育；时代价值

在谋求民族独立、实现民族复兴的伟大革命建设实践中，中国共产党团结带领广大中国人民培育出了极其丰厚多元、鼓舞人心的革命精神和革命传统。革命战争年代所形成的延安精神与和平建设时期所形成的西迁精神共同构成了中国共产党精神谱系上波澜壮阔、交相辉映的重要内容。延安精神是中国共产党在延安时期继续开展革命斗争的过程中形成的思想成果。西迁精神是中国共产党带领广大知识分子将爱国奉献精神投入并践行于社会主义伟大建设过程中的典型代表和体现，是延安精神的继承和发展。进一步厘清延安精神与西迁精神的内在逻辑关联，有助于我们在新时代背景下更好地继承和弘扬。

* 李重、何欣，西安交通大学党委宣传部

延安精神与西迁精神内在契合的价值旨趣

中国共产党在发展壮大的每一个历史时期都创造出影响深远的精神力量，成为共产党人和先进分子的精神支柱，成为中华民族最可宝贵的精神财富。其中，延安精神和西迁精神都是中国共产党精神财富中的重要组成部分，是璀璨的精神瑰宝。虽然，延安精神和西迁精神分别形成于不同的社会历史阶段，也有着不同的科学内涵，但是两者之间蕴含和彰显的理想信念、精神风貌、人生态度和价值旨趣等具有内在契合性和高度统一性，是一以贯之的。

1. 以坚持党的领导优势作为政治维度

一部百年党史就是中国共产党团结带领全国各族人民在革命、建设、改革实践中不断总结自身建设经验的历史，百年党史展现了中国共产党带领全国各族人民进行艰苦卓绝斗争、领导人民办成了一件又一件大事、完成了一项又一项难以完成的任务，谱写了一篇又一篇壮丽史诗。

延安时期是中国共产党走向成熟的重要时期，同时，也谱写了中国高等教育事业发展的新篇章。坚持党的领导是延安时期高等教育建设的重要方针。1936年至1948年间，党中央从抗战实际形势出发，先后在陕甘宁边区创办了30多所院校，其中既有为抗战需要培养领导干部的院校，又包括培养专门技术人才的职业教育院校，为抗战胜利、解放战争乃至新中国经济建设培养了大批人才。中国共产党在延安时期创建的高等教育体系是高等教育史上浓墨重彩的一笔，我国高等教育也由此开始初具雏形。这被称为“延安模式”。

1955年，党中央和国务院从国家建设大局出发，出于调整工业布局以及解决高等教育资源分布不均衡现实的考虑，决定把交通大学从上海迁往西安。交通大学成功西迁背后离不开党中央的支持，党中央不仅在物质方面优先供给交大，在政策上更是给予重点照顾。党的领导正是交通大学顺利西迁的信心来源和根本保证。如今在党中央与地方的支持下，西安交通大学（以下简称西安交大）积极响应西部大开发、“一带一路”倡议，传承和弘扬西迁精神，再一次向西而迁，开启第二次创业——中国西部科技创新港。习近平总书记参观西迁博物馆时指出：“西迁精神的核心是爱国主义，精髓是听党指挥跟党走，与党和国家、与民族和人民同呼吸、共命运”[1]。

2. 以伟大的爱国主义精神作为信念维度

若论中华民族根植最深、影响最久的精神品质，必定是爱国主义，它是中华民族精神的核心，是深植于每个中华儿女血脉中的民族魂。在实现中华民族伟大复兴的过程中，中国共产党始终是爱国主义精神最坚定的弘扬者和实践者。中国共产党团结带领全国各族人民进行的革命、建设、改革实践，是爱国主义的伟大实践，写下了中华民族爱国主义精神的辉煌篇章。从延安精神“坚定正确的政治方向”到西迁精神“胸怀大局，无私奉献”都是爱国主义精神在中国革命和建设不同时期的凸显和结晶。

延安时期是中国各族人民长时期地处于水深火热之中的艰难困苦时期，也是中华民族面临亡国灭种的危险时期。在全国抗日救亡的新形势下，中国共产党高举爱国主义大旗，在延安这片革命圣地深耕教育事业，相继创办了抗日军政大学、陕北公学、中央军委无线电通信学校、军委航空学校等一批高校，为抗战培养一批又一批民族脊梁，为抗战胜利和中国革命的最终胜利作出了巨大贡献。理想信念的力量、爱国主义的真挚情感、正确的人生追求吸引着大批爱国志士，为中华崛起而读书，为民族独立而舍身。

中国知识分子历来就有“为天地立心、为生民立命、为往圣继绝学、为万世开太平”的社会理想与家国情怀。从南洋公学时期的“兴学强国”再到交通大学时期的“民主堡垒”，交大师生血脉中始终流淌着爱国强国的历史责任感和使命感，爱国主义精神铸成了交大人思想行动的精神支柱。交通大学西迁，是交通大学在创建60年之后，面向共和国未来的一次伟大长征。正是爱国主义精神的支撑，使交大师生建立起了克服迁校过程中种种困难的坚定信心和决心，保证了迁校工作的顺利完成。从繁华的大上海到古城西安，披荆斩棘、辛勤跋涉、励精图治、勇攀高峰，用生命和汗水在一片麦田上建起一所著名大学，绘制出邦国荣华，书写了东方奇迹，并向世人昭示：一所大学所肩负的使命，与国家民族的命运血脉相连。西迁精神洋溢着广大知识分子浓厚的家国情怀和殷殷的报国精神。面对集体利益和个人利益抉择时，西迁群体毫不犹豫地选择了国家利益至上。

3. 以“以人民为中心”理念作为价值维度

把“以人民为中心”作为党的建设根本价值取向，这是由我们党的性质和根本宗旨所决定的。中国共产党是中国工人阶级先锋队，同时也是中国人民和中华民族的先锋队，坚持人民利益高于一切，坚持全心全意为人民服务的根本宗旨，是我们党的立党之本、力量之源，是党的事业成功的根本保证。在中国革命和建设的特殊时期形成的延安精神和西迁精神都深刻体现着人民群众利益至上的价值观。

延安时期是我党在中国局部地区建立人民政权并不断扩大执政区域的重要时期。始终把群众利益放在首位是延安精神的核心，是坚定正确政治方向的前提，也是我们党一切工作的出发点和落脚点。我们党开展工作的出发点是为了人民群众，同时，人民力量也不容小觑。抗战初期，陕甘宁边区不仅物质方面极为匮乏，文化教育方面更是贫瘠。美国记者斯诺曾经这样描述延安：“在文化上，‘这是地球上最黑暗的一个角落’。”[2]当时，延安地区经济文化落后、群众思想封闭，迷信、愚昧现象成风。中国共产党从当时抗战实际形势以及陕甘宁地区现实情况出发，决定在陕甘宁边区大力发展教育事业。要想发展教育事业，必须依靠广大人民群众，党中央在边区相继开办夜校、扫盲班等提高群众知识文化水平，开展卫生帮扶、组织学员到田间帮助农民劳动生产等一系列切实保障人民利益的工作。

在新中国社会主义建设时期，我们党带领全国人民自力更生、艰苦奋斗，改变了国家一穷二白的落后面貌，打牢了社会主义建设和发展的坚实基础，实现了广大人民群众谋求生活改善这一最直接最根本的利益。出于社会主义建设和国防建设的需要，同时为了改变当时中国高等教育布局不合理的现状，支持西部社会经济发展，国务院作出了交通大学内迁西安的决定。“党让我们去哪里，我们背上行囊就去哪里。”一呼而百者应。1956年起，交通大学师生员工与家属响应党和国家号召，打包好行李，手持印有“向科学进军、建设大西北”字样的粉色车证，乘坐专列一路向西，从繁华的上海奔赴西安。当时，1400多名教工，特别是一大批德高望重的老教授率先垂范，近3000名学生热血沸腾，义无反顾地登上西行列车。学校领导、学术带头人身先士卒，17位党委委员中有16人迁到西安。西迁的教授、副教授、讲师和助教等占教师总数70%以上。

无论是革命战争年代还是和平时期，人民始终是我们党的力量之源和胜利之本。在交大西迁过程中，上海和西安两地的人民给予了极大的支持和帮助。上海先后调动了大量车皮，安排一趟趟专列运送西迁师生和物资，还动员服务业职工随校西迁，从点滴入手，解决师生员工生活上的难题。在西安，征地、规划、施工、安置一路绿灯，市里所有的大米、水产品首先供应给交大师生。因此，可以说，没有广大人民群众的真心拥护和大力支持，交大西迁就不可能成功，西安交通大学就不可能从小到大，由弱变强，也就不可能在国家建设发展，特别是在西部建设发展的伟大征程中发挥不可替代的重要作用。

4. 以革命的英雄主义精神作为人格维度

人格维度的契合性，主要体现在革命的英雄主义精神方面。从延安精神“自力更生、艰苦奋斗”再到西迁精神的“艰苦创业”都充分蕴涵了中国共产党带领人民群众自信、自立、自强的革命英雄主义精神。

艰苦奋斗是党的优良传统和光荣作风。延安时期，我党处在国民党反动派和日本帝国主义的封锁包围之中，加之陕甘边区大都为贫瘠多山之域、物产不富、外来人员增加，从而使边区政府和人民在物质上、经济上完全陷于孤立。尤其是1941年至1942年，由于日、伪、顽的夹攻，加上自然灾害的侵袭，解放区生产遭到很大破坏，财政经济和军民生活发生了极大的困难，几乎到了没有油盐、没有纸张、没有衣被的穷困境地。党中央发出了“自己动手，丰衣足食”的号召。一边进行农业生产一边学习，是当时学员的真实写照。当时，窑洞就是教室、石头就是桌椅、黑板就是用石灰泥土抹成的墙面。

没有纸笔，学员就用沙盘和树枝代替；没有宿舍，师生就自力更生挖窑洞；粮食不够，师生就下地耕种。面对如此艰苦的生活环境，学员不但毫无怨言，而且还表现出非凡的斗争精神。他们艰苦奋斗的优良作风，是党历史上宝贵的精神财富。

习近平总书记在2018年新年贺词中指出："幸福都是奋斗出来的。"[3]交通大学西迁以及迁校之后扎根西部办学六十余载的峥嵘岁月，演绎了一部永远听党话、坚定跟党走、筚路蓝缕的奋斗史诗。交通大学西迁壮举形成了艰苦创业的西迁精神。交通大学在迁校之初，教学设施、实验设备、工作条件、生活条件极为困难；面对种种困难和挑战，西迁"拓荒者"们以"有条件要上、没条件创造条件也要上"的豪情壮志和英雄气概拉开了"创业"的序幕。没有因为迁校而迟一天开学，没有因为迁校而开不出课程，没有因为迁校而耽误原定的教学实验，没有因为迁校而影响人才培养质量。而后，通过迅速恢复理科建制、扩大招生规模、开办新兴专业、扩充实验室建设，快速提升人才培养、科学研究和社会服务能力，在"211工程""985工程""双一流"建设等中国高等教育发展的重要历史阶段上始终处于第一方阵。从黄浦江畔到西北黄土地、从昔日麦田到今朝知名学府，西安交大走过了一条极不平凡的创业之路，谱写了一曲感天动地的英雄者之歌，积淀、形成了艰苦创业的西迁精神。

红色基因与新时代高等教育发展的内在关联

延安精神和西迁精神在理论前提和思想内涵上体现的缘起、演进和传承的契合性，在一定程度上也促使其在价值层面具有这种特质。它们在价值维度的契合性，使其凝聚为一种巨大的精神力量。新时代背景下，汲取延安精神和西迁精神背后蕴藏的思想智慧和精神力量，助力高等教育事业蓬勃发展。

1. 坚持党对高校全面领导

历史和实践证明，不论是在延安时期，还是在西迁时期，中国共产党始终高度重视高等教育事业发展，党领导下的高等教育事业卓有成效。党的十八大以来，以习近平同志为核心的党中央高度重视党对高校的领导工作。习近平总书记指出："加强党对高校的领导，加强和改进高校党的建设，是办好中国特色社会主义大学的根本保证。"[4]当前，我国正处于"两个一百年"奋斗目标的历史交汇时期，办好中国特色社会主义高等教育更需要坚持党对高校的全面领导。

第一，要坚持党对高校的政治领导。我国高校的办学方向，事关高校"培养什么人、怎样培养人、为谁培养人"的重大问题。高校党委要把握好方向，坚持马克思主义理论，始终高举中国特色社会主义旗帜，牢牢把握社会主义办学方向，把党的教育方针贯彻落实到办学育人全过程，深入学习贯彻习近平新时代中国特色社会主义思想以及习近平总书记关于教育工作的重要论述。

第二，要坚持党对高校的思想领导。当前，我国高校思政工作有条不紊地推进，党的领导功不可没。高校是开展意识形态工作的主阵地，对于稳定党的意识形态大局有着重要影响。党对高校的思想领导只能加强不能削弱。高校党委必须牢牢把握学校意识形态工作的主动权，坚持马克思主义在意识形态工作中的指导地位，加强理论学习，培育和践行社会主义核心价值观，正面引导广大师生坚定共产主义远大理想和中国特色社会主义共同理想。

第三，要坚持党对高校的组织领导。健全党管干部、党管人才的机制体制，始终坚持和完善高校党委领导下的校长负责制，充分发挥高校党委"统揽全局、协调各方"的领导核心作用，既要准确把握高校党委、校长负责的一体关系，又要厘清两者职责界限。此外，高校党委要坚决做到"党要管党、全面从严治党"，强化党内监督，净化党内政治生态，抓好干部队伍建设，完善人才队伍培养机制体制，培养一批有责任、敢担当的人才队伍，加强基层党建工作，完善基层党组织和党员队伍建设，发挥基层党组织的战斗堡垒作用。

2. 坚持立德树人的根本任务

习近平总书记指出："实现中国梦必须弘扬中国精神。"[5]以延安精神、西迁精神为代表的伟大精神共同构成的中国共产党精神谱系，既是以爱国主义为核心的民族精神的重要组成部分，又随时代发展被赋予新内涵。随着经济社会的不断发展和市场经济不断深入，当今社会价值取向日益呈现多元化，这其中既有弘扬爱国、促进社会改革发展等进步思潮，又存在信仰失落、价值虚无主义等负面倾向。大学生正处于不断增长知识，养成正确世界观、人生观、价值观的拔节孕穗期，加强大学生爱国主义教育不仅是贯彻落实坚持把立德树人作为教育的根本任务的重要途径，更是进一步弘扬爱国主义精神、厚植爱国主义情怀、培养担当民族复兴大任的时代新人的必然要求。如何把爱国主义教育融入立德树人教育全过程是高校职责使命所在。

第一，要把爱国主义教育融入立德树人课程体系。习近平总书记在学校思想政治理论课教师座谈会上指出："思想政治理论课是落实立德树人根本任务的关键课程。"[6]高校是爱国主义教育的主阵地，思政课是进行爱国主义教育的主渠道。一是要把爱国主义教育融入思政课之中，坚持主导性和主体性相统一。一方面，思政课教师积极发挥主导性作用，积极引导学生准确把握爱国主义的不同时代内涵，不仅要讲好课本内容，更要把党史、新中国史、改革开放史、社会主义发展史中爱国主义素材搬上思政课堂，丰富爱国主义教学内容。另一方面，尊重学生的主体地位，准确把握学生的思想动态，创新理论课教学内容和教学方式，为学生上好生动形象的思政课，激发学生爱党爱国爱社会主义情怀，让爱国主义情怀在学生心中扎根。二是积极拓展思政第二课堂，坚持显性教育与隐性教育相统一。高校要坚持把理论教育与课程实践相结合，把爱国主义教育落实到实践教学全过程之中，培养学生爱国之情。利用好红色教育资源，深入挖掘典型人物的典型故事，把为国捐躯、为国奉献的育人资源搬进思政课堂。积极组织学生参观红色教育基地，把爱国主义教育延伸到课外，动员学生积极参与社会实践活动，让学生把爱国主义精神内化于心、外化于行。

第二，着力打造高素质的思政工作人才队伍，引领爱国主义教育。习近平总书记强调："办好思想政治理论课关键在教师。"[7]教师是落实立德树人根本任务的关键力量。高校辅导员作为高校思政工作人才队伍的主要组成人员，是组织和推进爱国主义教育的重要力量。高校辅导员配备情况以及素质高低都会直接影响着爱国主义教育实施效果。思政课教师是立德树人的主力军，肩负着爱国主义教育的重任。重视思政工作人才队伍建设，定期开展思政人才培训班，加强思想理论学习。加强师风师德建设，提高教师思想政治素质和职业道德水平，引导教师树立正确的历史观、民族观、国家观、文化观，做到行为人师、行为师范，做好学生成长路上的引路人。

第三，要营造爱国主义氛围，助推立德树人。润物无声、育人无痕，在开展爱国主义教育时要把立德树人思想糅合于活动之中，让学生在参与活动中受到立德树人教育。一方面，把爱国主义教育融入大学文化建设之中，坚持物质文化建设与精神文化建设并举，在校园内形成浓厚的爱国主义教育氛围，发挥文化育人功能，让学生们潜移默化地接受爱国主义教育。另一方面，要创新高校爱国主义教育内容和方式，打造融媒体平台，让爱国主义教育形式多样化，坚持线上和线下学习并举，打破时空限制，整合学习资源，着力打造一批学生喜闻乐见的爱国题材作品，做到寓教于乐。

3. 坚持办好人民满意的教育

全心全意为人民服务是中国共产党的根本宗旨，同时也是延安精神和西迁精神内涵之一。中国共产党自建立之初就致力于探索我国教育事业发展，始终把办好人民满意的教育放在首位。历史和实践表明：高等教育在我国革命、建设、改革时期具有举足轻重的作用。新时代背景下，如何办好人民满意的教育是新时代对共产党人提出的新课题。

第一，办好人民满意的教育，坚持教育为人民服务的办学理念。习近平总书记在全国高校思想政治工作会议上强调："我国高等教育发展方向要同我国发展的现实目标和未来方向紧密联系在一起，为人民服务，为中国共产党治国理政服务，为巩固和发展中国特色社会主义制度服务，为改革开放和社会主义现代化建设服务。"[8]我国是人民民主专政的社会主义国家，人民是国家的主人，这就决定了我国高等教育建设应该坚持为人民服务，办好人民满意的高等教育。高校要积极回应社会的关切，关注人民的需要，发挥好服务社会职能，积极拓展服务社会的渠道和途径，坚持面向人民需求培养大批德才兼备的高层次人才，培养一代又一代拥护我国社会主义制度、立志为中国特色社会主义事业奋斗终生的有用人才。

第二，办好人民满意的教育，要重视师资队伍建设。习近平总书记在全国教育大会上指出教师工作的重要性，要高度重视教师队伍建设问题。“所谓大学者，非谓有大楼之谓也，有大师之谓也。”加强高校师资队伍建设，要严把选人用人关，严格按照国家制定的选人用人机制选拔聘用合格的师资队伍，及时清除高校师资队伍中的害群之马，对于违规违纪行为零容忍，努力营造良好的教育生态。高校要在师风师德建设上多下功夫，开展师德宣传、完善师德师风建设制度、加强师德监督，积极引导教师成为有理想信念、有道德情操、有扎实学识、有仁爱之心的“四有”好老师，为党和国家事业发展培养更多的栋梁之材。

第三，办好人民满意的教育，要践行群众路线。群众路线是党的根本工作路线，党领导下的高校要毫不动摇地坚持这一工作路线。具体到高校内，人民群众就是全校师生员工。在学校发展过程中，学校各级领导干部要坚持师生为本的理念，强化服务意识，坚持服务教学、服务科研、服务师生的理念，贴近服务师生实际。始终秉承务实态度，为师生多办实事，不断增强师生的获得感、幸福感、成就感。

4. 推动深化高等教育改革

延安精神的“自力更生、艰苦奋斗”、西迁精神的“艰苦创业”无一不是中国共产党带领全国人民进行艰苦卓绝斗争的真实写照、无一不是中国共产党敢为人先的革命英雄主义精神的生动诠释。以人工智能、虚拟现实等为标志的第四次工业革命浪潮已经悄然而至，机遇与挑战并存。在如此复杂多变的时代背景下，深化高等教育改革创新就要有敢为人先的革命英雄主义精神。

第一，要转变社会角色。高校应主动积极把握时代发展的正确方向，把握社会发展趋势。过去高校是走在社会前面，是引领科技发展的弄潮儿，是推动着社会改革创新的主力军。然而，现在社会的一些领域已经走在高校前面，如果高校再不积极主动融入社会发展洪流之中，那么终究会成为时代的弃儿。习近平总书记指出："广大科技工作者要把论文写在祖国的大地上，把科技成果应用在实现现代化的伟大事业中。"[9]高校要积极转变社会角色，着眼于时代和社会发展需要。师生们不能像以往一样"两耳不闻窗外事，一心只读圣贤书"，必须走出象牙塔，置身于社会发展洪流之中。高校要发挥好服务社会职能，积极探索产教融合、校企合作，完善成果转化机制，把科研成果投入社会一线，着力破除与社会之间的壁垒。

第二，要加强攻关。习近平总书记在两院院士大会、中国科协第十次全国代表大会上指出："高水平研究型大学要把发展科技第一生产力、培养人才第一资源、增强创新第一动力更好结合起来，发挥基础研究深厚、学科交叉融合的优势，成为基础研究的主力军和重大科技突破的生力军。"[10]一方面，高校要利用好学科建设的自主权，完善基础学科建设，加强一流学科建设，优化学科专业结构和布局，积极推动多学科交叉融合，着眼于新兴学科建设，致力于打破学科之间壁垒。另一方面，高校要加强科技创新平台建设，进一步提高科技创新能力。西安交大始终坚定"国家使命、扎根西部、服务国家、世界一流"的目标，认真贯彻落实习近平总书记对科技创新做出的坚持"四个面向"的战略部署，创新人才培养模式，加强科技创新平台建设，在中国西部科技创新港构建了8个大型仪器设备共享平台、29个研究院、300多个研究平台，积极打造全球科教高地、创新驱动平台、智慧学镇，瞄准"卡脖子"难题，努力成为国家重要战略科技力量。

第三，要深化体制机制改革，激发创新活力。通过制度创新，进一步激发高校办学活力和发展潜力。贯彻落实习近平总书记在全国科技创新大会、两院院士大会、中国科协第十次全国代表大会上的重要讲话精神。坚持深化教育改革，改进高校评价机制，推进分类评价，构建科学价值、技术价值、经济价值、社会价值、文化价值相结合的多元指标评价体系。完善人才评价机制，破除唯分数、唯升学、唯文凭、唯论文、唯帽子考核机制，构建以教学、科研、社会服务和师德为核心的多元评价体系。

结语

延安精神和西迁精神是中华民族共同的精神财富。在历史上，它们鼓舞着、推动着中国共产党带领广大人民为了民族的独立、人民的解放、国家的富强而不断奋斗、勇于奉献。正如习近平总书记在全国脱贫攻坚表彰大会上指出："伟大事业孕育伟大精神，伟大精神引领伟大事业。"[11]在新时期，我们必须继承和发扬党的这些伟大精神和光荣传统，立足新的时代特色，赋予新的时代内涵，使其为高等教育改革发展提供源源不竭的精神动力。

本文系国家社科基金重大委托项目"西迁精神的历史意义与时代价值研究"（20@ZH025）研究成果。

参考文献

[1] 习近平 . 到祖国最需要的地方建功立业 [N]. 光明日报，2020-04-25（2）.

[2] [美] 埃德加 · 斯诺 . 西行漫记 [M]. 董乐山译，北京：东方出版社，2010：295.

[3] 习近平 . 发表二〇一八年新年贺词 [EB/OL].（2017-12-31）[2021-05-29]. http://politics.people.com.cn/n1/2018/0101/c1024-29738251.html.

[4][8] 习近平 . 在全国高校思想政治工作会议上的讲话 [EB/OL].（2016-12-08）[2021-05-29].http://www.moe.gov.cn/jyb_xwfb/s6319/zb_2016n/2016_zb08/201612/t20161208_291276.html.

[5][11] 习近平 . 在全国脱贫攻坚表彰大会上的讲话 [EB/OL].（2021-02-25）[2021-05-29]. http://politics.people.com.cn/n1/2021/0225/c1024 32037047.html.

[6][7] 习近平 . 在学校思想政治理论课教师座谈会 上 的 讲 话 [EB/OL].（2019 — 03 — 18）[2021 05 29]. http：//www.gov.cn/xinwen/2019 03/18/content_5374831.htm.

[9] 习近平 . 在全国科技创新大会、两院院士大会、中国科协第九次全国代表大 会 上 的 讲 话 [EB/OL].（2016-05-30）[2021-05-29].https://www.cas.cn/gj/201606/t20160601_4559935.shtml.

[10] 习近平 . 在中国科学院第二十次院士大会、中国工程院第十五次院士大会、中国科协第十次全国代表大会上的讲话 [EB/OL].（2021-05-28）[2021-05-29].http：//www.xinhuanet.com/politics/leaders/2021 05/28/c_1127505377.htm.

本文刊发于《北京教育》（高教）2021年第7期

在新时代大力弘扬延安精神　坚定走好中国特色高等教育“红色育人路”

中共北京理工大学委员会

摘　要：北京理工大学1940年诞生于延安，是中国共产党创办的第一所理工科大学，同时也成为“延安精神”形成的亲历者、参与者、见证者和受益者。学校的大学精神与延安精神的孕育肇始同步，标定了北理工“延安根”的红色精神源点。1952年，学校受命成为新中国第一所国防工业院校，铸就了“军工魂”的精神品格。学校遵循历史根脉、传承红色基因、持续凝心聚力，坚定“红色育人路”。

关键词：北京理工大学；延安精神；红色育人

近年来，习近平总书记围绕用好红色资源，传承好红色基因多次作出重要指示。北京理工大学立足自身的优良办学传统，将弘扬延安精神、传承红色基因融入人才培养各方面、全过程，努力培养堪当民族复兴重任的时代新人，坚定走稳走实党创办和领导中国特色高等教育的“红色育人路”。学校获评第二届“全国文明校园”和“北京市党的建设和思想政治工作先进高等学校”。

遵循历史根脉，将延安精神融入办学理念，构筑大学精神及核心价值

作为中国共产党人精神谱系的重要组成部分，延安精神是我们党的性质和宗旨的集中体现、是党的优良传统和作风的集中体现。北京理工大学尤为珍视这笔经过战火洗礼的宝贵财富，主动挖掘、着力发挥延安精神对学校办学

育人事业的引领作用，用延安精神的“北理工表达”激发师生的自信和认同。

一是高举旗帜、把牢方向，努力建设党的领导的坚强阵地、培养社会主义建设者和接班人的坚强阵地。长期以来，学校党委坚持不懈用延安精神教育党员领导干部，用以滋养初心、淬炼灵魂，从中汲取信仰力量、查找党性差距、校准前进方向。坚持以党的政治建设为统领，把党的领导、党的建设贯穿办学治校全过程，切实履行管党治党、办学治校主体责任，牢牢把握办学的正确政治方向，持续打造风清气正的政治生态、崇尚真理的学术生态、和谐美丽的宜学生态，以高质量党建引领学校事业高质量发展，不断增强“四个意识”，坚定“四个自信”，做到“两个维护”，努力把学校建设成为党的领导的坚强阵地、培养社会主义建设者和接班人的坚强阵地。

二是融入实践、推动发展，在中国特色社会主义一流大学建设中探索“北理工方案”，沉淀“北理工精神”。2020年，以建校80周年为契机，学校党委深刻认识和把握延安精神“坚定正确的政治方向，解放思想、实事求是的思想路线，全心全意为人民服务的根本宗旨，自力更生、艰苦奋斗的创业精神”的丰富内涵，在广泛调研的基础上，凝练出以延安精神思想内涵为基础的“北理工精神”—包括政治坚定、矢志强国的爱国精神，实事求是、追求卓越的科学精神，艰苦奋斗、开拓进取的创业精神，淡泊名利、坚韧无我的奉献精神，不辱使命、为国铸剑的担当精神。组织开展“红色育人路—中国共产党创办和领导中国特色高等教育之路”专项研究，举办“红色育人路”高等教育论坛，总结提炼“红色育人路”的基本内涵、主要特征、独特优势和实践路径。这些与学校的校训、校风、学风等共同组成了学校的精神文化体系和办学思想体系，形成了社会主义核心价值观和延安精神的“北理工表达”，为学校事业凝聚共识、激发动力、汇聚合力，精心打造精神原动力。

传承红色基因，把延安精神作为生动素材，融入立德树人各方面、全过程

延安精神具有超越时空的恒久价值和旺盛生命力。在学校，因其深植学

校历史文化传统，深深熔铸于代代师生的红色血脉，更显独树一帜的文化自觉与自信。学校党委把延安精神作为一个不能丢的法宝，充分用好这一铸魂育人的宝贵资源和生动素材，为师生打好成长基础，激发内生动力。

一是汲取延安时期党办高等教育的先进理念，厚培学校立德树人优良传统。学校党委坚持传承延安时期以徐特立老院长为代表的党的革命家、教育家的办学思想，如“教育中心论”“群众本位论”和“创造教育观”的教育科学思想体系以及教学、科研、经济“三位一体”的教育科学发展观，将全面贯彻党的教育方针落实在与时俱进、不断完善特色办学道路中。近年来，坚持“学术为基、育人为本、德育为先”的价值追求，总体形成了“价值塑造、知识养成、实践锻炼”三位一体的人才培养模式，明确提出培养“胸怀壮志、明德精工、创新包容、时代担当”的领导领军人才。为进一步推进延安时期的宝贵精神财富向教书育人资源转化，学校与中国延安精神研究会共同设立延安精神与中国青年研究中心，设立党建研究中心、徐特立教育思想研究会，成立省部级军工文化教育研究中心，积极组织开展传承弘扬延安精神相关学术研究，探索体现党的领导优势、彰显红色基因传统的办学模式—中国特色高等教育“红色育人路”。这些都是延安精神在新时代学校“双一流”建设中的重塑和发展。

二是把延安精神融入思想政治教育各方面，构筑新形势下“三全育人”重要合力。延安精神见证北理工诞生、伴随北理工发展，同时学校校史校情也是延安精神的生动实践载体，铭刻着“活”的延安精神。学校党委把记录着延安精神的校史校情教育作为新生入校、新教工入职的“进校第一课”，纳入思政课程和课程思政教学体系，每年坚持开展“学史明志”“延安寻根计划”等师生学习实践活动，构筑师生精神高地。在党史学习教育中，专门设置“知红色校史”板块，在全国高校首家推出“红色育人路”专题纪录片；获评全国高校思政课虚拟仿真体验教学中心，发挥中心资源优势，强化延安精神的情景式、沉浸式表达，提升教育感染力；牵头9所诞生于延安的高校发起成立“延河联盟”，建立红色育人基地，探索协同育人新范式。以延安精神为代表的红色文化育人体系成为学校新时代思想政治工作体系的重要组成部分，有机融入了全员、全过程、全方位育人格局。

三是推进以传承延安精神为重点的校园文化建设，构建师生校友共同情感纽带。在传承弘扬延安精神的过程中，坚持“见人、见物、见细节”，持续建设“浸润式”育人环境。系统实施“三大校史工程”，扎实开展珍贵校史资料数字化、校史“口述史”采集、学科专业史编研及文物修复等工程。推进以“延安根、军工魂”红色基因为内涵的校园文化景观及公共空间建设，完善催人奋进、昂扬向上的特色文化景观群。实施“红色基因传承工程”，建成以“延安根、军工魂”为主题的新校史馆，设立国防科技成就展展厅，建设国防文化主题广场、延安石和徐特立铜像、“新中国第一”系列景观、北湖校史步道等一批物质文化景观，在建校80周年之际推出“光荣与梦想”纪念晚会，构筑起链接师生校友情感共鸣的有效载体和文化地标，鞭策学校师生不忘初心来路，与祖国共进、与时代同行。

延安精神薪火相传、历久弥坚。在学习实践和弘扬延安精神的长期实践中，学校党委始终坚持党的全面领导、始终坚持马克思主义的根本指导、始终坚持立德树人根本任务、始终坚持教育报国价值取向、始终坚持理论联系实际的优良学风、始终坚持艰苦奋斗创新包容的办学风格，在中国特色高等教育“红色育人路”上行稳致远。建校81年来，学校培养了30余万名毕业生，孕育了一大批又红又专的领军领导人才，有李鹏、曾庆红、叶选平等党和国家领导人以及120余位省部级以上党政领导和将军，王小谟、彭士禄、朵英贤等60余位两院院士，毕业生到世界500强企业、国家重点单位就业人数占直接就业人数的60%以上。

持续凝心聚力，用延安精神感召师生，推动办学育人事业高质量发展

彰显延安精神的新时代力量，始于思想、成于行动。学校党委传承弘扬延安精神，还集中体现在充分运用延安精神激活干部师生理想信念的原动力、追求真理的内驱力、依靠群众的凝聚力、艰苦奋斗的意志力，聚焦“四个面

向”、落实“四个服务”，办好体现国家意志、人民利益、有使命担当的大学。

一是发扬党管人才优良传统，筑实推动高质量发展的人才队伍保障。对标深入实施人才强国的战略要求，学校党委加强对人才工作的全面领导，着力构建高素质教师队伍和一流人才队伍。健全教育引导、激励约束并举的教师思想政治工作体系，突出师德师风“第一标准”，把教师立德树人成效作为职务职称晋升、岗位聘任、评奖评优的重要依据。2021年，面向全校开展的首届“三全育人”先进典型评选，涌现出一批重育人、善育人的集体和个人，在校园掀起尊师重教、崇德尚学的良好风尚。贯彻落实习近平总书记关于新时代人才工作的新理念新战略新举措，构建引领人才、凝聚人才、成就人才的工作体系，如强化校院协同，落实以学院为责任主体的人才引育模式；探索柔性引进模式，实施“预聘—长聘—专聘”制度，建立面向高层次人才、应用研究型教师等人员类型的灵活聘用机制，吸引和稳定优秀人才队伍；完善以“分类卓越”为目标的人才评价激励机制，通过分类管理、分类评价、分类发展，完善有利于人才潜心研究和创新的服务保障体系。

二是瞄准实现科技自立自强，坚持服务党和国家事业发展大局。将红色基因教育成效转化为自力更生、艰苦奋斗的不竭动力，把发展科技第一生产力与培养人才第一资源、增强创新第一动力结合起来，健全完善以健康学术生态为基础、有效学术治理为保障、产生一流学术成果和培养一流人才为目标的大学创新体系。近年来，持续优化学科专业设置，成立网络空间安全学院、未来精工技术学院、集成电路与电子学院、医学技术学院等专业学院和国家安全与发展研究院、人文社会科学高等研究院等教学科研机构；强化学科整合提质，大力推动一流特色学科群建设，“优势工科强引领、特色理科深融合、精品文科厚底蕴、前沿交叉拓新局”的学科发展体系加速形成。发挥重大科技突破生力军作用，在网络强国、制造强国、平安中国、科技冬奥、京津冀一体化等国家重大战略中，在载人航天、5G+、碳中和、社会治理等重大计划中承担更多任务，以高水平的创新成果和高素质的创新人才服务社会主义现代化建设。

三是深化对党的性质宗旨的认识，不断提升学校治理能力和治理水平。

延安时期，党的七大把全心全意为人民服务作为立党根本宗旨写入党章，党的群众观点、群众路线也一以贯之在学校的办学发展中。近年来，学校党委不断深化对党的性质宗旨的学习认识，把践行党的性质宗旨不仅仅体现在为师生解决生活问题，而是更深层次地贯彻到为广大师生发展营造良好环境、打造事业平台的干事创业行动中，努力做到“在一流事业中服务师生、依靠师生干一流事业”。以2021年的党史学习教育为契机，扎实开展“我为群众办实事”实践活动，聚焦师生“急难愁盼”的现实问题和深层次体制机制问题并重，全校形成近260项举措，涵育“宜学北理”生态、推进“智慧北理”建设、构筑“温馨北理”社区、打造“美丽北理”校园，在提高师生的获得感、幸福感、安全感的同时，不断推进学校治理体系、治理能力现代化。

延安时期虽然已经过去大半个世纪，但延安时期的优良传统和作风是我们自强不息、勇往直前的制胜法宝，永不过时、永不褪色，体现中华民族不屈不挠风骨品格的延安精神依然应该得到传续和光大。2021年是中国共产党成立100周年，高校应善于抓住党史学习教育重大契机，深入开展党的百年奋斗的光辉历程、伟大贡献、初心宗旨、伟大精神、宝贵经验以及重大理论成果的学习宣传教育，用以延安精神等为代表的中国共产党的精神谱系感染教育师生，带领师生牢记“国之大者”，振奋前行信心，为建设社会主义现代化国家、实现中华民族伟大复兴的中国梦贡献新的力量！

本文刊发于《北京教育》（高教）2021年第12期

在完成国家重大演出任务中让党旗高高飘扬

巴　图*

摘　要：承担国家重大演出任务是艺术院校的光荣使命，是讲好“大思政课”的恢宏课堂，是探索党建和思想政治教育工作的宝贵渠道，是检验院校“三全育人”效果的国家窗口。把全力以赴完成国家使命作为生动的艺术实践，把党组织战斗堡垒作用和党员的先锋模范作用发挥在完成国家重大任务的最前线，是新时代艺术院校坚持党的领导、坚持社会主义办学方向、坚持立德树人根本任务的重要途径。近年来，首都艺术院校抓住服务保障国家和首都重大演出活动契机，将党和国家的需要与专业教学、实践、研究方向紧密融合，勇担社会责任，将党旗插在高水平艺术人才培养一线。

关键词：艺术院校；国家重大演出任务；党建；思想政治教育

党和国家重大演出活动以记述时代的艺术气象、恢宏壮美的艺术气度和精致优雅的艺术气质，激发爱国情怀，凝聚民族精神，传递党的治国之策，书写当代中国的历史变革。在承担国家重大演出任务过程中，首都艺术院校把党和国家大局所需、立德树人中心所在与艺术发展所长结合起来，将专业课程与服务国家的实践相结合，将专业能力的发挥与爱党爱国情怀相结合，努力实现党建和思想政治工作、专业教学、艺术演出三方面的深度融合。

完成党和国家重大演出任务是艺术院校的高尚使命

一是艺术院校直接服务国家重大使命早有传统。1938年，在革命战争年

*　巴图，北京舞蹈学院党委书记

代党创办“鲁艺”时，毛泽东同志题写校名并在成立大会上要求：“要在民族解放的大时代去发展广大的艺术运动，在抗日民族统一战线方针的指导下，实现文学艺术在今天的中国的使命和作用。”在党的文艺政策引领下，鲁艺以创作《白毛女》《南泥湾》《黄河大合唱》等一大批极富影响力的作品，支撑了当时艺术作品的思想高度和艺术高度。在战争年代，“国破尚如此，我何惜此头”，在民族气节和家国责任面前，在国之所需之时，我们的艺术前辈先贤毁家纾难，弃笔从戎，舍身报国。邹韬奋先生“书生报国无他物，唯有手中笔做刀”；冼星海先生“我们为祖国服务，每个人应该按照资禀，各尽所能”。在和平年代，我们的艺术师生也不能作“旁观者的表达”。艺术家以自己的艺术所长为国家服务，主动参与国家重大艺术活动，是心之所系、情之所归，亦是特殊责任，观其舞，知其德。

二是艺术院校的发展方向始终同国家发展的现实目标和未来方向紧密相连。2020年，习近平总书记给中国戏曲学院师生回信，要求艺术院校要“在教学相长中探寻艺术真谛，在服务人民中砥砺从艺初心，为传承中华优秀传统文化、建设社会主义文化强国作出新的更大的贡献”。2021年4月19日，习近平总书记在清华大学考察并发表重要讲话，再一次充分体现了党中央对艺术教育的高度重视，突出了德智体美劳“五育并举”的重要性。作为党的艺术教育战略阵地和国家高等教育方阵的重要方面军，顶尖艺术院校有责任代表国家水准，在紧要关头旗帜鲜明、不分地域、不分时间，党有号召、国有需要，责无旁贷、义不容辞，随时听从召唤、应命于党，实现艺术教育“为党育人、为国育才”的办学初心。

三是勇担国家重大演出使命，传递的是中国特色社会主义艺术大学的精神、价值与力量。中国人历来抱有家国情怀，崇尚天下为公、克己奉公，信奉天下兴亡、匹夫有责，凡是不爱自己国家的人，什么都不会爱。可以说，随时准备承担国家使命，是每一位师生的基本义务，是艺术院校师生家国情怀的朴素体现，亦是高等艺术院校师生为国家“平时流汗、战时流血”的精神状态和弘扬传统、以艺载道、爱党爱国的价值追求。作为首都高水平特色型艺术大学，北京舞蹈学院（以下简称学院）在践行党和国家以文化复兴助推民族复兴战略中主动承担特殊使命，在实现国家文化发展战略中具有特殊位置。学院党委始终把完成国家重大任务作为年度“一号工程”和重大政治任务谋划跟进。近年来，学院圆满完成了纪念抗日战争暨世界反法西斯战争胜利70周年、“一带一路”国际合作高峰论坛、改革开放40周年、北京世园会开幕式、中华人民共和国成立70周年庆祝活动等重大演出任务，在国家最高艺术实践平台接受了党和人民的检阅，成为首都文化中心建设的重要力量。

自觉地将国家重大演出任务纳入艺术院校办学体系之中

《中华人民共和国高等教育法》规定：“高等学校应当以培养人才为中心，开展教学、科学研究和社会服务，保证教育教学质量达到国家规定的标准。”国家规定的标准可以由不同形式进行检验，积极参加国家重大演出任务并在过程中表现出顶尖的思想意识和专业能力，是测度艺术教育水平是否达到国家规定的重要标准。可以说，承担国家重大演出是艺术院校人才培养体系中的必然组成部分，符合顶尖艺术人才培养的规律。既为规律，艺术院校就应当正确认识，主动把握，科学谋划，纳入体系。

1. 纳入艺术人才培养的教学体系

艺术教育“国家队”的水平，应依托引导性的教育观念、高规格的培养层次、高标准的专业设置、高精尖的人才培养、高质量的课程内涵、高水准的师资队伍和高效能的教育治理来实现。在关键历史时刻、国家最高舞台上绽放表达，首先要培养一流艺术人才方阵，这种深厚而显性的专业优势在完成国家重大演出任务时尤为凸显。

一是引导师生形成专业教学与德育资源相结合的动机体系。按照高水平特色型艺术大学的定位要求，在“三全育人”体系中科学设置专业方向、培养方案和教学制度，在人才培养方案、教学大纲、艺术教材和教学过程中渗透家国情怀，科学导入国家重大演出的成功案例，让学生了解这些国家重大演出的背景、动机、主题、结构，深入发掘思想价值和艺术价值，并且结合不同专业方向的学习，熟悉国家重大演出的艺术创作规律，形成具有示范性的专业课程、教材和教学模式。

二是强化民族观念和国家立场教育的内容设计。大学为之大，就是引人以大道，启人以大智，为党育栋梁之材。艺术院校立身之本在于立德树人，在于为党和国家培养德艺双馨、又红又专、德才兼备、以德为先的高水平艺术人才。艺术家和艺术学子应有“以家为家，以乡为乡，以国为国，以天下为天下”（《管子·牧民》）的家国情怀。在实践教学中，撷取国家重大演出活动中所形成的经典作品，作为艺术实践的重点作品，学习经典，演绎经典。不断总结艺术院校在历次国家重大演出活动中的艺术创作，挖掘整理改编这些精品力作，以其守正创新，在完成国家重大演出中形成新经典。

三是将专业教学实践与完成国家重大演出排演活动深度融合。完成国家重大演出既是检验学院办学成果的国家平台，也因为其对专业的高标准要求、主创团队的高规格专业能力而成为学生专业学习提升的国家课堂。艺术院校应在课程安排中留有余地，空出随时可能承担国家重大演出的空间，将完成演出的排演作为实践教学的优先内容，虚位以待国家重大演出的实践机遇。避免仓促应付、临时应对，提前安排、减少乃至消弭可能对日常教学秩序的干扰。

学院始终将培养舞蹈表演人才、编创人才的高水平作为办学能力的主要标尺。2019年，学院共有800余名师生参与了中华人民共和国成立70周年系列庆祝活动。作为联欢表演的“主力”，编导人员包括总导演在内90%以上都为学院在职教师或优秀毕业生。在紧张的排练现场，北舞学子主动利用各种排演机会，求学大师，研讨专业，师生共学、互学，台前幕后呈现出一派边演边学、以演促学、学演结合的生动景象，师生的专业水准在一线得以实现、体验和提升。

2. 纳入艺术院校艺术研究体系

一是认真研究习近平新时代中国特色社会主义思想理论、政策和最新实践，深刻理解党的路线方针，精心研究以艺术方式表达党和国家政治、经济、文化等各方面发展的艺术立场、艺术观念和艺术方式。

二是将国家重大演出作为艺术院校学术研究的重点内容，组织专门力量对这一特殊演出形态和文化现象进行观察、审视和评论，这是艺术院校人才培养和艺术创作接近时代、讴歌英雄、反映当代美好生活的捷径。

三是组织学术课题，聚焦国家重大演出活动的主题、环境、结构、题材、标准和受众，深入研究国家重大演出任务的定位、任务、组织形态和运行规律，把年度国家文化现象和使命主题纳入学术研究的课题指南，编写成功作品艺术案例，实现学术活动与完成国家重大演出任务的有效衔接。

四是有针对性地组织原创力量，主动承担国家重大演艺活动的创意“供给侧”，对既往重大演出中经典作品进行研究分析，对国内外可资参鉴的前沿作品进行跟踪捕捉和研究，建立学术性研究的“节目库”，以期在重大演出中提前准备，予取予用。

3. 纳入艺术院校公共服务和文化传承创新体系

一是努力建构完善艺术院校公共服务体系，谋划战略，明确内涵，优化结构，完善层次，突出重点。对于高水平特色型艺术大学而言，社会服务体系的核心就是主动承担、圆满完成国家和首都的重大演出任务。

二是艺术院校通过输送优秀艺术人才和优秀艺术品质的作品来实现对行业的影响，实现对艺术教育的引领。通过卓越完成国家重大演出示范国家艺术品质，引领国家艺术教育前行，影响世界艺术教育事业发展，形成党的初心使命在顶尖艺术院校公共服务领域的生动实践。

三是顶尖艺术院校通过承担国家重大演出任务传递大学精神和文化传统，高台教化价值取向、道德规范、学术氛围、治学精神，在前沿、高端、特殊的国家艺术集散平台体现大学文化传承和价值引领的社会责任。

四是艺术院校在完成国家重大演出使命过程中，弘扬马克思主义历史唯物史观，反对历史虚无主义，抵制“纯艺术论”，坚持中华文化立场，反对“以洋为尊”“以洋为美”“唯洋是从”倾向，反对“去思想化”“去价值化”“去历史化”“去中国化”“去主流化”观点，在为国家服务中弘扬正确的历史观、国家观、民族观、文化观。

4. 纳入艺术院校艺术创作实践体系

一是抓住参与国家重大演出活动这一契机，在常态化校内艺术实践和创作体系中，将国家重大演出活动的主题、题材在校内进行预热、延伸与深化，对经典演出剧目加以高水平传承和艺术表达，体现高精尖的大学品质及其传承性、学术性和实验性。在理论和实践的紧密结合中教学相长、精益求精，在国家最高平台上展现和检验专业能力，从而在集体主义观念的养成和动作完成度、舞台表现力等技术层面缩短学生到演员的成长之路。

二是坚持以人民为中心的创作导向，坚持艺术创作实践要为社会主义服务、为社会主义文化强国建设服务，记录新时代、书写新时代、讴歌新时代，“文变染乎世情，兴废系乎时序”（《文心雕龙·时序》）。教育和引导师生用正确的立场、观点和方法，去驾驭奔腾激荡的时代，观察风云变幻的世界，认识扑朔迷离的生活，构思出真正大气磅礴、震撼人心的传世佳作，塑造出真正有血有肉、生动感人的艺术形象，摒弃“为艺术而艺术”，不提倡只写一己悲欢、杯水风波，脱离大众、脱离现实。

三是保持和强化顶尖艺术院校的艺术创作视野，努力与国家重大演出艺术需求接轨，铢积寸累优秀艺术作品。2019年，学院党委以习近平总书记讲过的、具有代表性的十大英雄人物事迹为蓝本，创排舞蹈诗《那些故事》，通过中国古典舞、中国民族民间舞、芭蕾舞、现代舞、国标舞、音乐剧等形式集中呈现，凸显了学院顶尖专业特色，受到中央和市级媒体广泛关注。2021年，学院在建党百年的历史时刻，元旦即启动“为人民而舞”庆祝建党百年百部作品展播活动，梳理学院历代前辈先贤原创百部经典剧目作品，向党和人民汇报舞蹈艺术事业的新发展，表达北舞人爱党、护党、为党的情怀，体现北舞人践行新时代文艺使命的责任与担当。

四是整合艺术院校创研力量，动员优秀艺术家参与国家使命，提升对国家重大演出编创实践能力。庆祝改革开放40周年文艺晚会《我们的四十年》，其主题聚焦为改革开放40年所取得的举世瞩目的历史成就。学院学生参演了其中《年轻的朋友来相会》《我们的生活充满阳光》等节目的情景演唱与表演。这些节目的背后，一方面，是基于排练场地的基础动作学习、模拟剧场的初步合成和人民大会堂的整体合成与审查；另一方面，更需要主创团队在排演前围绕改革开放四十多年的历史主题，深入生活扎根人民，把火热的当代生活当作研究素材、现实题材，认真学习、转化、输出为优秀的艺术创意，在国家艺术演出的高地完成进而二次创作成为优秀的舞台作品。

五是整合艺术院校优质艺术资源，服务国家重大演出需要。2019年，北京世园会开幕式文艺演出，在一曲改编自贝多芬《田园交响曲》的钢琴曲中，北舞学子以充满艺术灵感和精湛优雅的芭蕾舞生动体现春的绿意、夏的缤纷、秋的金黄、冬的晶莹，四季轮回、生命往复的自然盛景，将美轮美奂的芭蕾艺术作品呈献给党和国家领导人及世界各国来宾，在高端国际平台上充分展现高超的芭蕾艺术水准，生动传递了世界文化的中国表达和艺术观念的中国审美。

将党旗插在完成国家重大演出任务一线

在完成国家重大演出任务过程中，艺术院校要将党的政治领导落到实处，将“三全育人”体系覆盖到师生动员、组织、排练、演出、评价、服务和保障等全过程，积极探索保障演出取得决胜的“课程思政”工作点，以党的理论、组织、作风优势推进国家重大任务的实现。

1. 在排演一线讲好“大思政课”

习近平总书记指出，“思政课不仅应该在课堂上讲，也应该在社会生活中来讲”“‘大思政课’我们要善用之，一定要跟现实结合起来”。在承担国家重大演出使命过程中，艺术院校围绕立德树人根本任务，将党的思想政治工作融入排练阵地和演出团队，把工作做到参演师生的心坎上，抓住排演过程中存在的问题，利用每一个间隙，抓住每一个细节，解决每一个困难，讲好艺术“战壕里的党课”，凝练助推演出的家国情怀、责任担当、集体意识和奋斗精神。

在国家任务的认识理解环节，我们要强调“立志而圣则圣矣，立志而贤则贤矣”。对任务的正确认识、深刻理解、真情投入是确保任务圆满完成的前提。对国家任务的有效说明、解释和动员，是结合演出任务对学生进行思想教育的开始，要以此焕发主体自觉，激发投入激情，积累完成任务的精神、意志和力量。

在演出主题的宣讲环节，我们要强调阐释主题的政治属性、思想属性、文化属性和艺术属性。我们面对改革开放40周年、中华人民共和国成立70周年和即将到来的中国共产党成立100周年等国内重大历史节点，站在纪念抗日战争暨世界反法西斯战争胜利70周年、“一带一路”国际合作高峰论坛、G20峰会和国家重大外事演出等国家舞台，将主题宣讲和角色带入相结合，实现对参演师生的思想引领和演出动员。

在演出角色的认知体验环节，我们强调从思想文化上动员演员研究角色。师生共同思考，挖掘人物，推敲情节，讲好故事。为了演好一部作品、一个角色，师生们体验生活、溯源历史，深入了解、认识、感悟演绎的英雄人物和事迹，从中吸收精神营养，在教育和自我教育的思想升华中提升对角色的理解。

在排演过程中问题解决环节，应强调遵循青年认知规律、教育教学规律、艺术实践规律。依托“动态问题靶”模式，瞄准师生在排演过程中的思想实际之“靶”、关注热点之“靶”、排演困惑之“靶”、阶段性需求之“靶”，以“动态问题”设置“靶”向目标，有预判、有方案地根据排演各阶段的主要任务和师生思想特点，做好思想“解扣”。

在排演文化的培育环节，应站在“为党育人、为国育才”的政治使命高度，实现党的思想政治教育、专业教育的提升，完成重大国家任务“三位一体”的有机融合。在行前动员中，开展形势政策教育，深化师生政治使命担当；在排演过程中结合专业特点有针对性地将党的教育融入专业教育，实现精准教育，学演共进；在决战时刻结合先进典型事迹开展榜样示范教育，激励师生不畏困难、精益求精，做关键时刻站出来的新时代模范。

在演出团队的凝聚环节，用集体主义精神力保演出决胜。没有小角色，只有小演员，参演师生主动融入集体，将自身所学与党和国家的思想、组织、事业、人民相关联，紧贴时代发展和艺术实践，为艺术教育增添新元素新思路新样式，让大道理“接地气”。

在最生动的思想教育中，学院党委鼓励参演师生完成国家重大任务中勇担使命，在无私奉献中砥砺初心。师生们反映每次参加这些重大活动，都特别能激发“爱国、爱校、爱舞蹈”的思想行为动力。国庆70周年活动的参演师生就曾以饱满的热情，在天安门广场和排练场上喊出了“祖国万岁”“为了祖国的光彩，我愿意每天晒黑一个色度”“老师，我可以坚持的，我真的想为祖国生日多跳一分钟”的动人表白，形成了北舞在完成国家重大活动一线“课程思政”的生动实践和最美风景。

2. 根据重大演出活动的规律，灵活设置党的基层组织

1927年9月，毛泽东同志在“三湾改编”中提出将“支部建在连上”，这不仅是一次部队缩编，更是一次通过党组织结构的调整，实现强化党的领导、完成党的任务的深度变革，使党的领导延伸到了最基层、最前沿，直达每一个士兵。结合党的重大任务的有效推进，灵活设置党的组织，这是三湾改编给予我们的重要启发。

在服务保障国家重大演出任务过程中，实现党的组织与排演组织的深度融合、党的工作体系与艺术院校实践体系的深度融合，根据演出节目需要、专业需要、规模需要、人员需要推进党的领导有效覆盖，是解决党建、演出“两张皮”，在大战大考中更好地发挥组织优势的关键。

一是可以根据任务的性质、规格、规模和参与人员的结构，改变传统的党组织设置方式，分层设党委、分党委、党总支、党支部、党小组，使党组织纵向贯穿，逐级引领，自上而下，一贯到底。

二是可以根据艺术活动决策、组织、协调、运行体系，灵活设置党组织，保持小型、移动且组织人员动态调整的组织形态，使党组织横向覆盖，与演出团队、剧组节目等专业具有更好的贴合度。

三是根据艺术活动的阶段、周期和演职人员流动规律，灵活设置党组织，如学院前期筹备阶段、分场排练阶段、正式排演阶段、节目巡演阶段等，有助于就近开展党建和思想政治工作，服务保障的排演目标更加明确，基层党组织的工作不出现盲目和漏洞。

四是探索建立国家重大演出任务党组织负责人的“双带头人”制度，探索实施党组织领导下的总监制、总导演、总制片人负责制等多种形式，也可以直接任命党员艺术名家、艺术带头人、舞台总监或技术导演等担任演出主创团队各级临时党组织负责人，实现党对艺术排演工作的全面领导。

五是将完成国家重大任务作为难得的政治历练和实践锻炼。在承担国家任务过程中，优先选派党员参加重大演出活动，以共产党员的先进模范作用保证演出任务的完成。在完成重大任务的一线考察党员和入党积极分子，将其对完成任务的态度、担当和成绩作为重要观察点，综合考验入党积极分子和发展对象在平时、关键时、危急时的表现，在“火线”发展党员。

实践证明，艺术院校师生通过承担国家重大演出任务，对习近平新时代中国特色社会主义思想的政治认同、思想认同和情感认同得以强化，“热爱党、听党话、跟党走”更加自觉。2021年，在喜迎党的百年华诞之际，北舞人将弘扬爱国爱校爱舞蹈的建校传统，再一次站在国家最高演艺舞台上表达对党、对祖国、对人民的赤诚热爱。这是中央和北京市委对学院的充分信任，也是学院广大师生的无上光荣。我们要在时代的主旋律中，以舞为媒，舞出中国特色、舞出中国风格、舞出中国气派。

本文刊发于《北京教育》（高教）2021年第6期

高校红色基因形成过程与育人途径探讨

——以中国农业大学为例

张　艳*

摘　要： 高校坚定“四个自信”，落实立德树人根本任务，离不开对办学史上红色基因的挖掘与传承弘扬。高校红色基因凝结着一辈辈师生跟党走和为国为民接续奋斗的宝贵精神。以中国农业大学为例分析了高校红色基因形成、积淀与传承发展的历史过程，并就如何将高校红色基因融入高水平人才培养体系提出具体意见。高校承担着培养社会主义事业的建设者和接班人的重要任务，在育人工作中要传承红色基因，把大学生培养成为有信仰、有担当的时代青年，肩负起民族复兴的时代重任。

关键词： 红色基因；立德树人；人才培养体系

从五四运动到中国特色社会主义进入新时代的历史进程中，高校成为引领先进文化创新和发展的重要阵地，其中北京高校更是马克思主义在中国传播和中国共产党思想政治建设、早期组织建设的一个重要发源地。在长期的革命实践中形成了高校特有的追求理想信念、不怕牺牲、脚踏实地、全心全意为人民服务的红色文化精神。在社会主义建设时期，这一精神得到了延续和传承，高校师生为民族的兴旺发达、国家的繁荣富强，在学习和工作岗位上奉献自己的青春和热血。高校红色基因是中国共产党红色基因融入和引领高校文化的一种表现形式，是具有高校文化特色的红色基因。

*　张艳，中国农业大学研究室

马克思主义在高校的传播和高校党组织的创建，是高校红色基因形成的源头活水

早在1917年11月，李大钊同志进入北京大学担任图书馆馆长，就开创了马克思主义传播的先河。在李大钊同志的影响下，一批北京高校开启了红色历史进程。其中，中国农业大学（以下简称农大）就是这样一所具有光荣革命传统的高校，历经百年风云，始终与中国人民争取民族独立、人民解放和国家富强的历史紧密相连。在历次的爱国运动中，农大师生始终勇敢地站在运动的前列，为民族的解放进行了艰苦卓绝的斗争。在新民主主义革命时期，农大师生就以国家兴亡为担当，积极探索国家和民族的出路，先后有15位青年骨干为革命壮烈牺牲。

随着“十月革命”一声炮响，高校历史性地担负起马克思主义传播特殊阵地的使命。1919年，在五四运动前夕，为了唤起民众，李大钊同志在北京组织平民教育讲演团，北京农业专门学校（农大前身，以下简称北京农专）的学生积极参与组织了农林讲演团，深入农村开展讲演活动。北京农专是五四运动发起单位之一，广大师生积极参加了五四运动。五四运动之后第二年，李大钊同志组织成立北京共产主义小组和北京社会主义青年团，组织各学校进步青年学习马克思主义，培养骨干、发展组织。1921年，在邓中夏同志的指导下，北京农专成立了以杨开智同志为组长的“社会主义研究小组”。

北京高校包括北京农专在内较早地创建党团组织，成为红色战斗堡垒。1921年至1925年，中共北京地方党组织领导下的基层党支部有15个，其中9个为高校党支部。从北京农专来看，1922年建立社会主义青年团北京农专支部；1924年1月，根据中共北京地委通知，将全体团员吸收为共产党员，成立党支部，北京农专第一个党支部成立。在此期间，组织农业革新社作为团支部的外围团体，吸收进步青年，推动学校的改革运动、学生运动和农民运动。通过办农民夜校，提高农民文化水平，提高农民政治觉悟，在农村发展农民参加革命组织。在“二七”大罢工后，北京农专团支部通过农业革新社向广大农民和师生进行宣传，组织募捐，从政治上和经济上积极给予支持。

在第一次国内革命战争期间，北京农专党支部积极动员、组织参加校内外政治斗争，许多党团员先后到全国各地从事革命工作，为全国革命输送了一批干部，为党的革命事业作出了贡献，不少同志在斗争中英勇牺牲，献出了自己宝贵的生命。1926年，“三·一八”惨案中，北京农专学生林孔唐同志不幸牺牲。1926年下半年，北京农专党员发展到50人左右，大革命时期的农大党支部是坚强的革命组织。

广大师生长期跟党走的革命斗争实践为高校积淀下深厚的红色基因

在革命斗争期间，一批批高校师生坚信只有中国共产党才能救中国，在严峻的环境下，坚定信念，不怕牺牲，为了民族的解放，抛头颅、洒热血。以农大为例，根据战争形势需要，利用专业知识为党培养农业人才、发展生产、建设边区，为抗战和解放战争服务。

第一，直接参加革命斗争，在战火中得到历练。第二次国内革命战争时期，北京农专改为国立北平大学农学院（以下简称北平农学院），党的领导人李大钊等同志被杀害后，张作霖军阀政府对北平农学院党组织进行了破坏，北平农学院一批党员及学生骨干被捕，使北平农学院党的力量遭受挫折，但党支部保存了下来。随着白色恐怖不断加剧，北平农学院党支部在非常困难的条件下坚持斗争，继续组织进步学生运动，北平农学院学生几次遭到逮捕，在与党组织失去联系的情况下，支部党员仍秘密组织读书会，学习马克思主义理论。1935年，在中国共产党的领导下北平农学院广大学生参加“一二·九”和“一二·一六”的斗争，并在平津学生联合会的具体领导下，参加南下扩大宣传团，深入工农，从事抗日救国的宣传，推动群众抗日斗争。“七·七”事变爆发前后，北平农学院党支部的同志陆续离开学校，去延安革命根据地、去抗日前线或留在“白区”坚持斗争。

第二，抗日战争和解放战争期间，党领导下的根据地教育成为红色高校孕育红色基因的重要实践。北京农业大学（现中国农业大学）由北京大学、清华大学、华北大学三所大学的农学院于1949年9月合并成立，华北大学农学院前身是北方大学农学院（1948年北方大学与华北联合大学合并，成了华北大学），更早的溯源则是延安自然科学院生物系（农业系）。延安自然科学院于1940年成立，是中国共产党领导的革命根据地内第一所自然科学研究机构。1941年，成立生物系，乐天宇同志担任系主任。乐天宇同志曾任中国社会主义青年团北京农业大学支部第一任书记、中国共产党北京农业大学支部第一任书记。从建系开始，历经四年多的时间，乐天宇同志带领师生，培养自然科学技术人才，为建设抗日根据地服务。为配合边区大生产，增加自卫战争中的物资供应及在土改后农村中提高农业生产技术，为战争服务，为边区经济建设服务。艰苦创业、自力更生是华北大学农学院的特点，“教育、研究、生产”三位一体是华北大学农学院始终如一的指导思想和教育方针。在这个办学思想和方针的引领下，华北大学农学院师生谱写了动人的奋斗篇章。

一是党领导下的高校在根据地继续坚持教育，师生把为国担当化为教学、科研、生产的生动实践，使红色基因在血脉中生根发芽。为推动生产事业，协助经济建设，解决物质困难，积极开展科学研究，师生多次进入山区、农村实地现场考察，向中央提出开发南泥湾的建议。乐天宇同志带领生物系学员陪同王首道同志和朱德同志两次去南泥湾考察，积极参与开垦南泥湾。经过无数人辛勤地开荒耕种，将昔日的“烂泥湾”改造成了“陕北的江南”。

二是由于战争和国民党的封锁，军民生活必需的食糖来源断绝，为解决食糖急需和发展糖业生产的要求，开创糖业的生产研究工作，设立糖业专修科。在培养人才的同时，辅助糖农发展经济、发展解放区糖业生产，设立农村教育工作站，组织糖业合作社。1948年冬，收获甜菜40万斤，制砂糖2万斤，蜜糖1万余斤。这不仅解决了对食糖的需求，而且推广了制糖技术，为农民创造了财富，还为新中国成立后的国营糖厂培养了第一批骨干力量。

三是立足边区实际，发展畜牧兽医事业。边区畜牧业在日伪时期遭到严重破坏，耕畜缺乏严重影响农业生产，同时解放战争不断扩大，超负荷使役牲畜造成病畜不断增加。为发展边区兽医事业，华北大学农学院设立兽医专修科，注重培养学生掌握技术和解决实际问题的技能，培养了大批实用性人才。在一年半的时间里，由一个兽医院发展到18个兽医工作站，各站诊治家畜累计数十万头次以上，为解放区畜牧业的恢复和发展以及解放军的马政建设作出了很大贡献。

社会主义建设和改革开放以来，高校红色基因不断得到传承与提升

新中国成立以来的70多年，是高校红色基因进一步传承与提高的重要历史时期。在党的全面领导下，高校师生积极投身社会主义革命建设和改革开放伟大实践。为坚持好、发展好中国特色社会主义，为把我国建设成为社会主义现代化强国，高校师生在实践中不断形成爱国、奉献、科学、为民的时代精神，这种精神成为师生奋斗的精神脊梁，如农大70多年来师生亲历的几个事例：

第一，传承和提升了爱国精神，坚定办好“人民的农大”。1949年9月，根据中央指示组建新的北京农业大学（以下简称北农大），这所高校在旧中国就为“三农”奋斗，为了国家民族曾转战延安、太行山。如今，一所崭新的“人民的农大”应运而生，作为“人民的农大”的一员，广大师生欢欣鼓舞。早在1951年至1953年，北农大李连捷教授和一批专家随解放军两次进藏，凭着对新中国的忠诚，历尽艰险，毅然打开了青藏高原农牧业考察的大门。新中国成立后，北农大师生继承老一辈革命传统，秉承家国情怀，致力于科技强国，以解民生之多艰、育天下之英才为己任，无私奉献、砥砺前行，破解农业科技难题、推动农业科技进步、为建设社会主义强国奋斗在农业科研一线。

第二，为新中国的事业无私奉献，赢得人民群众的赞誉。20世纪60年代，北京农业大学以蔡旭教授为代表的广大师生，响应国家号召，在北京市委市政府领导下，深入京郊各区县积极投身小麦生产科技奋战，终于获得北京百万亩冬小麦亩产300斤的历史性突破，1965年总产达到3.7亿斤，为1961年的三倍多，史称“小麦会战”[1]。在为北京小麦生产奋战的过程中，蔡旭教授光

荣地加入了中国共产党，直到20世纪80年代北京人民也没有忘记从旧社会只有过年才能吃到面食，到敞开肚皮吃面食的历史性变迁。

第三，在解决重大科技问题上接力攻关，树立起自主创新的科技丰碑。20世纪70年代初，为解决饱受旱、涝、碱、咸综合危害的曲周县盐碱地的治理问题，石元春、辛德惠等教师带领课题组进驻河北曲周县北部盐碱地中心，建立“治碱实验站”，经过长期的研究和实践，完成了曲周北部28万亩盐碱地的综合治理任务。广大师生将一批农业科技成果推广到黄淮海平原、三江平原、黄土高原、北方旱涝和南方红黄壤五大区域，为我国区域治理和区域经济发展、彻底扭转我国南粮北调格局、确保国家粮食安全，作出了巨大贡献。1993年，“黄淮海平原中低产地区综合治理的研究与开发”项目获得国家科技进步特等奖，被誉为农业科技的“两弹一星”。

第四，坚守为民服务的初心，走出扎根大地、立德树人的办学道路。辛德惠院士是20世纪50年代留苏的“洋博士”，从1973年第一次到曲周，到1999年因病去世，他在曲周工作了26年。他把自己最宝贵的一生献给了农业，献给了曲周大地。多年来，农大师生想农民所想、急农民所急，淡泊名利、鞠躬尽瘁、忘我工作、默默奉献，用自己的言行生动诠释社会主义核心价值观的真谛。21世纪以来，农大学生党支部深入全国各地农村开展“红色1＋1”科技帮扶、“百名博士老区行”活动，师生们在全国建设了一百多个“科技小院”，零距离、零时差、零费用服务“三农”，把论文写在大地上，把学问做到老百姓心坎中。

把高校红色基因融入高水平人才培养体系，是新时代立德树人的重要途径

习近平总书记在全国教育大会上提出新时代对教育工作的要求：坚持中国特色社会主义教育发展道路，培养德智体美劳全面发展的社会主义建设者和接班人。新时代要求我们传承红色基因，充分发挥高校红色基因在教育中的独特优势，将红色基因融入人才培养体系的各个环节，构建“三全育人”

工作体系。关于如何发挥高校红色基因在育人工作中的作用，有以下几点思考：

第一，要充分认识红色基因在大学生思想政治教育中的重要意义。教育工作者作为教育的主体，首先要对高校红色基因在立德树人中的重要作用达成共识，形成同频共振。学校党委要高度重视对本校的红色文化进行挖掘，积极宣传，让这种精神在广大教育工作者中产生共鸣，要让广大教师对这种精神感到骄傲自豪的同时对自己产生一种鞭策，认识到这是校园文化的精髓，要在内心深处产生要让学生把这种精神传承下去的推动力。在实践教育中，广大教师要把红色基因作为大学生德育工作的生动教材和重要内容。作为一所具有百年革命传统的农业高校，红色文化精神已经融入了学校的历史，这些身边榜样的力量，会对大学生的德育工作发挥重要作用。

第二，要把红色资源整合起来，打造一个完整的红色教育资源体系。单一片面的课堂灌输式的思想教育方法已经无法满足当代大学生对意识形态教育的需求。高校要发挥资源优势，创新方式方法，创建优秀的育人环境，使红色教育在大学生的生命中起到真正的引导作用。农大有很多的红色文化资源，主要类别包括：一是红色故事。例如：档案校史馆的农大英烈传记、人物事迹展览、师生口耳相传的农大人故事。二是红色教育基地。包括京郊圆明园3·18烈士墓、12·9运动纪念广场、卢沟桥乡北京第一农村党支部纪念馆（由1924年北京农专党支部协助创建）、曲周实验站、校园里的老一辈农大人物塑像等。三是学科文化。例如：农学、园艺、植保、兽医等学科专业，这些学科在农大百余年发展中为党育人、为国育才，是红色基因和红色文化的重要载体。四是服务“三农”的红色活动资料。例如：“红色1+1”品牌活动、精准扶贫先进事迹、援疆援藏人物案例等。五是乡村振兴基地的红色文化资源。例如：分布于全国各地的上百个野外台站、教授工作站等。这些资源目前以点的形式散落各处，需要一条主线把它们串联起来。只有把资源整合起来才能充分发挥它们在大学生思想教育中的重要作用。

第三，要关注当代大学生的特点，在育人方法上注重和时代的衔接与融合。当代大学生成长的家庭环境、教育环境、社会环境和过去相比发生了翻天覆地的变化。他们追求自我，自信心强，不迷信权威，富有怀疑精神，具有鲜明的时代特点。他们虽然接收新知识能力强，但是不会对某种观念盲目认同，喜欢和教师平等交流，通过争论摸索新的思路和方法，不喜欢教条式的灌输和死板的教学模式[2]。传统的思想教育方法已经很难起到有效作用，教育工作者要把握当代大学生的特点，不断实践，创新工作方法，把传统红色精神与当代话语体系相衔接，讲好身边榜样的故事。

参考文献

[1] 北京农业大学校史资料征集小组 . 北京农业大学校史（1949—1987）[M]. 北京：北京农业大学出版社，1995：9.

[2] 范起东，范翔宇 .“90 后”大学生的时代特征研究 [J]. 人民论坛，2011（24）：154－155.

本文刊发于《北京教育》（高教）2021年第2期

红色基因与大学育人：在历史传承中创新发展

——以北京外国语大学为例

秦惠民　祝　军*

摘　要：“红色基因”既是中国共产党人的精神内核，也是联系中华民族的精神纽带，更是中国共产党人团结带领全国各族人民战胜前进道路上艰难险阻的精神力量。高校传承红色基因，发挥育人功能，根本是拥护党的领导，把中国共产党人的初心与使命贯穿于办学始终；重点是弘扬艰苦奋斗的优良品质；核心是服务国家建设发展战略；关键是办好让党放心、让人民满意的大学；最终落脚点是培养德智体美劳全面发展的社会主义建设者和接班人。以北京外国语大学为例，对于红色基因在办学过程中的历史传承与创新发展进行阐述。

关键词：红色基因；高校；历史传承

红色文化是指中国共产党领导中国人民在革命战争时期为实现国家独立、民族解放和人民幸福而铸就的以马克思主义为指导的一种先进文化，包括物质形态的红色文化和非物质形态的红色文化[1]。作为红色文化的重要组成部分，“红色基因”意指与红色文化有关的各种要素成分。自从2013年习近平总书记首次提出“红色基因”的概念以来，习近平总书记先后在不同场合多次强调要努力“把红色基因传承好，把红色江山世世代代传下去”。对于高校而言，红色基因不仅是高校思想政治工作和社会主义核心价值观教育最为重要的资源，也是高校学生坚定理想信念、为社会主义事业奋斗终生的动力源泉，更是促进高校学生全面发展和健康成长的重要精神支撑[2]。

*　秦惠民、祝军，北京外国语大学国际教育学院

北京外国语大学是中国共产党创办的第一所外国语高等学校，其前身是1941年成立于延安的中国抗日军政大学三分校俄文大队，后发展为延安外国语学校，建校之初隶属于党中央领导。中华人民共和国成立后，学校归外交部领导，1954年更名为北京外国语学院，1959年与北京俄语学院合并组建新的北京外国语学院。1980年后直属教育部领导，1994年正式更名为北京外国语大学。作为共产党创办和领导的大学，北京外国语大学“生于民族救亡的烽火、成于新中国创业的磨砺，兴于改革开放的春天”，在八十年的办学历程中，学校始终坚持传承红色基因，坚持“为党育人的初心不能忘、为国育才的立场不能改”的使命要求，立德树人，兼容并蓄，博学笃行，用生动实践回答了“培养什么人、怎样培养人、为谁培养人”这一根本问题。

传承红色基因，发挥高校育人功能，根本是拥护党的领导，把中国共产党人的初心与使命贯穿于办学始终

中国是由中国共产党领导的社会主义国家，我们的大学实行的是党委领导下的校长负责制，这也决定了中国大学必须坚持党的领导，必须在办学过程中坚持中国共产党人的初心和使命，必须把“为中国人民谋幸福、为中华民族谋复兴”作为办学的根本追求。

作为中国共产党建设的第一所外国语学校，北京外国语大学自建校以来，始终把拥护党的领导、贯彻落实党的初心和使命摆在办学首位，将学校发展与国家利益和民族命运紧密结合，以培养德智体美劳全面发展的社会主义建设者和接班人为己任。在革命战争年代，北京外国语大学全力为党培养战争急需的军事外语人才，服务于革命斗争事业。中华人民共和国成立后，学校积极融入社会主义建设，主动服务于国家建设发展战略。改革开放以来，学校坚持教育为人民服务、为中国共产党治国理政服务、为巩固和发展中国特色社会主义制度服务、为改革开放和社会主义现代化建设服务的“四为”办学方针，全面落实立德树人的根本任务。党的十八大以来，学校积极贯彻落实习近平总书记在全国高校思想政治工作会议、全国教育大会和学校思想政治理论课教师座谈会上的重要讲话精神，加快推进教育现代化进程，不断提升人才培养质量。在长期办学历程中，学校紧密结合国家战略发展需要，形成了“外、特、精、通”的办学理念和“兼容并蓄、博学笃行”的校训精神，已经成为培养外交、翻译、教育、经贸、新闻、法律、金融等涉外高素质人才的重要基地，一批批从北外走出的毕业生，已经遍布世界各国、全国各地，活跃于各行各业，建功立业、成就卓著，成为社会栋梁。据不完全统计，北京外国语大学毕业的校友中，先后出任驻外大使的就有400多人，出任参赞2000余人，学校因此赢得了“共和国外交官摇篮”的美誉[3]。

在新民主主义革命时期，传承红色基因，重点是弘扬艰苦奋斗的优良品质，为夺取革命胜利和新中国成立培养急需的军事翻译和外事人才

在新民主主义革命时期，为了适应抗战形势的发展和我军部队建设的需要，培养俄文军事翻译，中央军委指示抗日军政大学三分校筹建俄文队。1941年3月，俄文队正式成立，队址在延安东关黑龙沟。1941年12月，根据中共中央的决定，抗大三分校改为延安军事学院，隶属中央军委。朱德任院长，叶剑英任副院长，朱德同志要求俄文科“培养的学生成为通晓俄语，能会话，能实际运用的军事翻译人才”。结合党中央的要求，学校在这一时期克服了各种困难，为抗战胜利和新中国成立输送了大批军事翻译人才。

1948年6月，为了迎接全国解放，结合革命形势的需要，党中央决定成立外事学校，隶属中央外事组领导，校址设在河北省涿鹿县。同年，华北联合大学与北方大学合并，更名为华北大学。原华北联大的外国语学院与北方大学的外文班合并为华北大学二部外语系。1949年6月，华北大学二部外语系与外事学校合并，改名为外国语学校，学校设英文、俄文两部。这一时期的外国语学校，继续在艰苦的环境中办学，既为党培养外事翻译人才，也为新中国培养外交人才，为新民主主义革命的胜利提供了保障[①]。

1941年到1949年是北京外国语大学的创立初期，也正处于革命战争的艰苦时期，办学条件差，经费匮乏，师资紧缺，校址时常迁移，师生们经常冒着枪林弹雨长途行军，学习生活非常艰苦。但全校师生认真贯彻执行毛泽东同志为抗大制定的"坚定正确的政治方向，艰苦朴素的工作作风，灵活机动的战略战术"的教育方针，发扬"团结、紧张、严肃、活泼"的优良作风和艰苦奋斗、不怕牺牲的革命精神，战胜种种困难，自力更生，艰苦创业，边学习、边战斗、边劳动。没有教室，就在露天或挤在窑洞里上课；没有课桌，就把笔记本垫在膝盖上书写；没有钢笔，就用高粱秆代替。回顾往昔，从建校到中华人民共和国成立的这段时间，艰苦的办学条件不仅磨炼了师生的革命意志，而且激发了师生工作和学习的热情，为学校各项事业的发展筑牢了"鲜红的底色"。

在社会主义建设初期，传承红色基因，核心是服务国家建设发展战略，培养社会主义建设事业需要的外语专业人才

中华人民共和国成立以后，在社会主义建设初期，为了适应国家建设对俄语人才的需要，加快向苏联学习，推进社会主义建设，党中央决定成立一所专门培养俄语人才的学校。1949年10月，北京俄文专修学校正式成立。俄专的建立，受到了党和国家领导人的关心和支持。毛泽东主席亲自改定并题写校名。在此以后，学校又几经迁移，同年11月，中央人民政府成立后，外国语学校隶属外交部领导，学校迁至西苑华北革命大学院内；1954年，外国语学校由西苑迁至西郊苏州街新校舍。同年8月，经高教部呈国务院批准，学校改名为北京外国语学院。1961年至1962年期间，陈毅副总理先后两次来学院作报告，强调外语学习的重要性，并且就办学方针等问题作了重要指示，给予了学院师生极大的鼓舞，促进了学院教育事业的发展。1962年3月，周恩

① 材料来源：北京外国语大学志（1941—2000）.

来总理专门批准了外交部《关于北京外国语学院专业设置计划的报告》，指示外国语学院的办学要向“多语种、高质量”发展。为了贯彻落实党中央的要求，学校通过采取系列调整措施，保证了教学秩序的恢复、教学质量的提升，使各项办学工作逐渐步入正轨，为中华人民共和国成立后的社会主义建设各条战线培养了一批专业外语类人才。

总体看，虽然这期间北京外国语学院和俄语学院（两校均为北京外国语大学的前身）在外语教学方面学习苏联，但是通过不断实践、创新，学校教学质量提高明显，基本建立了具有鲜明特色的外语教育体系，将学校的育人水平提上了新的台阶。“文化大革命”期间，虽然受到“左”的指导思想和林彪、“四人帮”两个反革命集团的影响，学校的建设受到严重破坏，教育事业的发展受到重大挫折；但是，在周恩来总理的关怀和学校领导的带领下，学校师生们仍然在当时条件允许的情况下坚持业务学习和专业教学，坚持又红又专的办学方向，学校在教学科研方面也仍然取得了突出的成绩，为社会主义建设事业培养了一批优秀的外语人才。

改革开放以来，传承红色基因，培养具有中国情怀、国际视野、思辨能力和跨文化能力的复合型、复语型、高层次国际化人才

改革开放以来，根据社会需求的变化和国家对外语专门人才的要求，遵循教育要“面向现代化，面向世界，面向未来”的指导方针，北京外国语大学调整了教学计划，将培养德智体全面发展的，具有坚实的外语基础、广博的文化知识和专业基础知识的外语人才作为培养目标，充分发挥北外多语种优势和人才培养优势，在多语种、多学科建设方面取得了新的进展。

1991年，在庆祝建校五十周年时，江泽民总书记为学院题词：“发扬和继承延安精神，培养更多的外语人才，为社会主义现代化建设服务。”1994年4月，经国家教委批准，北京外国语学院正式更名为北京外国语大学。同年10月，李岚清副总理来学校视察，对学校的办学方针、培养目标、教学改革等作了重要指示，指出：“对北京外国语大学的培养方向是什么要进行研究。北

外主要是培养外交、外贸人才，不能只靠外语，要加大内容，增加外交、外贸方面的知识，要培养复合型的人才。基础研究不能丢，但外语教学也要适应新形势的需要。”结合国家领导人的亲切关怀和殷殷嘱咐，为了适应改革开放和社会主义现代化建设的需要，学校从这一阶段开始主动以“三个面向”为指导，在培养外语人才的基础上，开始转入培养复合型人才。1996年6月，经过专家组评审，学校通过国家教委“211工程”部门预审，成为国家重点建设的100所重点大学之一。2000年8月，国家计委批准学校“211工程”建设立项，2001年6月，学校通过“211工程”“九五”建设项目验收，这也标志着北京外国语大学在教学科研、人才培养、基本建设等方面取得了新的成绩。

进入21世纪以来，北京外国语大学继续发挥光荣传统，讲政治举旗定向，追求卓越，精益求精，担当攻坚克难，出实招真抓实干，实现了学校各项事业平稳较快发展。在2008年北京奥运会、APEC会议和G20峰会等国家重大活动中，学校先后多次为主办方提供了优质的语言服务，在国际舞台上传播中国声音、讲好中国故事、展现中国智慧，为对外开放提供了宝贵的人才资源和智力支持。这一时期，学校进一步明确了要培养富有社会责任感、创新精神和实践能力，具有中国情怀、国际视野、思辨能力和跨文化能力的复合型、复语型、高层次国际化人才的办学目标。

进入新时期以来，传承红色基因，目标是办好让党放心让人民满意的大学，培养德智体美劳全面发展的社会主义建设者和接班人

进入新时期，学校党委深入学习贯彻习近平新时代中国特色社会主义思想，以政治建设为统领，全面贯彻党的教育方针，坚持社会主义办学方向，增强“四个意识”，坚定“四个自信”，做到“两个维护”，将党的领导、党的建设和各项工作有机结合，着力提升办学治校能力，推动学校高质量发展，开创了学校事业发展新篇章，培育了一批德智体美劳全面发展的时代新人。

在办学过程中，一方面，学校积极加快中国特色、世界一流外国语大学的建设步伐。在学校全体师生的不懈努力下，截至2021年3月，北京外国语

大学共获批开设101种外国语言，欧洲语种群和亚非语种群是目前我国覆盖面最大的非通用语建设基地，也是教育部第一批特色专业建设点。目前，学校已开齐与中国建交国家的官方用语，形成了以外国语言文学学科为主体，文、法、经、管等多学科协调发展的格局。另一方面，学校紧跟国家战略需求，积极服务“一带一路”倡议和人类命运共同体构建，为国家培养急需的高层次非通用语种人才。一是立足国家和社会对外语人才的需求，建成“国家外语人才资源动态数据库”，为国家提供外语人才查询与咨询服务。二是努力培养非通用语言师资力量。通过与非通用语对象国一流高校、政府教育文化机构开展务实合作，签署双边、多边教育合作协议，实现学分互认、学位联授等深度合作，不断提升非通用语人才培养质量，进一步提升非通用语国别区域人才培养水平与非通用语国别区域研究实力。三是积极服务国家语言安全和国家语言能力建设。通过实施“提升中文国际影响力研究”“‘国家语言能力’内涵及提升方略研究”等行动，参与国家语言政策研究与规划，出版《中国语言政策研究报告（2019）》《国家语言能力理论体系构建研究》等系列成果。四是集中语言教学研究的优势力量，着力推出国别区域发展报告蓝皮书系列，打造国别区域研究智库系列，进一步服务国家全球化发展战略。

在人才培养工作中，学校以习近平新时代中国特色社会主义思想为指导，全面贯彻全国教育大会和新时代全国高等学校本科教育工作会议精神，切实把立德树人成效作为检验学校一切工作的根本标准，把社会主义核心价值观教育融入教育教学全过程，着力造就堪当民族复兴大任的时代新人。一是通过不断构建思政工作体系，逐渐完善“大学工”育人格局。建立职能部门会商制度，每年定期召开全校性学生思想政治教育工作大会，坚持课程思政与思政课程同向同行，提升思政课程的质量与实效，全面开展课程思政改革，实现课程思政改革100%覆盖人才培养方案内课程。二是充分发挥北外多语种优势和人才培养优势，让学生能够准确传达中国声音、讲好中国故事、展现中国智慧。三是全面提升体育课教学质量，开好面向全校的游泳课程，实现大学生游泳技能100%全覆盖。四是坚持完善课程教学、实践活动、校园文化、艺术展演“四位一体”的艺术教育机制，实现每一名学生掌握一种乐器。

五是将劳动教育纳入课程体系，设置劳动教育和实践学分，落实“北外国际青年林”项目，打造具有国际化特色的大学生劳动教育实践基地。六是努力构建突出德育实效、提升智育水平、强化体育锻炼、增强美育熏陶、加强劳动教育“五育融合”的人才培养体系和学生评价体系，培养德智体美劳全面发展的社会主义建设者和接班人。

2021年，是北京外国语大学建校80周年，随着国家经济社会发展迈上新的台阶，北京外国语大学也将踏上新的历史征程，抚今思昔，要推动学校进一步发展，更需要把红色基因融入高校育人的各个环节，让红色基因融入师生血脉，让红色精神激发力量，将“红色基因”一代一代继续延续。正如北京外国语大学的校歌所言：“人民需要我们到哪里，我们就到哪里。我们有马列主义武器、毛泽东思想指导。我们勇敢地走向岗位，永远为人民服务。”

参考文献

[1] 石书臣，张朋林．习近平关于红色文化重要论述的德育思考 [J]. 思想政治教育研究，2019，35（5）：1–6.

[2] 马利强．红色基因融入高校思政工作路径探析 [J]. 学校党建与思想教育，2019（14）：31–33.

[3] 大学简介 [EB/OL].（2019–09–23）[2021–04–11].https：//www.bfsu.edu.cn/overview.

本文刊发于《北京教育》（高教）2021年第7期

革命时期党领导下高校办学和思政教育的历史经验

——以延安自然科学院为例

王　娟*

摘　要：新民主主义革命时期，中国共产党领导下的高校思想政治理论教育事业开创性地发展起来。诞生于1940年的延安自然科学院，是党在革命时期创办的第一所理工类高校。中华人民共和国成立前，以延安自然科学院为代表的高校，在党的领导下进行思政课建设的实践、成就及其积累的历史经验，对于新时代高校思政课的守正创新发展具有重要意义。

关键词：新民主主义革命时期；延安自然科学院；思政课建设；守正创新

1940年，创建于延安的自然科学院（今北京理工大学的前身），是党在新民主主义革命时期创办的第一所理工类高校。自成立开始及其在华北辗转办学时期，延安自然科学院始终坚持开展思政课教学，在课程设置、授课内容、师资配备、教学手段等方面不断探索，初步形成了革命时期思政课的教育教学体系，积累了弥足宝贵的历史经验。

延安自然科学院思政课教学的鲜明特色

1. 党的高度重视是开展思政课教学坚强有力的政治保证

学院开设有中国革命史、联共（布）党史、马克思主义哲学等课程。学

*　王娟，北京理工大学马克思主义学院

院在讲授思政课的同时，也经常举办时事和形势讲座。当时，党中央的负责同志大多数都曾到学院作过指导，徐特立等人还亲自兼任思政课教师或莅临举行报告。例如：徐特立曾讲授“中共党史”等课程，并在哲学课程中开辟“自然科学概论”“自然科学史”等章节。学生们深情回忆道：“徐老针对半殖民地半封建社会的反动落后、资本主义的残酷剥削制度、人类社会的发展规律、社会主义的美妙未来的报告与讲授，大家听后‘如得春风、如沐春雨’。”周恩来总理从大后方重庆给学院收集大学课本、图书、教学仪器设备等，还亲自到学校看望师生。朱德总司令也亲临学校视察，他在国民党反共高潮时期在动员大会上的讲话气壮山河，振奋了师生的士气。陈云在建校过程中亲自召开会议、研究建校事宜。贺龙经常路过学院在杜甫川的教室，他慈祥地和大家交流思想，鼓励大家不光要学习好，还要学游泳、打球，把身体锻炼好。叶剑英参谋长在毛泽东主席去重庆谈判时曾到校进行形势报告，使大家深信党一定能够战胜反动派[1]。

1944年5月，延安自然科学院并入延安大学。毛泽东主席在开学典礼上讲话，动员师生们为边区的工农业经济建设和文化建设而学习、工作。他还指示大家，“科学院学生要一面在工厂实习中学习实际知识，一面改造思想”[2]，给学生们指明了思想学习的方向。1945年11月，在离开延安前夕，延安大学校长周扬带领延安自然科学院全体教师接受毛泽东主席的专门接见。毛泽东主席讲了国内形势及党中央的战略方针，指出学院到东北去的主要目的是开辟新解放区，建立巩固的东北根据地，特别是要在文化教育战线上做开辟工作，使东北青年了解党的方针政策，参加解放斗争[3]。毛泽东主席对延安自然科学院的关心、信任令师生备受精神鼓舞。

2. 育人目标是培养“又红又专”的人才

1940年9月，延安自然科学院举行开学典礼，首任院长李富春宣布，延安自然科学院的培养目标是“革命通人，业务专家”[4]。“又红又专”的育人目标是学校一贯坚持正确政治方向的深刻注脚，师生们在又红又专的道路上奋勇前进。经过思想政治教育，大家对共产主义的美好憧憬成为共同奋斗的目标，共同的理想和信念把大家紧紧地联系在一起。学生回忆认为，学校的熏陶与教化终生难忘，使自己成长为“一个自觉的革命者”[5]。

1945年以后，学校转战华北，期间几易校名。虽然根据解放战争形势的要求及时调整教育方针，但是培养学生坚定的政治方向这样的教育目标却始终没有发生变动。例如：在晋察冀边区工业专门学校时期，学校以正面教育为主，狠抓思想政治教育，强调要加强学生的群众观点，树立为人民服务的人生观和能力，始终沿着党指引的方向前进，引导学生胸怀全局，认识世界，珍惜革命成果，从而解决为谁而学、应该怎么学的思想问题。在华北大学工学院办学时期，始终把对学生进行世界观、人生观和价值观的思想教育摆在首要位置。延安自然科学院及其辗转办学时期，本着“为革命办学、办学为革命”的原则，不同时期尽管专业、学制、教学规模和教育形式不同；但是始终坚持开展思想政治教育工作，把培养学生具有坚定的政治方向放在首位，培养出来的学生经受住了战争与和平的双重考验。

3. 服务于抗战建国的国家战略需求

1939年5月，党中央决定在延安创办自然科学研究院开展科学研究工作，以协助边区政府发展经济、军事、文化等建设事业，解决抗战物资困难，改善边区人民生活。1940年3月，中共中央书记处从“抗战建国”的实际出发同意将其改为延安自然科学院，任务是“培养既通晓革命理论又懂得延安自然科学的专业人员、理论与实践统一的人才”。在延安自然科学院招生启事中明确规定，本院以培养抗战建国的技术干部和专门技术人才为目的①。

1943年，延安自然科学院和其他高校并入延安大学，根据中央的指示调整制定了《延安大学教育方针暨暂行方案》。方案指出，学校教育以适应抗战与边区建设需要，培养服务于新民主主义政治、经济、文化建设实际工作的干部为目的；对学生进行中国革命历史与现状的教育，以增进学员的革命理论知识与新民主主义建设的思想；并进行人生观与思想方法的教育，以培养学员的革命立场与实事求是的工作作风[6]。此后，延安自然科学院在辗转办学

① 参见1940年5月17日、21日的《新中华报》.

的不同阶段，思政课教学一以贯之地贯彻这一价值取向，始终以思想政治教育为主，教育学生树立为人民服务的革命人生观，在政治思想教育的基础上提高文化水平与业务技术水平，所有工作围绕服从国家的战略需求而具体展开。

4. 坚持理论联系实际的教育原则

徐特立在延安时期提出科学教育、科学研究、经济建设“三位一体”的正确思想[7]，深刻影响了延安自然科学院及党在革命时期教育事业的办学内涵和发展目标。从创办之初，延安自然科学院坚持实践取向的办学特色，积极组织各类生产劳动和社会实践，坚持在实践教学中提升学生的综合技能和理论水平，在理论学习中实现技术创新与人才发展，从而实现人才培养“又红又专”的目标。学院与附近的农场、工厂建立密切联系，组织师生去边区的造纸厂、棉织厂、被服厂、军工厂、家具厂、碱厂以及中央医院、印刷厂、化学厂、火柴厂等参观或实习。这些实践和劳动，对于学生认识中国的国情、革命形势、党的宗旨及树立远大的共产主义理想有积极的促进作用。

在华北解放区办学时期，学校组织学生参加各种政治活动、社会运动和政治斗争，提高了学生的思想觉悟以及理论水平和工作能力。例如：在张家口，组织师生积极参加议员的竞选活动，参加“四八”烈士追悼会，参加反对国民党破坏“双十协定”、制止国民党发动内战、争取和平的运动，以及慰问解放军战士、教部队唱歌和帮助老乡劳动等拥军爱民活动。学生们的思想觉悟由此不断提高，有学生后来深情回忆，学校“政治思想教育与自然科学教育的结合，基础理论与产业理论的结合，教育、生产、科研的结合……，至今仍常常引起我美好的回忆”[8]。

延安自然科学院思政课教学的主要成就

1. 服务经济建设

延安自然科学院按照中共中央提出的办学目标，全院师生积极参加边区的经济建设工作，服务于抗战和新民主主义革命，为边区经济建设、为增强抗战建国的物质力量作出重要贡献。师生们在教育、科研、经济“三位一体”的办学思想指导下，因陋就简、因地制宜，和有关经济建设部门加强联系，为边区的经济建设作出切实贡献。他们能够生产多种实验用具，用西北的野生马兰草成功造纸，用沙滩筑盐田的方法制盐，发现并垦殖了南泥湾，制造了“丰足牌”火柴、玻璃、肥皂和几百万枚军装用铜纽扣，指导炼铁厂、火药厂的生产，探明开采油井、气井，提供生产玻璃、肥皂、酒精、制碱所用的设备，设计修建了边区水坝、安装了水轮机，设计建设了杨家岭“七大”会议大礼堂等。师生们利用自身突出的科学研究能力和过硬的思想政治素质，集中力量解决边区经济建设和生产生活中遇到的技术难题，在军工、民用和农业生产等边区经济和服务抗战的多个领域，作出了力所能及的贡献。

2. 致力人才培养

延安自然科学院按照培养“又红又专”的革命通才的办学目标，为陕甘宁边区经济建设和抗战需要培养了科技人才，提供了智力支持，并且为新中国的社会主义建设事业培养了一大批兼具业务能力、政治品质和管理才能的高质量的科技干部，这些科技人才同时也是接受了党的思想政治理论教育、具有坚定的政治信任和革命精神的红色人才。据不完全统计，先后在延安自然科学院学习过的学生约有五百多人。在全国解放以前，这些革命的青年学生，经过党的思想政治教育、学校学习和工作中的实际锻炼，绝大多数政治觉悟、思想认识、业务知识和工作能力方面不断进步提高，他们分布在不同领域，许多人成为业务专家和领导骨干，有大学教师、革命军人、研究机关的研究员、生产部门的工程师，也有中央和各级政府的党政领导干部，为我国的社会主义现代化事业作出积极的贡献[9]。这体现了延安自然科学院服务于陕甘宁边区经济社会发展、服务于抗战建国的价值追求，深刻诠释了党领导下高校思政教学工作服务国家战略需求、培养红色人才的价值取向。

3. 锻造革命精神

延安自然科学院在办学实践中不仅坚持艰苦朴素的作风，发扬创业创新的精神，而且坚持实事求是的思想路线和科学精神，注重共产主义信仰的培养，传承勤劳勇敢、自强不息的伟大民族精神，同时也参与锻造了战时光辉的延安精神。延安自然科学院不仅针对学员的学习基础、实际情况安排教学方案，而且根据实际需要科学安排学习内容。例如：大学部注重国防与经济建设密切关联的学术研究，中学部偏重实用科学技术的学习[10]，实现理论与实际的配合教育，并教授社会科学，使学员对革命前途有正确认识，愿意为新生的光明的中国而奋斗。教与学的实际情况相结合，体现了党在办学过程中坚持实事求是的工作作风和科学精神。

尽管在办学过程中遇到重重困难与阻力；但是伟大成就的取得鲜明地体现出师生自力更生、艰苦奋斗的创业精神。延安自然科学院是在一穷二白的基础上创建起来的，在受到国民党经济封锁的情况下，书籍、师资、教材、仪器、文具等无一不缺，而且要自己动手解决衣食住行的生活问题。广大师生自己动手整修道路、平整场地、修建窑洞教室等。在教学条件非常艰苦的情况下，下雨天在窑洞里上课；太阳出来了在树上挂块黑板；写字用石笔在石板或地上画。学生自己做黑板，帮助化学厂做粉笔、墨水；教师自己动手写教材，刻蜡版，印讲义。晚上五六个人在窑洞里围着一盏小油灯孜孜不倦地刻苦学习。师生具有高涨的革命热情和艰苦奋斗的精神，在思想品格方面得到积极的塑造和锻炼。

延安自然科学院曾传诵这样一首诗："我们的生活艰苦而又紧张，我们的革命热情却日益高涨。谁说我们没有课堂？我们有世界上最大的课堂。蓝天是我们的屋顶，高山是我们的围墙。谁说我们没有教具？自创的教具更加漂亮。谁说'土包子'不能办大学办大学堂？我们的信心比泰山还稳固，我们的意志比钢铁还坚强。为了祖国的新生，为了民族的解放，任何困难也不能把我们阻挡。"[11]在艰难困苦的战争岁月里，延安自然科学院师生拥有的革命性、创造性、科学性的优秀品质，谱写了延安精神鲜活的一页。

革命时期党领导下高校思政课建设的历史经验

实践证明：延安自然科学院走过的路是对的。学校在困境、逆境中坚持开展思政课教学工作的过程中，留下了许多优秀做法、优良传统和历史经验，为新中国以及改革开放新时期的思政教育工作提供宝贵的历史借鉴。

一是始终牢记思想政治教育工作以培养合格的革命者和建设者为至高目标，培育具有坚定政治信仰的优秀人才是思政教育者的奋斗目标。党在亲手缔造的高校中坚持对师生进行马克思列宁主义教育，坚持将思想政治理论教育作为重要的教学内容。今天，思政课教学暴露出一些泛娱乐化、形式化甚至庸俗化的问题，我们要继承党在革命时期思政教学的优良传统，不能背离“立德树人”的根本目标[12]，推进思政课建设创新发展。

二是始终高度重视思想政治理论教育教学工作，思政教育在学校各项工作中发挥着方向性和统领性的关键作用。新民主主义革命时期党创办的高校，始终坚持党的领导，学校各方面工作特别是思想政治教育工作在党组织的关怀及支持、指导下进行。党中央和各级党组织的高度重视，是学校思想政治理论教育教学工作顺利开展并取得巨大成就的根本政治保证。

三是始终坚持服务于国家战略需求，不偏离办学初衷，不改变为人民办教育的初心。服务于抗战的需要、为抗战胜利后国家的建设而培养合格的技术人才，是以延安自然科学院为代表的高校在革命时期建校办学、开展思政教育的崇高宗旨，体现了服务国家战略目标的价值取向，是党为人民服务的神圣宗旨在思想教育领域的深刻体现，凸显了高校“与党同呼吸、与国家共命运”的优秀品质和时代担当。

四是始终遵循理论与实践相结合的教育原则，竭尽所能地开创生动活泼的思想政治教育良好格局。革命时期各高校坚持理论密切联系实际的教育原则，通过多途径、多手段、多方法指导广大学生投入火热的劳动实践和革命洪流当中，教育学生树立远大的革命理想，培养全心全意为人民服务的精神，具备良好的道德品质、健全的体魄，具有正确处理理论与实际的辩证关系的能力。

五是始终注重精神引导和共产主义价值观教育，注重对于中华民族优秀传统文化和战时革命的延安精神发扬光大。当今，高校的思想政治教育教学，更要注重传承红色基因和革命文化，学习和继承老一辈无产阶级革命家、科学工作者开拓创新、积极探索、勇于进取的科学精神和崇高情怀，教育学生厚植家国情怀，成长为担负民族复兴大任的有为青年。

本文系2020年度国家社科基金高校思政课研究专项“危机情境下增强思政课的实效性研究”（项目编号：20VSZ026）的阶段性成果。

参考文献

[1][8] 北京理工大学校史委员会．北京理工大学校史丛书：第二卷 [M]. 北京：北京理工大学出版社，2018：36-37，5-6，120，34.

[2][10][11] 北京理工大学校史委员会．北京理工大学校史丛书：第八卷 [M]. 北京：北京理工大学出版社，2018：27，8，13.

[3][9] 北京理工大学校史委员会．北京理工大学校史丛书：第九卷 [M]. 北京：北京理工大学出版社，2018：27，23-24.

[4][6] 北京理工大学校史委员会．北京理工大学校史丛书：第一卷 [M]. 北京：北京理工大学出版社，2018：17，179-180.

[5] 北京理工大学校史委员会．北京理工大学校史丛书：第六卷 [M]. 北京：北京理工大学出版社，2018：99.

[7] 武衡，谈天民，戴永增．徐特立文存 [M]. 广州：广东教育出版社，1995：202.

[12] 肖贵清．新时代高校思想政治理论课的守正与创新 [J]. 思想教育研究，2019（3）：80-84.

本文刊发于《北京教育》（高教）2021年第11期

用党的光辉历史照亮青年学子成长之路

靳　诺*

历史是最好的教科书，党史是最好的营养剂。回顾党的百年奋斗历程，我们不难发现，党始终把自己的初心使命镌刻在教育方针中，走出了一条扎根中国大地、服务中国发展需要的人才培养道路。坚持“为党育人、为国育才”，培养担当民族复兴大任的时代新人，是党和人民赋予新时代中国特色社会主义教育的重大战略任务。

中国人民大学作为中国共产党创办的第一所新型正规大学，前身是1937年成立于延安的陕北公学以及后来的华北联合大学、华北大学。1950年，中国人民大学命名组建后，在国内最早设立马克思主义理论专业，全国高校马克思主义理论和人文社会科学领域的诸多学科、专业、教材都发端于中国人民大学，因此被誉为新中国人文社会科学高等教育的“工作母机”和“排头兵”。在党史学习教育中，中国人民大学发扬长期以来形成的“始终奋进在时代前列”的光荣传统，发挥党史学科的特色和优势，坚持把学习党史与校史结合起来，与推进“双一流”建设贯通起来，以办学育人实际成效引领社会、回报时代。

回望84年的办学历程，中国人民大学始终与党和国家同呼吸、共命运，因党而建、为党而兴，立学为民、治学报国的办学理念一以贯之，为党育人、为国育才的使命担当从未改变。站在“两个一百年”的历史交汇点，我们要牢牢把握培养时代新人的要求，坚持社会主义办学方向，落实立德树人根本任务，着眼青年学生成长成才，加强和改进党史教学科研工作，用党史讲理

* 靳诺，中国人民大学党委书记

论、用事实讲道理，汲取历史智慧，传承红色基因，努力培养担当民族复兴大任的时代新人。

本文刊发于《北京教育》(高教)2021年第7期

走好中国特色高等教育“红色育人路”

赵长禄*

北京理工大学1940年诞生于延安，是中国共产党创办的第一所理工科大学。翻开北理工校史可以发现，执“抗战建国”理想而生，“为党育人、为国育才”的主线贯穿学校80余年的办学发展历程。无论经历怎样的艰难曲折，学校坚定不移听党话、跟党走，努力建设坚持党的领导、培养社会主义建设者和接班人的坚强阵地。学校传承红色基因、培养可靠人才的砥砺奋进史正是一部对中国特色高等教育“红色育人路”的坚定拥护史和实践探索史。通过总结这段历史，我们认识到，走好中国特色高等教育“红色育人路”，就要始终坚持中国共产党的全面领导，把党的领导贯穿办学治校全过程，并形成人才培养优势、科技创新优势，推动服务国家战略和经济社会发展能力与办学水平的系统提升；就要始终坚持马克思主义的根本指导，善于运用马克思主义的立场观点方法推动改革发展，站稳守好高校意识形态阵地；就要始终坚持立德树人的根本任务，推进“价值塑造、知识养成、实践能力”培养相统一，培养又红又专的社会主义建设者和接班人；就要始终坚持教育报国的价值取向，秉承“国家利益至上”，坚持“四个面向”，对接“四个服务”，引导师生服务基层，在祖国最需要的行业和领域建功立业；就要始终坚持理论联系实际的优良学风，不断面对新情况，练就真本领、解决真问题、见到真成效；就要始终坚持艰苦奋斗的坚韧品格，鼓舞师生心怀“国之大者”，崇尚艰苦奋斗，矢志自立自强，充分发挥主观能动性担当历史使命，为建成世界科技强国、实现中华民族伟大复兴作出新的更大贡献！

本文刊发于《北京教育》(高教) 2021年第7期

---

* 赵长禄，北京理工大学党委书记

建党百年视野下的中国特色社会主义大学

姜沛民*

党的百年历史，是矢志践行初心使命，为中国人民谋幸福、为中华民族谋复兴的最生动的教科书。我们的大学就是在服务党的事业、服务祖国、服务人民中不断发展壮大的，由此赢得社会公认和世界赞誉。每到生死攸关的关键时期、每逢国家民族的重大关口，甚至每项重大建设成就，都能看到大学的身影，看到广大师生同人民一起开拓、同祖国一起奋进，都能体会到大学的重要贡献和不可或缺的重要作用。

“为党育人、为国育才”始终是中国特色社会主义大学的初心和使命。在长期办学历程中，中国农业大学师生走过了激情燃烧的岁月，书写了光荣骄傲的历史，形成了优良的办学传统。中华人民共和国成立后，广大师生连年征战西藏、西北、东北等边疆农牧业科技攻关，在全国各地推广新品种，奋力向科学进军。1973年起，几代师生扎根河北曲周盐碱最严重的“老碱窝”，接续奋斗48年，将千年盐碱滩改造为大美米粮川。进入新时代，广大师生更是一马当先、尽锐出战，积极投身脱贫攻坚和乡村全面振兴的伟大实践。

建设中国特色社会主义大学要更加自觉地传承红色基因，从党的百年历程中汲取精神力量。这是建设一流大学的最大底气。我们系统梳理和组织编纂《念兹在兹：中国农大强农兴农的十个篇章》《玉汝于成：脱贫攻坚伟大事业中的中国农大》《初心弥坚：中国农业大学许党报国的红色故事》等图书，讲好科学报国、为党育人的故事，深入推进思想引领工程。无论何时，都要牢记以立德树人为根本、以强农兴农为己任，坚持不懈把论文写在祖国大地上。

本文刊发于《北京教育》（高教）2021年第7期

---

* 姜沛民，中国农业大学党委书记

初心不改育新人

蒋庆哲*

百年大党风华正茂，百年初心历久弥坚。在党的百岁生日之际，作为一名拥有多年党龄的高校党委书记，我倍感自豪，衷心祝福我们伟大的党“生日快乐”！

为党育人，初心不改。高等教育蓬勃发展，党的领导至关重要。对外经济贸易大学因贸易强国而生，因改革开放而兴，因新时代高水平开放伟业而盛。自1951年建校至今，对外经济贸易大学始终坚持为党育人、为国育才，七秩岁月，风雨兼程。

立德树人，续写华章。70年来，对外经济贸易大学形成了“国际化”“复合型”“宽口径”的人才培养特色，铸就了贸大人扎根祖国、放眼世界、刚毅坚卓、砥砺奋进的品格特质。今天的对外经济贸易大学是教育部直属全国重点大学，是首批“211工程”和首批“双一流”建设高校，是教育部与商务部共建高校，是一所拥有经、管、法、文、理、工六大学科门类，以国际经济与贸易、国际经济法、金融学、会计、企业管理、商务外语等优势专业为学科特色的多科性财经外语类大学。

“虽然我们已走过万水千山，但仍需要不断跋山涉水。”对外经济贸易大学将始终胸怀“两个大局”，始终坚持社会主义办学方向，坚持党的领导，坚持马克思主义指导地位，全面贯彻党的教育方针，坚持以“立德树人”为根本任务，打造一流本科人才培养体系，体现“专业+语言”的人才培养特点，始终将创新人才培养模式、提高人才培养质量作为教育教学改革的重要方面。抓住历史机遇，紧扣时代脉搏，立足新发展阶段、贯彻新发展理念、构建新

---

* 蒋庆哲，对外经济贸易大学党委书记

发展格局。立足中国大地，心怀国之大者，为培养堪当民族复兴重任的时代新人，为更好服务改革开放和社会主义现代化建设而努力奋斗！

本文刊发于《北京教育》(高教) 2021年第7期

在回首和眺望中加快构建高质量教育体系

谢　辉*

2021年是中国共产党成立100周年。一百年来，我们党领导人民走过革命、建设、改革、复兴的伟大历程，取得了举世瞩目的辉煌成就，书写了波澜壮阔的历史画卷。作为一所肩负着为北京工业和城市建设“高、精、尖”发展提供智力支撑和人才保障重要使命的市属高校，北京工业大学就诞生于火热的社会主义建设时期。

回首过往奋斗路，建校60多年来，学校党的组织不断发展壮大，始终成为推动事业发展的坚强领导力量。一代代北工大人牢记为党育人、为国育才使命，与党和国家的发展同向同行，推动学校实现了由单科性大学向多科性大学、由教学型大学向教学研究型大学、由教学研究型大学向研究型大学的重要转变，成为党领导下我国高等教育事业蓬勃发展的生动缩影。

眺望前方奋进路，我国高等教育发展已驶入高质量发展的快车道。学校党委以北京市委市政府确定的高水平研究型大学为坐标，立足新发展阶段、贯彻新发展理念、构建新发展格局，坚定不移把党的领导、党的建设贯穿学校办学治校全过程，努力实现科技自立自强，培养担当民族复兴大任的时代新人，绘就了加快建设中国特色世界一流大学的宏伟蓝图。

面向第二个百年奋斗目标，全体北工大人将抓住历史机遇、紧扣时代脉搏，深入学习贯彻习近平新时代中国特色社会主义思想，落实习近平总书记关于教育重要论述和关于北京工作重要论述，立足“两个大局”，心怀“国之大者”，以实际行动践行“不息为体、日新为道”的校训精神，源源不断产出

---

* 谢辉，北京工业大学党委书记

一流学术成果、培养一流创新人才，为服务国家富强、民族复兴、首都建设、人民幸福作出新的更大贡献。

本文刊发于《北京教育》（高教）2021年第7期

从青年看中国共产党为什么能

韩宪洲*

“世界是你们的，也是我们的，但是归根结底是你们的。你们青年人朝气蓬勃，正在兴旺时期，好像早晨八九点钟的太阳。希望寄托在你们身上。”“青年人应具备两点，一是朝气蓬勃，二是谦虚谨慎。”1957年，毛泽东主席在莫斯科留下的谆谆教导鼓舞、激励了一代代青年学子，至今依然闪耀着真理的光辉。

习近平总书记2016年在评价“95后”大学生时说，“他们朝气蓬勃、好学上进、视野宽广、开放自信，是可爱、可信、可为的一代。对当代高校学生，党和人民充分信任、寄予厚望”。让“95后”为之感动，为之激动。

在向全世界展示2020年我国抗疫大考的成绩单时，习近平总书记又把青年放在了突出的位置，“青年一代不怕苦、不畏难、不惧牺牲，用臂膀扛起如山的责任，展现出青春激昂的风采，展现出中华民族的希望！我们一起为他们点赞！”这就是无产阶级政党，无产阶级政党领袖独有的政治远见和宽广胸怀。它揭示了中国共产党红色血脉不断赓续，党的事业不断壮大的秘诀之一，这就是一代代青年人、一代代青年共产党人的茁壮成长。不仅仅是信任青年、依靠青年，更可贵、更难得的是一如既往、满腔热情地关心青年、爱护青年、帮助青年。习近平总书记多次就青年、对青年作出指示，展现出了他的胸襟和长者的爱心。“大学期间，就好比小麦的灌浆期”“青少年阶段是人生的‘拔节孕穗期’”“青年人人都是一块玉，要时常用真善美来雕琢自己”。

* 韩宪洲，首都经济贸易大学党委书记

我们相信，在党的阳光雨露的滋润下，新时代中国青年一定会成为堪当民族复兴重任的时代新人，中华民族伟大复兴的中国梦终将在一代代青年的接力奋斗中变为现实。

本文刊发于《北京教育》(高教)2021年第7期

以“赶考”精神做好新时代的答卷

黄先开*

从成立初期起，中国共产党就把教育作为国家强盛和民族复兴的重要基础，在党的领导下，经过百年来的接续奋斗，我国已建成世界上最大规模、迈入普及化阶段的高等教育，正沿着中国特色社会主义高等教育发展道路，开启迈向高质量教育体系新征程。

百年回顾，初心如磐。坚持党对高校的全面领导，坚持培养社会主义事业建设者和接班人，是我国高等教育坚守和践行的初心和使命。以北京工商大学为例，作为中华人民共和国成立后我党较早创建的培养商业、轻工业战线建设者的高校，在七十余年的风雨历程中，始终坚持党的领导，牢记为党育人、为国育才，与祖国和时代同向同行，在不同发展时期都秉持“工以开物、商以富邦”，积极探索提高人才培养质量和办学水平，共培养了15万余名优秀人才，为国家建设和人民美好生活育才献智，在服务国家战略和首都经济社会发展中建功立业。

展望未来，使命在肩。站在“两个一百年”的历史交汇点上，党和国家对于高质量高等教育的需求更为迫切，作为市属高校，北京工商大学紧紧围绕“两个大局”和首都城市战略定位，牢牢把握立德树人根本任务，扎实组织开展党史学习教育，深入挖掘校史中的红色基因，进一步坚定社会主义办学方向，更加明确扎根京华大地办好学校的使命，大力推进教育教学综合改革，更好地融入和贡献于首都发展新格局，通过铭记光辉历史，赓续奋斗精

* 黄先开，北京工商大学党委书记

神，将学习成效融入人才培养和办学治校全过程，全力建设特色鲜明的高水平研究型大学，“以‘赶考’的清醒和坚定答好新时代答卷”。

本文刊发于《北京教育》（高教）2021年第7期

把握时代脉搏　坚持艺术为人民的方向

赵　旻*

百年风雨，百年峥嵘，中国共产党走过了一个世纪波澜壮阔的历程。中国共产党创办大学有近百年的历史。1921年，毛泽东在长沙创立了湖南自修大学；1922年，国共合作创建了上海大学，在建党初期为党培养了骨干人才。井冈山时期红军创办工农革命军军官教导队，也成为今天很多重点大学的历史源头；延安时期，我们党开启了高等教育实践新局面，先后创立了抗大、陕北公学、延安鲁艺等各类学校三十余所，为新中国高等教育的发展预备了火种。

艺术教育是教育体系重要的组成部分，艺术教育也丰富了教育服务社会、服务人民的途径和领域。总结我们党重视和发展艺术教育的规律，可以得到几条深刻的启示。一是党把艺术教育作为治国理政的建设基础。“艺术是宣传、发动与组织群众的最有力的武器”，艺术可以直观地直达人的思想，产生潜移默化的作用，掌握了艺术规律，就有了做人的工作和营造良好文化氛围的底气。二是党把艺术教育作为人才培养和干部成长的思想熔炉。艺术教育为中国革命和建设事业发展输送了大批高素质艺术人才和建设人才，艺术素养可以增强独立思考与判断的能力、提升思想境界。文艺的演化和进步始终伴随着党的壮大和发展。三是把握时代特征，深化艺术教育的功能。新时代艺术教育要坚持以人民为中心的导向，弘扬社会主义核心价值观和中华美育精神。四是新时代艺术人才培养要瞄准国家战略需要。“文艺是时代前进的号角”，我们建设文化强国，应当站在全局的立场，把准时代脉搏，为

* 赵旻，中央音乐学院党委书记

党和国家培育更多合格的专业艺术人才，不断推动中国特色社会主义文化繁荣兴盛。

本文刊发于《北京教育》（高教）2021年第7期

走好中国特色世界一流电影学院发展之路

钱 军*

从20世纪30年代艰苦卓绝的“左翼电影”，到40年代国民政府电影教育初创，再到窑洞中建立起的延安电影团与鲁迅艺术学院、历经万险接管“满洲映画”、创业东北电影制片厂，新中国电影教育的序幕伴随着中国共产党的革命征程逐渐拉开。1950年，在“建设中国自己的电影大学”的殷切嘱托下，表演艺术研究所创立。从此，在中国共产党的领导下，北京电影学院的建设与发展、新中国电影事业和电影教育事业的开拓与壮大就紧密相随。

纵观高等教育的百年发展和学校的发展变化，我们收获了四点启示：必须始终坚持党对高等教育的全面领导，突出思想领导、强化政治领导、加强组织领导，这是高等教育事业改革发展的根本保证；必须始终坚持落实立德树人根本任务，遵循艺术规律和高等教育规律，激励学生立大志、培育学生明大德、引导学生成大才、助力学生担大任，这是高等教育事业改革发展的命脉所在；必须始终坚持为改革开放和社会主义现代化建设服务，围绕国家发展推进高等教育创新改革，这是高等教育事业改革发展的历史使命；必须始终坚持以人民为中心发展教育，为了人民、依靠人民、坚持发展成果由人民共享，如同北京电影学院一直坚持的“向人民学习、为人民服务、做人民的艺术家”的艺术观教育，这是高等教育事业改革发展的根本价值。

在中国共产党的领导下，我们要进一步贡献思想力量、提供人才支撑、进行实践探索，以办好人民满意的电影教育为目标，坚守教育初心，勇担时代使命，为全面建成中国特色世界一流电影学院而奋斗！

本文刊发于《北京教育》（高教）2021年第7期

---

* 钱军，北京电影学院党委书记

服务信息强国　与国家同命运、共成长

王传亮*

北京信息科技大学是一所北京市重点支持建设的信息类学科专业较为齐全的高校，迄今已有84年的办学历史。从抗战时期秉持“实业救国”办学理念，到中华人民共和国成立后致力于“工业报国”，再到新时代的“信息强国”服务导向，北京信息科技大学始终坚持与国家同命运、共成长。

党的十八大以来，以习近平同志为核心的党中央，把建设教育强国作为中华民族伟大复兴的基础工程，坚持为党育人、为国育才，牢记初心使命，聚焦立德树人，对高等教育作出了一系列指示，为办好中国特色社会主义大学指明了方向、提供了遵循。在中国共产党百年华诞的重大时刻和“两个一百年”历史交汇的关键节点，面对百年未有之大变局，立足新阶段、新起点，学校将充分汲取百年党史的历史经验和精神财富，贯彻新发展理念，融入新发展格局，聚焦立德树人根本任务，着力提升服务能力，扎根中国大地，将中国独特的历史、独特的文化、独特的国情、独特的优势有效转化为人才培养的特色和成效，持续深化“三全育人”，落实“五育并举”，促进学生全面成长成才，努力培养社会主义建设者和接班人、培养担当民族伟大复兴重任的时代新人；坚持“四为”方针，精准对接融入国家重大战略需求和北京“四个中心”建设需要，凝聚全校智慧与力量，优化学科专业布局，打造信息特色，提升科技创新能力，把论文写在祖国大地上，把科技成果应用在实现现代化的伟大事业中，为建设信息强国和服务北京市数字经济发展作出新贡

* 王传亮，北京信息科技大学党委书记

献，写好奋进之笔，书写“建最好的大学”新篇章，以实实在在的发展成绩向建党100周年献礼。

本文刊发于《北京教育》（高教）2021年第7期

强化工匠精神引领　拓展"三全育人"新路径

高喜军*

弘扬和培育工匠精神是高职院校人才培养的重要特征，北京工业职业技术学院坚持把工匠精神作为学校文化的内核，积极拓展"三全育人"新路径。一是构建以工匠精神为内核的育人体系，激发全过程育人合力。开发了具有鲜明职业人才培养特点、以培育工匠精神为导向的"职业基本素养"课程，引导学生在掌握技能的同时养成行业企业需求的职业基本素养；专业课程体系以工匠型人才培养为目标，将工匠精神的要素融合嵌入在人才培养方案、课程标准、教学资源等方面；深化校企深度融合，让企业、工匠更多参与到人才培养过程中，使学生在实际职业活动、职业场景、职业标准中体验职业文化、感知工匠精神。二是建设具有工匠精神品质的教师队伍，激发全员育人动力。以师德师风建设为先导，注重对教师崇尚技能、爱岗敬业、严谨认真的品德教育，着力打造教学名师、技能大师，努力使教师成为传承工匠精神的模范；坚持"培养引进"并重、"引才引智"并举，打造专兼结合的名师团队，为学生工匠精神培育树立标杆；精心培养"双师"素质教师队伍，着力提升教师的教学、科研和培训三种能力；切实加强思想政治工作，全面提升思政、管理、服务人员的职业素养。三是打造具有工匠精神特质的校园文化，优化全方位育人效力。在校园景观、校园活动、校园宣传等方面均渗透工匠精神的元素，使工匠精神"入脑入心"；积极扶持专业社团，用工匠精神涵养学生社团，建立了二十余个与专业紧密相关的学生社团，激发了学生的学习兴趣，其专业技能明显增强、职业素养显著提升。

本文刊发于《北京教育》(高教)2021年第7期

---

* 高喜军，北京工业职业技术学院党委书记

治理赋能

新时代中国高等教育治理话语体系建设的逻辑理路

袁利平　林　琳*

摘　要：加强话语体系建设是新时期我国深化改革发展的内在要求，也是讲好中国故事、传播中国声音、增强国际话语权的重要途径。新时代中国高等教育治理话语体系建设坚持以人民为中心，聚焦人民群众利益关切，进而扎根中国大地，密切结合我国高等教育治理实践以及社会现代化建设需要，力求在全球高等教育治理话语博弈中赢得中国优势。

关键词：新时代；中国高等教育；高等教育治理；话语体系

高等教育承担着创造科学知识、培养高层次创新人才、促进社会现代化建设、提升国家软实力等重大使命。高等教育治理话语体系是高等教育治理的思想基础，是高等教育治理思想的语言化、学术化表达，是高等教育治理体系变迁的先导性条件，表现为由一定的高等教育治理规则、理念、方法等构成的符号化话语机制整体。随着我国不断加快高等教育强国建设步伐，创新高等教育治理理念、构建中国特色高等教育治理话语体系，对于持续推进高等教育治理现代化发展尤为重要。高等教育治理话语体系建设不仅要以国家教育方针政策为指导，体现国家战略和社会发展需求，而且要符合高等教育的办学规律和治理逻辑。新时代中国高等教育治理话语体系建设不仅明确了在新的历史条件下建设什么样的高等教育治理话语体系、如何推进高等教育治理体系和治理能力现代化，而且也为在新时代继续提升高等教育治理国际话语权、积极参与全球高等教育治理奠定了理论基础。

* 袁利平、林琳，陕西师范大学教育学部

坚持人民至上，彰显高等教育治理话语体系建设的根本立场

坚持人民至上，办人民满意的高等教育是我国高等教育治理现代化的核心使命和发展目标。在党的领导下，我国高等教育治理始终坚持以人民为中心，围绕人民群众的利益关切持续推进高等教育治理现代化。从本质上讲，高等教育治理话语就是人民的话语、大众的话语。新时代高等教育治理话语体系围绕人民至上这一根本立场建构，把人民价值、人民利益作为具体性话语。

第一，为人民代言是新时代高等教育治理话语体系建设的根本立场。“全心全意为人民服务”是中国共产党的根本宗旨，也是党领导下高等教育现代化发展的价值遵循。中国共产党的领导为我国高等教育治理提供了明确的方向和指引。坚持为人民服务，使高等教育事业更加符合社会主义建设和广大人民群众的需要是高等教育治理体系建设的核心话语。正如马克思所说：“理论在一个国家实现的程度，总是取决于理论满足这个国家的需要的程度。”[1]话语体系只有满足广大人民群众的利益需要，才能得到群众的热烈拥护与积极响应。新时代高等教育治理话语体系建设更是充分强调人文关怀，为人民代言，从人民群众的根本利益出发来谋划和创新高等教育治理话语体系，将“人民至上”的价值理念贯穿于中国特色高等教育治理的全过程，构建来自人民、植根人民、服务人民的高等教育治理话语体系。

第二，回应人民关切是新时代高等教育治理话语体系建设的主要内容。党的十九大报告对中国社会主要矛盾转化做出了重大判断，强调人民对美好生活的向往就是党的奋斗目标。随着我国高等教育普及化程度的发展，人民群众对高等教育的美好向往正在逐步实现。坚持以人为本的发展思想，及时回应人民群众关切，办人民满意的高等教育，是建设中国特色高等教育体系的根本要求，也是高等教育治理话语体系建设的重要内容。高等教育治理话语体系建设实质上是一个将人民性作为话语首要议题的实践过程。在新发展阶段，高等教育治理话语体系建设更要以“办人民满意的高等教育”为宗旨，始终关切人民群众对高等教育的多样需求。在话语思维和话语逻辑上秉持人

民立场、凸显人民情怀，在话语方式和话语内容上回应人民关切，始终以满足人民群众对高等教育的根本需求为出发点和落脚点。通过构建生动丰富的高等教育治理话语体系引导和回应人民群众对高等教育的现实需求和美好向往。

第三，以人民为中心是新时代高等教育治理话语体系建设的价值坐标。习近平总书记在全国教育大会强调要坚持“凝聚人心、完善人格、开发人力、培育人才、造福人民”的工作目标，加快推进教育现代化、建设教育强国、办好人民满意的教育，充分体现了我国教育事业始终把以人为本、满足人民对教育的需求作为一切教育工作的出发点和立足点。不断完善以人民为中心的话语体系不仅与中国特色社会主义道路的深刻内涵相契合，而且也是对中国高等教育现代化发展演进逻辑的精准映射。坚持以人民为中心，就是要重视和发挥人民群众的首创精神，肩负起为人民负责的使命担当，这为新时代我国高等教育治理话语体系建设锚定了明确的行动方向和发展目标。在新发展阶段，高等教育治理话语体系建设更应全面贯彻以人民为中心的价值理念，在我国全面深化改革和新一轮技术革命中精准定位高等教育治理的价值坐标，遵循“一切为了群众，一切依靠群众”的价值指引，丰富和完善中国特色高等教育治理话语体系，持续推进高等教育治理现代化。

扎根中国大地，形塑高等教育治理话语体系建设的中国特色

高等教育治理话语体系融汇了我国高等教育治理历史经验、高等教育治理正在发生的变革和高等教育治理的未来发展方向，是一套具有鲜明中国特色的高等教育治理话语集合，对于世界理解并认同我国高等教育治理思想体系具有重要意义。新时代高等教育治理话语体系建设扎根中国大地生成话语内容，充分彰显中国特色高等教育治理话语优势。

第一，新时代中国高等教育治理话语体系建设深刻阐释中国特色。一个国家、一个民族的繁荣复兴离不开对本民族思想文明、传统文化的理性审视和自我超越。话语体系不仅是新时代中国特色社会主义思想的集中彰显，更

是中国特色高等教育体系完善的重要内生变量。高等教育治理话语体系内含着我国高等教育治理的价值体系和发展理念，是我国高等教育治理文化的外在表征和治理实践的综合反映。作为现代化的“后发型”国家，我国高等教育在中国共产党的领导下经历了百年的努力探索和卓越发展，高等教育话语体系建设已从学习西方转向凸显本国特色，正在迈向中国特色高等教育现代化的发展征途。随着我国综合国力和国际地位的不断提升，具有中国特色的高等教育治理话语权也在国际舞台上更具优势。在百年未有之大变局下，我国高等教育正处于新的历史坐标，只有扎根中国大地、立足本国国情，建设具有中国特色的高等教育治理话语体系，才能在世界高等教育体系中形成自己的话语特色和话语优势。

第二，新时代中国高等教育治理话语体系建设诠释高等教育治理理论。“从根本上来讲，中国特色高等教育话语体系的说服力还是取决于它所反映的中国特色社会主义高等教育思想、理论、制度体系的完善程度。”[2]因此，要提高中国特色高等教育治理话语体系的说服力和影响力，就要不断完善中国特色高等教育治理的思想理论和制度体系。一方面，要基于我国高等教育治理过程中的现实问题以及对高等教育未来发展产生深刻影响的前瞻性问题，对高等教育治理的各个环节进行问题分析和经验总结，为完善我国高等教育治理理论、推进高等教育治理现代化提供实践支撑和理论贡献。另一方面，要积极借鉴国外优秀高等教育治理理论，基于对相关理论研究对象和背景的深入理解进行话语语境转换和催生本土化发展，进而根据我国的社会背景、文化传统和高等教育发展环境，充实能够有效服务于高等教育现代化发展的高等教育治理理论。同时，要高度重视中国特色高等教育治理理论体系创新，构建具有中国特色、符合高等教育治理话语逻辑的制度体系和行动路径，为支撑高等教育强国建设构建高等教育治理话语体系。

第三，新时代中国高等教育治理话语体系建设彰显话语优势。话语体系作为一种思维形式、学术理念、制度设置和实践方法，是一个民族国家思想状况、价值观念、形象认同的综合反映。[3]在党的领导下，我国高等教育经历了百年的变迁与发展，逐渐建立了以“党委领导下的校长负责制”为重点的高校内部领导体制，形成了“党委领导、校长负责、教授治学和民主管理”的高校治理结构，开创了高等教育治理现代化的中国道路，呈现出鲜明的中国特色。新时代高等教育治理话语体系是我国高等教育治理发展到一定阶段的产物，既是高等教育综合实力的体现，也是中国特色社会主义现代化的一个缩影，内生于中国特色社会主义现代化的发展脉络和中华优秀传统文化。中国特色高等教育治理话语体系建设的实质是立足中国国情，构建起符合中国高等教育特色和高等教育发展需求的学术化的话语空间和理论体系，同时揭示西方高等教育治理理论及其实践的局限性，彰显我国高等教育治理话语体系的话语优势。

回应时代关切，推动国家治理话语体系建设的深刻变革

高等教育治理话语体系建设有助于实现高等教育治理核心变革，确保高等教育治理现代化沿着正确方向稳健发展。新时期，高等教育承担着前所未有的时代使命和社会责任，为国家经济发展、社会进步提供不竭动力。高等教育治理话语体系建设应思考如何使高等教育治理成为推进国家治理现代化的先行者，将高等教育的综合实力转化为国家发展的驱动力。

第一，回应时代命题是新时代高等教育治理话语体系建设的必然要求。“新时代是历史向度的判断，包含历史变迁中既往语境的变化与跨越。”[4]话语体系是一个历史性范畴，随着时代变迁而发展变化，具有时代性和发展性特点。党的十八届三中全会提出的全面深化改革的总目标是完善和发展中国特色社会主义制度，推进国家治理体系和治理能力现代化。这是中国共产党对领导人民建设中国特色社会主义伟大实践所面临的新形势做出的正确判断。党的十九届四中全会进一步着重研究了坚持和完善中国特色社会主义制度、推进国家治理体系和治理能力现代化的若干重大问题。由此观之，推进国家治理体系和治理能力现代化是实现社会主义现代化的内在要求。高等教育是培养创新人才的主阵地和创造高新知识的孕育地，更是建设创新强国的重要基础，更应找准自身发展的具体方位以应对时代之变。在百年未有之大变局

下，高等教育治理应更加注重话语体系建设，从思维方式的深层逻辑厘清新的历史条件下建构高等教育治理话语体系的关键要素，建立与社会经济发展水平相适应的高等教育治理话语体系。

第二，实现高等教育治理现代化是新时代高等教育治理话语体系建设的应有之义。中国特色社会主义进入新时代，社会主义话语体系更加关注“治理”这一核心主题，不但把治理问题提高到国家战略层面，而且为高等教育管理体制改革提供了行动纲领。“治理”话语主要从治国理政的主体结构及实践布局等方面对现代化建设进行顶层设计，更加契合社会主义现代化发展的需要。[5]中共中央、国务院先后印发了一系列推进教育现代化的政策文件，指引新时代教育现代化迈向新征程。在国家政策文件指导下，高等教育从“体系”到“能力”层面的现代化治理路径逐渐清晰。从宏观层面的“政府宏观管理、市场适度调节、社会广泛参与、学校依法自主办学”，到微观层面的“党委领导、校长负责、教授治学、民主管理”[6]，我国高等教育正在探索从“管理”到“治理”的多元主体、多元模式、多元价值的治理体系变迁。高等教育治理现代化是一个不断演进的过程，既要明确新时代高等教育治理的现实目标和未来方向，也要破解和超越高等教育治理现代化中的固有难题和路径依赖。

第三，推进国家治理现代化是新时代高等教育治理话语体系建设的内在动力。高等教育治理体系是国家宏观治理体系的一部分。高等教育治理话语体系构建要充分考虑社会的发展变革，立足现实、面向未来，平衡治理体系的稳定性与动态性。党的十九大确定了到21世纪中叶建成社会主义现代化强国的战略目标，《中国教育现代化2035》也提出到2035年要总体实现教育现代化，这表明在国家发展战略中始终蕴含着对教育引领社会发展的长久期望。高等教育治理现代化的有效实现是国家治理现代化全面实现的重要标志和必然要求。高等教育治理话语体系建设不仅是实现高等教育治理现代化的重要前提，而且是国家治理现代化进程中的时代逻辑。新时代高等教育治理话语体系构建要服务于国家治理现代化的改革目标，充分考虑国家战略和社会需求在高等教育领域的嵌入性。

彰显大国担当，积极参与全球高等教育治理的话语实践

在全球竞争力体系中，高等教育治理发挥着举足轻重的作用。高等教育治理国际话语权是我国高等教育国际竞争力的重要体现，更是我国参与高等教育全球治理，表达和践行中国高等教育治理理论与文化的生动表征。构建中国特色高等教育治理话语体系是推进我国高等教育治理现代化的现实需求，更是增强我国文化软实力，提升我国高等教育治理国际话语权的内在要求。

第一，提高高等教育治理国际话语权是我国参与全球高等教育治理的重要前提。权力是话语运作的支配力量，话语体系一旦形成，“就能够通过渗透赋予权力、传递特定的价值观、形成特定的规制、构建特定的知识系统和价值体系，即为话语权”[7]。在某种程度上，谁掌握了话语权谁就有能力决定社会舆论和事物发展的方向。延伸到国家层面，在国际舞台上扩大话语权不仅能在竞争日益激烈的国际环境中占据优先地位，而且有助于塑造良好的国家形象，提升引导国际舆论和参与国际事务的能力。同时，话语也是一种治理手段。一定的话语体系通过传播一定思想、理念、价值和政策等发挥话语的政治功能，提高话语的舆论主导力。我国高等教育治理话语体系是高等教育系统的有机组成部分，也是高等教育治理体系随着时代变迁不断发展、改革、重构的一个生成性过程，更是我国高等教育治理现代化发展的生动表征。新时代高等教育治理话语体系建设是站在全球格局和视野上，与时俱进，及时审视和开拓我国高等教育治理理论基础和实践路径，提高我国高等教育治理国际话语权，为参与全球高等教育治理创造一定的话语前提。

第二，树立高等教育治理文化自信是我国参与高等教育全球治理的力量源泉。作为国家“软实力”的重要组成部分，高等教育被赋予丰富的含义，并在全球竞争体系中发挥着越来越重要的作用。当前，世界面临百年未有之大变局，中国正前所未有地走近世界舞台的中央，以中国理念引领世界同行、共建人类命运共同体迎来了新的历史契机，为我国在全球高等教育治理中阐发中国特色高等教育发展路径、价值理念、治理模式等提供了新的平台。

习近平总书记在党的十九大报告中强调，“文化自信是一个国家、一个民族发展中更基本、更深沉、更持久的力量”[8]。中华优秀传统文化源远流长、博大精深，是中华民族最根本的精神基因，也是树立高等教育治理文化自信的深厚基石。话语体系形成及其影响不仅与国家经济发展水平、科技创新能力等综合竞争力密切相关，而且也是一国文化自信的集中体现。因此，新发展阶段我国高等教育治理话语体系建设要坚定高等教育文化自信，通过提升我国高等教育治理话语权进一步在全球高等教育治理中彰显民族精神和发展理念。

第三，传播中国话语是我国参与高等教育全球治理的内在要求。“全球高等教育治理作为高等教育的一种国际制度安排，实质上是国家、国际组织等行为主体对高等教育利益进行权力博弈的过程和逻辑结果”[9]，全球高等教育治理体系也受到各成员国之间权力结构和利益分配等因素的影响。积极参与高等教育全球治理不仅有助于加快我国高等教育对外开放，提升我国高等教育国际化水平，而且也是对人类命运共同体理念的积极实践。在参与全球高等教育治理的过程中，既要提高我国高等教育治理话语体系的科学性、先进性和思想性，在国际高等教育话语体系中占据主导地位，又要消除西方世界对中国特色高等教育治理话语体系的误解和偏见，进而避免对我国高等教育治理话语体系传播速度和接受程度的制约。此外，须通过参与制定全球高等教育治理规则，为世界高等教育发展贡献中国高等教育的发展经验、发展模式和发展道路。在百年未有之大变局下，在全球高等教育体系中凸显中国特色高等教育治理话语体系迫在眉睫且任重道远。我国高等教育治理话语体系建设要更加注重提高高等教育中国话语的影响力，增强我国高等教育治理话语体系的传播力、感召力和创造力，为全球高等教育治理提供中国方案和中国智慧。

结语

“语言流变是社会发展变化的一个缩影，在某种程度上蕴含着事物的发展规律和走向，折射着人们对事物认识和理解的不断深化。”[10]在中国共产党的领导下，我国高等教育走出了一条具有中国特色的高等教育现代化道路，形成了具有中国特色的高等教育治理制度，建立了符合我国国情和高等教育发展规律的高等教育治理话语体系，为推进高等教育治理体系和治理能力现代化提供了思想基石和理论基础。面向未来，我国高等教育治理话语体系建设既要扎根本土，从民族文化、时代回应、现实基础和中国特色等诸多方面出发，形成符合新时代高等教育发展需求的话语体系和言说理路；又要从国际视角来审视自身话语体系的开放性和包容性，汲取世界高等教育治理优秀成果，提高我国高等教育治理话语的传播力，为争取全球高等教育治理话语权创造更大的机会。同时，通过创新新时代中国特色高等教育治理话语体系，进一步彰显我国建设高等教育强国的道路自信、理论自信、制度自信和文化自信。

本文系陕西师范大学2021年文科中央高校基本科研业务费重点项目资助成果。

参考文献

[1] 中共中央马克思恩格斯列宁斯大林著作编译局．马克思恩格斯选集：第一卷[M]. 北京：人民出版社，2012：11.

[2] 罗云，郭霄鹏．构建中国特色高等教育话语体系：价值、难题与对策 [J]. 江苏高教，2019（5）：9-15.

[3] 张学文．重塑话语体系：构建中国特色的高等教育话语逻辑 [J]. 中国高教研究，2015（7）：13-16，24.

[4] 徐亚清，于水．新时代国家治理的内涵阐释——基于话语理论分析 [J]. 重庆大学学报（社会科学版），2021，27（1）：215-226.

[5] 岁永宽，齐娟．中国共产党现代化话语体系的百年建构与发展逻辑 [J]. 中国特色社会主义研究，2021（1）：19-26，51.

[6] 王英杰．治理结构：现代大学制度的基石——评《董事、校长与教授：美国大学治理结构研究》[J]. 比较教育研究，2012，34（2）：85-87.

[7] 彭放，王诺斯．新时代中国高等教育国际话语权的内在逻辑与提升策略 [J]. 教育科学，2020，36（5）：90-96.

[8] 习近平 . 决胜全面建成小康社会 夺取新时代中国特色社会主义伟大胜利 [N]. 人民日报，2017-10-28（1）.

[9] 段世飞，刘宝存 . 联合国教科文组织参与全球高等教育治理的目标、维度与权力博弈 [J]. 高校教育管理，2019，13（2）：57-67.

[10] 邬大光 . 高等教育语言流变与高等教育变革 [J]. 教育研究，2008（2）：39-42.

本文刊发于《北京教育》（高教）2021年第7期

刍议我国大学治理模式的特色、优势与优化
——坚持党的领导的视角

张继明　臧　伟*

摘　要：中国大学治理模式是包含领导机制、实践机制、评价机制等在内的一个系统性概念，而坚持党的领导是其中最重要的构成部分，同时也是中国大学治理模式之“中国特色”的核心标识。坚持党的领导，有利于确保大学办学遵循正确方向、服务于国家战略需求和实现跨越式发展，是我国高等教育由世界高等教育体系边缘逐步走向中心的根本保障。因此，我国大学治理现代化建设的核心向度就是坚持党的领导，并不断优化党的大学治理能力。

关键词：大学治理模式；中国特色；党的领导

党的领导标志着我国大学治理模式的“中国特色”

基于大学组织特性，大学治理具有共性，如知识创新对学术自由的内在要求以及大学自治、学者治学对于学术自由的基础保障作用。但在不同国家和地区，不同的体制机制、社会文化、高等教育发展的基础及其体系结构等决定了大学治理模式的差异性。大学治理模式只有以大学知识生产规律为根本依据，并反映本土需求，具备本土特质，彰显本土智慧，才能达到治理的目的。因此，要探索建设中国大学治理模式，必然要发掘和构建具有中国特色的大学治理机制，并发挥其促进大学知识创新的独特优势。

---

* 张继明，济南大学高等教育研究院；臧伟，齐鲁工业大学(山东省科学院)山东省机械设计研究院

中国大学治理模式是包含领导机制、实践机制、评价机制等在内的一个系统性概念，而坚持党的领导是其中最重要的构成部分，同时也是中国大学治理模式之“中国特色”的核心标识。我国大学治理中坚持党的领导是指中国共产党作为国家执政党，对于大学拥有最高领导权和决策权，党依据党章和国法，按照法定程序，对大学办学实施引导、监督、规范和支配等，以确保其在坚持社会主义办学方向的前提下不断提高办学质量。党对大学的领导在形式上表现为“党委领导”。回溯历史发现，中华人民共和国成立后我国大学领导体制先后经历了八次变迁，最终确立了“党委领导下的校长负责制”这一基本制度[1]，这表明坚持党对大学的领导是历史的选择。中华人民共和国成立七十多年来，我国高等教育发展取得的巨大成就则进一步表明，坚持党的领导是我国高等教育管理体制的根本保证，体现了我国高等教育创新发展的“中国之治”。这意味着，坚持党的领导，并不断加强党的大学治理能力现代化建设，是构建中国大学治理模式的必然选择。近日，中共中央印发了修订后的《中国共产党普通高等学校基层组织工作条例》(以下简称《条例》)，明确规定“高校实行党委领导下的校长负责制”“高校党的委员会全面领导学校工作”。

党的领导彰显着我国大学治理模式的独特优势

我国在高等教育现代化建设上呈现出典型的后发外生型特征[2]，不断向世界高等教育体系的中心靠拢[3]，体现了经由本土化改造的中国大学发展与治理体系有着独特的优势，尤其是反映着党和国家不断加强高等教育现代化治理的积极作用。

第一，引导大学坚持正确的办学方向。树立正确的办学目标、优化目标体系，是大学治理的重要内容。以人才培养为例，大学培养人才，既要引导学生习得足够的专业知识和技能，具备优秀的职业或社会化素养，但更要帮助学生养成正确的道德伦理观、价值观，树立起高尚、远大的理想与信念。所谓“立德树人”，其本质也就是要求大学从“德”与“才”两个核心维度来实施人才培养，但以培养学生德行为先。因此，大学在办学理念与办学方向上，应坚持以人才培养为本，并将社会主义核心价值观教育有效贯穿于人才培养之始末，唯如此，才能肩负起培养社会主义事业建设者和接班人的教育使命。在这个过程中，党的领导发挥着不可或缺的引导和规范作用，无论是通过党的基层组织建设，还是指导大学在教学中践行社会主义核心价值观教育使命，包括思政课程与教学改革以及课程思政模式的深入探索等，都有利于确保大学办学坚持社会主义方向、保障大学教育的“人民性”[4]。坚持正确的办学方向是大学治理模式的重要构成，因为其是大学为党育人、为国育才的基础，大学因之获得充分的合法性根基，进而持续获得国家和社会支持。从这个角度来说，党的领导有效引导大学坚持正确的办学方向，体现着我国大学治理的特色与优势。

第二，确保大学办学服务于国家战略需求。在知识经济和信息化时代，大学在智力服务领域的独特优势空前地凸显了其时代价值。大学参与经济社会发展，反映了知识生产模式的变化，即社会需求成为大学知识生产的根本推动力量，而大学只有适应社会需求、变革知识生产模式，才能更好地履行社会职责。在与经济社会各领域进行多元立体的互动中，大学的知识生产效能不断增强，其知识创新价值和社会服务价值持续提升。因此，产教融合正成为大学发展的一种战略模式。当前，以人工智能、大数据等为驱动基础的新产业、新技术、新模式、新业态等新体系对科技发展提出了更高的要求，大学必须以有效对接和服务国家战略需求为导向，在重大基础研究、关键核心技术研发等领域取得突破性进展。而这需要大学强化国家和民族担当意识，进而积极转变知识生产模式，提高知识生产效能，延伸知识价值链。在这样一个转变过程中，党的领导从根本上保障了大学服务于国家事业的价值导向，进而深化综合改革，实现内涵式发展，以卓越的智力服务能力推动国家产业结构优化，尤其是促进当前国家“双循环”战略的高质量实施；在应用和服务导向下，大学将加快办学模式转变，尤其是要建立新的知识发展模式，并构建相宜的学术治理体系。目前，我国“双一流”建设正进入关键期，交叉学科建设以适应国家重大战略需求为导向，成为大学办学的重要方向和任务，这就要求党不断优化其大学治理能力，发挥治理优势，引导探索适于新形势、新需求的大学创新发展机制。

第三，通过重点建设模式促进高等教育跨越式发展。当前，科技创新和人才培养的成本空前提高，大学的学科建设、科学研究、专业与课程开发、实验与实训等费用越来越昂贵。一方面，由于我国高等教育投入主要以国家财政为基础，大学缺乏面向社会筹集办学经费的主动意识；另一方面，我国办学历史较短，具有封闭办学传统，面向社会独立办学的能力较弱，这导致了资源投入状况影响大学办学模式和办学能力。在此条件下，国家财政投入的规模与使用效率在一定程度上就决定着我国大学发展质量。而高等教育财政投入质量体现着党和国家的大学治理智慧。具体来说，在整体的财政支出中高等教育财政支出占多大比例、有限的高等教育财政如何发挥更大作用，取决于国家的教育观、大学观及发展观，取决于对我国大学发展命脉的准确把握。从我国大学发展的历程来看，重点建设是党和国家实施大学治理的重要方式[5]。从“211工程”“985工程”，到“2011协同创新计划”、“双一流”建设以及微观层面上的一流专业与课程建设、“强基计划”等，都是重点投入、重点发展模式的典型表现。从实施效果看，这一模式符合我国高等教育财政投入相对有限、亟须提高财政投入使用效率的国情需要，在较短时期内显著推动了我国高等教育的发展，培育了一批高水平大学，缩小了与世界一流大学间的差距。显然，这一发展模式背后反映的是党和国家强大的思想动员能力和资源调配能力以及更深层面上对社会发展、教育发展和大学发展的科学判断力和治理现代化水平。

提升党的大学治理能力是我国大学治理现代化建设的核心向度

在我国高等教育改革与发展过程中，党的领导毋庸置疑地发挥了根本性作用，但客观地说，党对大学的正确领导经历了一个不断转变和优化的过程。而随着当代大学的组织结构、职能体系及其内外部关系越来越复杂，党必须不断优化其大学治理能力，以保障其领导的先进性，这是我国大学治理现代化建设的核心向度。

从根本上说，党的大学治理应以大学组织属性及其内在逻辑为出发点。大学的独特功能与价值是以其学术创造为基础的，从这个意义上说，大学治理的本质是学术治理，学术规律和相应的规范规则应作为党实施领导权、治理权的基本依据。无疑，党的高校组织系统，如学校的各级党委或党支部必须依据党章国法履行政治责任，但政治责任的履行应以促进高校学术创新为基本目标，正如《条例》所要求的，高校党委要“全面领导学校工作，支持校长按照《中华人民共和国高等教育法》的规定积极主动、独立负责地开展工作，保证教学、科研、行政管理等各项任务的完成”。申言之，高校党委的领导与治理反映在高校学术发展领域，除依章依法实施组织、政治和思想领导外，其实是一种保障和服务，即保障大学拥有从事知识生产所必需的适宜场域及其秩序，为满足人才培养和学术发展诉求提供充分的资源和制度基础，而避免政治权力过度凌驾于学术之上，束缚学术创新。尤其是在具体治理过程中，应避免官僚主义、形式主义、行政化等问题。《条例》强调，高校党组织工作要坚持全面从严治党，加强作风与纪律建设，并将党建与高校人才培养、科学研究等深度融合，为高校改革发展稳定提供思想保证、政治保证和组织保证，把立德树人成效作为检验高校党建工作的根本标准。

要实现党的领导的科学化和专业化，前提是拥有兼具政治家和教育家素养的大学领导者，既能满足高校党建工作需求，又能适应大学作为教育机构和学术机构的专业化要求。但就现实来看，我国有些大学在一定程度上存在以政治或行政的逻辑来管理大学的倾向，造成了大学的行政化问题；有时候则由于对高等教育和大学组织的认识缺乏科学性而导致决策偏误，甚至以背离教育和大学组织规律的方式实施管理。当前，“双一流”建设已步入深化期，高水平大学建设空前地需要有一批教育家型大学领导人，以现代化的治理能力带动大学的现代化发展。为此，当前和未来一段时间，我国大学治理现代化探索的重要任务，是在强调政治标准的前提下强化专业素养。一是建立健全大学党委负责人遴选机制，强化卓越的学术素养和教育素养要求，充分发挥教育家型大学领导者的“头雁效应”。二是优化大学党委负责人及党委委员的培训，将《中国共产党章程》《条例》等政策和教育科学、管理科学等相关理论作为重要培训内容。三是完善大学党委工作考核评价机制，即切实以学校人才培养、科学研究、智力服务的实效与质量为评价标准，引导其面向院系基层和广大师生需求，发挥好保障与服务作用。总之，中国高等教育发展必须实施“中国探索”，以突出“中国之治”，彰显“中国优势”[6]，而坚持党的领导并不断提升党的现代化大学治理能力，是“中国之治”的重中之重。

本文系山东省教育科学规划2020年重点项目“中国特色大学治理模式构建路径研究”（项目编号：2020ZD018）研究成果。

参考文献

[1] 赵爱玲 . 新中国成立 60 年来高校领导体制的历史变迁与现实启示 [J]. 学校党建与思想教育，2009（32）：18–20.

[2] 阎凤桥 . 我国高等教育“双一流”建设的制度逻辑分析 [J]. 中国高教研究，2016（11）：46–50.

[3] 蔡先金 . 论全球视野下中国大学的机遇 [J]. 山东高等教育，2016，4（5）：1–9，101.

[4] 石中英 . 中国共产党关于教育性质问题的百年探索 [J]. 重庆高教研究，2021，9（1）：3–11.

[5] 马陆亭 . 新中国成立 70 年：高等教育重点建设的历史使命与巨大成就 [J]. 中国高等教育，2019（17）：4–6.

[6] 宣勇，伍宸 . 论高等教育发展的“中国之治”[J]. 高等教育研究，2021，42（2）：1–13.

本文刊发于《北京教育》（高教）2021年第7期

中国共产党与高等教育治理

——治理体系现代化的视角

曹 猛 张务农*

摘 要： 建党百年来，我国高等教育治理历经了新型办学模式的初步探索、领导行政体系的逐步完善、治理法治化的持续推进、治理体系中国特色不断彰显四个突出阶段。不断改进党的领导方式提升党的领导能力、不断优化权力分配模式释放高校办学活力、不断践行民主的大众的高等教育办学理念、始终坚持知难而上和与时俱进的办学精神，是中国共产党高等教育治理的基本经验。新时代高等教育治理应坚持党建引领发展，不断提升党对高等教育领导水平；坚持法制保驾护航，不断提升高等教育治理法治化水平；坚持人民满意标准，不断彰显高等教育对人民利益的关切；坚持多元主体办学，不断完善和优化高等教育治理体系。

关键词： 高教治理；中国共产党；建党百年；治理体系

中国共产党高等教育治理的思想脉络

1. 新型高等教育办学模式的初步探索（1921年—1948年）

1921年，中国共产党成立，是中国开天辟地的大事变。教育作为推倒“三座大山”的重要力量受到共产党人的重视，尤其是关注高等教育培养革命干部人才。同年8月，毛泽东等共产党人在湖南长沙创办了一所具有大学教育性质的新型学校—湖南自修大学。共产党人在这所干部大学里废除封建旧教

* 曹猛、张务农，河南大学教育科学学院

育弊习，打倒“学阀”专断，“施行新教育”，探索新型高等教育办学模式，“实行社会改造的准备”[1]。此后，共产党人又相继创办了多所大学、师范院校等，打破传统办学模式，适应根据地和解放区革命需要。1940年，毛泽东在《新民主主义论》中回答了“中国向何处去”的根本问题，在此基础上系统地提出新民主主义文化方针，即民族的、科学的、大众的[2]。这也是贯穿教育的纲领，解放区各高校均在这一思想指针下办学。1948年，解放战争胜利在望，亟须对干部教育和高等教育做出调整，将战时教育体制转变为新民主主义以经济和文化建设为中心的正规教育体制[3]。1949年8月，《关于整顿高等教育的决定》通过确立高等教育经费、革新高等教育行政管理体制等建立正规教育制度。经过整顿，制定统一的高等教育学校组织规程，为中华人民共和国成立后开展新民主主义文化教育提供重要基础。

2. 高等教育领导行政体系的逐步完善（1949年—1991年）

中华人民共和国成立后，高等教育继承解放区经验，模仿苏联体制，并尝试构建新型高等教育领导体系。《关于高等学校领导关系的决定》《关于修订高等学校领导关系的决定》先后出台，对全国范围内公立、私立以及教会大学进行院系调整。确立了国家统一和集中领导高等教育的管理体制，使政府与高等教育高度一体化。将综合性大学发展为专门学院，由中央部委行业部门直接管理，逐渐形成“条块结构”的高等教育体系[4]。

20世纪50年代末，伴随以扩大地方权力为主要方向的行政管理体制改革，高等教育也逐渐由中央集中管理转为中央和地方共同管理的两级管理体制。在高校内部领导上，存在《关于教育工作的指示》指出的“教育工作在一定程度上存在忽视政治、忽视党的领导的错误”，由此应开展一场“教育革命”，明确规定“在高等学校中，应该实行学校党委领导下的校务委员会负责制”。十年动荡期间，高等教育发展严重受挫。中共十一届三中全会后，教育管理体制逐步恢复[5]。1982年，党的十二大拉开了我国开创社会主义现代化的序幕。1983年，邓小平提出教育的“三个面向”，为中国教育事业发展指明了方向。1985年，《中共中央关于教育体制改革的决定》在总结前几十年高等教育体制成功经验的同时，提出改革高校内部领导体制，逐步实现校长负责制，并明确党组织的权责，建立健全教职工代表大会制度。1986年，《高等教育管理职责暂行规定》《普通高等学校设置暂行条例》先后发布，在设置标准、检查处理等方面提出规定，促进高校办学规范化。此后，高等教育领导行政体系逐步完善。

3. 高等教育治理法治化的持续推进（1992年—2012年）

改革开放以来，法治建设和依法行政是我国教育行政体制上最重大的变化之一[6]。邓小平“九二南巡”后，我国市场化进程加速，高教治理须加快改革以适应经济、政治和科技体制变化。1993年，《中国教育改革和发展纲要》提出要“加快教育法治化建设，建立和完善执法监督系统，逐步走上依法治教的轨道”。此后，以1995年的《中华人民共和国教育法》为标志，一系列教育法律法规相继出台。为落实“高等教育要建立政府宏观管理、学校面向社会自主办学的体制”任务，1998年的《中华人民共和国高等教育法》明确高校的法人资格。法人地位是高校根本治理制度安排，在解决高校长期附属于政府问题上迈出实质性一步。20世纪90年代末，初步形成有中国特色教育法律法规体系的基本框架[7]。重点解决了高校治理“有法可依”的问题，实现由“人为”到“法治”，各利益主体可依法行使权利、维护自身权益。

伴随社会主义市场经济体制的确立，法治建设需要展开新的视野。在依法治国基本方略要求下，教育领域全面推进依法行政、大力推进依法治校、完善督导制度和监督问责机制。2012年实施的《高等学校章程制定暂行办法》，要求高校全面进行章程制定和修订工作。依章治校体现大学的“现代性”，促进高校办学规范化、契约化和自治化。章程作为高校内部“宪法”，其公开、监督与评估也有利于高校自我约束机制的形成。

4. 高等教育治理体系中国特色不断彰显（2013年至今）

2013年，《中共中央关于全面深化改革若干重大问题的决定》提出全面深化改革的总目标是完善和发展中国特色社会主义制度，推进国家治理体系和治理能力现代化。[8]并明确要求深入推进学校管办评分离，完善学校内部治理结构，强化国家督导，委托社会评估，进一步消解对高等教育和高校行政部门化管理的手段和思维。

新时代高教治理改革迈进深水区，由内而外构建中国特色教育治理体系，自发追求现代化治理效能是根本。2015年，《统筹推进世界一流大学和一流学科建设总体方案》要求进一步增强高校间竞争，激发高校体制创新内生动力，这在一定程度上改变既往由上而下、由外而内的被动治理变革。2019年，《中国教育现代化2035》将提高教育法治水平，构建完备的教育法律法规体系作为实现教育现代化战略的重要突破点[9]。我国高等教育治理逐渐形成以推进治理效能为优先目标，构建依法治理、依章程治校的整体框架，督导巡视、理事咨询的外部支撑，政府、高校和市场多元共治格局，党委领导、校长负责和教授治学的内部管理。

中国共产党高等教育治理的基本经验

1. 不断改进党的领导方式提升党的领导能力

实践证明，党委领导下的校长负责制是党对高校领导的根本制度。中华人民共和国成立后，党委领导与校长负责制几经变化。改革开放以来，尤其是1989年的《关于当前高等学校工作中几个问题的意见》要求，不再扩大校长负责制的试点范围，并逐步恢复党委领导下的校长负责制。此后，党委和校长的权责愈发明确，相对平衡。党委主要负责高校内部政治、思想和组织三方面领导，支持校长独立负责地行使职权。校长全面负责本学校的教学、科学研究和其他行政管理工作。逐渐形成党委监督，党政分工、协调合作的高校内部治理制度安排。与既往高校领导体制相比，党委领导下的校长负责制是最科学合理的，是集体领导与个人负责的有机结合[10]。

2. 不断优化权力分配模式释放高校办学活力

1953年，全国高校院系调整确立的国家统一和集中领导的教育管理体制，使高等教育为我国社会主义建设作出突出贡献。改革开放后，国家经济实力大幅提升，高等教育管理体制伴随市场化改革逐渐形成中央和地方共同管理，以地方为主的二级管理体制[11]，增强高等教育规模扩张兼顾优质公平的有效制度保障。高教治理中权力的不同分配模式，回应不同时期国家战略需要，是发挥高等教育治理效能的有效手段。

具体来说，政府在高教治理中担任“元治理角色”[12]，承担高等教育发展根本性责任。统筹高教治理各行政权力，整体性、系统性地发挥行政治理效能。与此同时，政府减少“事必躬亲”微观管理，从宏观上统筹和引导高等教育发展。赋予高校办学自主权，激发高校基层组织活力，涵养自身办学能力。高校内部重在制度性保障人事、组织设置和财政等权力自主，营造敢于突破制度环境，孕育创造性决策。合理安排大学内部权力结构，决策权、执行权、监督权分离，形成相互制衡机制。尊重广大师生切身利益，更好调动师生积极性。落实学术委员会权力，完善教授治学机制。建章立制赋予教授相应资源配置权，消解行政岗位异化吸引力，消解高校“泛行政化”。

3. 不断践行民主的、大众的高等教育办学理念

中国共产党在建立高校伊始就实行“平民教育”，提高群众革命觉悟。土地革命时期，苏维埃教育方针提出各主体平等，受到根据地群众广泛欢迎和积极拥护。在苏区的大学中为彰显民主管理精神，多实行校长为首的委员会制，将民主集中制作为学校行政管理基本原则[13]。

改革开放以来，我国以一种技术化的治理权力替代总体性支配权力[14]，转变生产关系，解放基层生产力。一方面，加大力度促进权力下沉；另一方面，着力构建政府放权之后“接得住”“用得好”制度，发展与市场经济相适应的治理体制。多年探索在高等教育治理中形成三个层面路径：一是中央对地方的放权与中央部委行业高校划转地方管理，解决“条块分割”矛盾与部门办学体制问题。形成中央和省级政府共同管理，以省级政府为主的教育管

理体制。二是地方政府对高校的简政放权，支持高校法人地位以及内部人、财、物和部门设置权回归。三是高校对内部学术人员与基层组织的权力下放，逐渐形成“党委监督、校长行政、教授治学、以院为主”的高校内部治理机制。治理既有经验层面的结构与行动，也具有目标导向与精神内核[15]。民主是治理的精神内核，大众参与计划、决策、评估与监督是经验层面的行动，二者互为表现，形成引领高等教育办学的价值理念。

4. 始终坚持知难而上和与时俱进的办学精神

百年来，党在把握和解决高等教育治理突出问题中展现知难而上和与时俱进的办学精神，表现在找准和勇于牵住治理发展的“牛鼻子”。中华人民共和国成立前，囿于战时混乱环境没有形成完整的教育系统。但共产党人对旧教育腐朽、低效的培养模式进行彻底革命，强化联系实际、服务民主革命的人才产出标准。中华人民共和国成立初期，“高教六十条”的颁布确立党在高校工作中的领导核心地位，解决党委权力过于分散问题。虽然此时党委领导表现为“以阶级斗争为纲”的政治化倾向[16]，但联系当时国际、国内的严峻局势，加强对高校的直接干预与控制是迫于形势的政治需要[17]。改革开放以后，高等教育治理面临与我国经济体制改革和发展脱轨问题。1985年，《中共中央关于教育体制改革的决定》使高等教育体制实现了历史性的突破，外部力推简政放权，内部管理上将党组织从过去包揽一切的状态中解脱出来。新时代党的治国理政方式更加与时俱进，体制创新对于国家发展的驱动得到党中央高度重视，提出推进治理体系与治理能力现代化、加快建设现代大学制度、实施“双一流”建设等重大战略。

对高等教育治理体系现代化的几点反思

1. 坚持党建引领发展，不断提升党对高等教育的领导水平

党的十八大提出要提高党的建设科学化水平，不断提高党的领导水平。

依托党建提升党对高等教育的领导水平，将党对高校政治、思想和组织领导有机统一。具体来说，选优配强“领头雁”[18]，将政治建设摆在首位。党委书记和校长充分沟通，达到政治互信，严格自律。在《中华人民共和国高等教育法》层面明确党委和校长分工，拟定实施细则，在学校章程中应得到贯彻和落实。党委认真落实民主集中制原则，完善学校民主决策机制。院级党组织是高校治理的中坚力量，选人突出政治标准，以德为先。选用业务能力过硬、能将党建和学院事业融合发展的干部人才。高校基层党建是治党、治校的“最后一公里”。应积极创新基层党建模式，扩大党的群众基础。1958年，毛泽东在天津大学视察时叮嘱高校要抓住三个方面：一是党委领导；二是群众路线；三是把教育和生产劳动结合起来[19]。其中，群众路线就是将群众的意见集中起来再到群众中宣传，化为群众的意见。提升领导水平实则是扩大影响力，坚持群众路线，将其作为党对高等教育领导的生命线和根本工作路线，从而增强凝聚和动员能力，切实提升党对高教领导水平。

2. 坚持法制保驾护航，不断提升高等教育治理的法治化水平

伴随全球新公共治理改革，政府由微观操控到宏观导引与服务的转变激发了各主体活力。在高等教育系统内，政府越来越遵循市场化、制度化规律。通过与社会成员平等交易的形式，增强高等教育治理效能，从而达到自身目标和公共利益最大化。但当前我国高等教育各相关主体仍存在法制思维薄弱、法规之间协调性差和操作性弱等问题，突出法制状况和高等教育现代化治理体系建设不相适应。治理实践中多元主体的协商，实则是资源交换、利益博弈的过程，期间必然伴随冲突的产生。法治化发挥保障各主体平等协商、合法解决、有序有效的重要作用。

通过法治化设计增强行为预期，形成高等教育稳定治理秩序。实现成员与高校内部规则，高校内部规则与外部规则有效互动。中央和地方政府须加强顶层设计，科学统筹。处理好制度的分层、制度的嵌入性和制度的多样性，从而构建具有丰富层次性和系统性的制度体系。高校要依法依规基于自身实情制定章程，在制定主体、实施监督、反馈评估等方面充分发挥广大师生作

用。在“有法可依”的实践中培育高等教育各相关主体“有法必依”的理念认识。着力构建操作性强、符合教育文化的法律法规体系，落实“执法必严、违法必究”，从而将决策方式由政策理性向法治和政策理性兼容转变[20]。

3. 坚持人民满意标准，不断彰显高等教育对人民利益的关切

百年来，党领导高等教育始终坚持以人民为中心的价值引领。现代化高等教育治理应坚持人民主体地位，增强高等教育治理人本化。在高校办学规范化、权责对等的同时，为高校内外部更多利益主体提供更多表达利益诉求的渠道。积极借助外部市场力量，合理运用市场化管理手段，完善高等教育治理结构。高等教育普及化使学生群体教育服务意识逐渐增强，学生团体参与治理、表达自身诉求的愿望较以往任何时候都更加强烈。高校应积极创设平台、健全渠道，发挥学生群体在高校发展中的作用。

以增进人民福祉为目标的改革，才能调动各方面积极性、扩大社会参与度，充分发挥人民群众的首创精神[21]。建立和完善高等教育治理决策听证制度，将高等教育参与者与相关者的利益作为推进治理体系现代化的重大关切。重大治理政策和长远规划的出台广泛听取人民群众的声音，关心民众的利益诉求，才能增强高等教育治理组织能力、动员能力，发挥人民主体的自主性和创造性。从我国人民民主百年探索的政治逻辑出发，对人民利益的关切就是实现发展成果人民共享[22]。高等教育治理在遵循人民自由、人民平等和人民参与逻辑前提下应不断彰显人民利益的关切。实现高等教育治理改革成果由人民共享，增进人民群众的教育获得感。

4. 坚持多元主体办学，不断完善和优化高等教育治理体系

2014年，《关于进一步落实和扩大高校办学自主权 完善高校内部治理结构的意见》提出要“形成政府宏观管理、学校依法自主办学、社会广泛参与支持的格局”，首次明确高等教育治理中多元主体共治。多元主体共治的重要形式之一是多元主体办学，指国家层面的由政府一元办学向社会团体及境外民间团体办学的多元转变。多元主体办学促进高校多样性和多层次，进一步满

足人民群众“选学上”的个性全面发展需要。在大力发展公立高等教育的同时，支持和鼓励非财政性经费办学。能够破除信息不对称，推进高等教育稀缺资源的有效配置，降低政府财政危机。落实政社公开原则，激发社会组织活力。当今我国高职院校的“政校行企”协同理念，在决策机制、组织机制和激励机制等方面上做了探索，积累多元协作治理经验。

完善和优化高等教育治理体系，就要有好的治理制度、治理秩序、治理规则和有统筹能力的政府宏观指导，否则治理必然是低效的。调整权力结构，适应新时期发展要求，不断增强治理的系统性、整体性和协同性。通过政府和高校领导层面放权、分权、让权等形式拓宽治理渠道，将社会资源转化为教育资源，在既有治理格局基础上探索内涵更加丰富的治理体系。实现各种治理机制的相对均衡，发展具有中国特色的“治理均衡器”[23]。使高等教育治理体系更好地服务高校培养拔尖创新人才，产出重大原始创新成果。

参考文献

[1] 蒋国海．论湖南自修大学的创办及其历史地位 [J]. 湖南师范大学社会科学学报，2007（4）：78–82.

[2] 毛泽东选集：第二卷 [M]. 北京：人民出版社，1991：706–707.

[3][13] 于述胜．中国教育通史·“中华民国”卷（下）[M]. 北京：北京师范大学出版社，2013：348–351，377.

[4] 马力宏．论政府管理中的条块关系 [J]. 政治学研究，1998（4）：71–77.

[5] 苏渭昌，雷克啸，章炳良．中国教育通史·中华人民共和国卷（下）[M]. 北京：北京师范大学出版社，2013：142.

[6] 袁贵仁．中国教育 [M]. 北京：北京师范大学出版社，2013：29.

[7] 马陆亭．我国高等教育管理体制改革 30 年——历程、经验与思考 [J]. 中国高教研究，2008（11）：12–17.

[8] 中共中央关于全面深化改革若干重大问题的决定 [N]. 人民日报，2013–11–16（1）.

[9] 中共中央、国务院印发《中国教育现代化 2035》[N]. 人民日报，2019-02-24（1）.

[10] 时振芳 . 高校党委领导下的校长负责制问题研究 [D]. 沈阳：沈阳工业大学，2013.

[11] 周济 . 历史性的跨越 新征途的重任——中国高等教育改革与发展近期回顾和展望 [J]. 中国高等教育，2002（17）：5-9，17.

[12] 褚宏启 . 教育治理：以共治求善治 [J]. 教育研究，2014，35（10）：4-11.

[14] 渠敬东，周飞舟，应星 . 从总体支配到技术治理——基于中国 30 年改革经验的社会学分析 [J]. 中国社会科学，2009（6）：104-127，207.

[15] 崔月琴，王嘉渊 . 以治理为名：福柯治理理论的社会转向及当代启示 [J]. 南开学报（哲学社会科学版），2016（2）：58-67.

[16] 周良书 . 中共高校党的建设百年历程与经验 [J]. 兰州大学学报（社会科学版），2021，49（2）：1-9.

[17] 张斌贤 . 我国高等学校内部管理体制的变迁 [J]. 教育学报，2005（1）：36-42.

[18] 王定华 . 为“十四五”高等教育高质量发展提供根本保证 [J]. 中国高教研究，2021（4）：1-3，27.

[19] 毛泽东同志论教育工作 [M]. 北京：人民教育出版社，1958：29，67.

[20] 徐小洲，江增煜 . 高等教育治理体系现代化建设的战略构想 [J]. 中国高教研究，2020（9）：27-31，79.

[21] 高尚全 . 中国 40 年改革开放的经验和启示 [J]. 全国新书目，2018（8）：4-7.

[22] 王珂，陈鹏 . 中国共产党对“人民民主”百年探索的政治逻辑及当代启示 [J]. 科学社会主义，2021（1）：4-10.

[23] 王思懿 . 从“三角协调”到“治理均衡器”：西方国家高等教育治理模式的现代转向 [J]. 现代教育管理，2018（7）：112-117.

本文刊发于《北京教育》（高教）2021年第7期

以党的领导为核心的
高等教育领导体制的百年沿革与发展

罗志敏　刘　洋*

摘　要：我国高等教育领导体制的改革与发展离不开中国共产党的领导，以党颁布的重要政策文件为线索，中国高等教育领导体制发展可划分为四个阶段：党领导全国高等教育的孕育阶段、由“集中统一”向“统一领导，分级管理”转变阶段、“宏观管理，两级负责”阶段以及高等教育治理体系现代化探索阶段。每个阶段高等教育领导体制都始终坚持以党为领导核心，同时适时完善党领导高等教育的方式，在遵循高等教育内在规律的基础之上改革和完善高等教育领导体制，为培养出更多高质量人才提供保障。

关键词：高等教育；领导体制；中国共产党

中国共产党成立至今已走过一百年的历程，以党为核心的高等教育领导体制经历了从无到有，从形成确立到改革发展的过程。高等教育领导体制包括高等教育行政领导管理体制和高校内部领导体制两个部分，其中高等教育行政领导管理体制主要解决国家党政机关对高等教育实施领导权力的分配及基本运作方式问题，高校内部领导体制则主要解决学校党政之间、学术与行政之间的权力分配问题及基本运作方式问题[1]。本文基于各个时期党制定的重要政策文件，以党、政府与高校之间的外部治理关系为切入点，梳理高等教育领导体制的历史沿革与发展脉络，以期为当前的高等教育领导体制改革与实践带来一些有益的启示和借鉴。

---

* 罗志敏、刘洋，郑州大学教育学院

中华人民共和国成立前：党领导全国高等教育的孕育阶段（1921年—1948年）

自1921年成立起，中国共产党便开始积极领导高等教育建设，并将其当作一项重要的战略任务。中华人民共和国成立之前，我国的高等教育管理体制处于混乱状态，但是中国共产党依然坚持在革命根据地举办高等教育，其中著名的院校有1933年成立的中共中央党校、1936年创办的中国人民抗日军事政治大学、1937年创立的陕北公学，这些大学犹如可以燎原的“星星之火”，虽然几经中断、更名或合并，但仍为国家的救亡图存培养了数量可观的军政人才。

在当时的时代背景下，为使高等教育更好地为革命战争服务，革命根据地实行高度集中的教育领导体制，其领导部门经历了多次改变：由中央军委、组织部、宣传部等多部门分头管理变为由干部教育部实行统一管理，最后转变为由中宣部统一领导管理。在这期间，党中央及相关部门经常通过党内文件以及报刊向全国高等教育传达教育方针和指令。在高校内部领导体制方面，中央党校、抗日军政大学以及陕北公学等规模较大的高校都实行党组（党团）领导下的校长负责制，这是中华人民共和国成立以后党领导高校管理体制的雏形[2]。而在革命根据地和解放区以外的地方，共产党则以地下党组织的形式在高校进行组织发展与政治动员工作。

从中可以看出，此时党领导的辐射范围还不能遍及全国各地，尚未建立起全国性教育行政体制，但是共产党并没有放弃对全国高校的领导，始终积极地以公开或隐蔽的方式在高校开展党建工作，从而直接或间接地参与高校内部管理。以上这些，都为日后全国性高等教育管理体制的建立以及党的领导核心地位的巩固和确立奠定了基础。

中华人民共和国成立之初：由“集中统一”向“统一领导、分级管理”体制的转变（1949年—1966年）

第一，集中统一领导。中华人民共和国成立后，国家亟须结束高等教育混乱的局面，建立起全国统一的高等教育领导体制，以便更好地为社会主义建设服务。为此，党和政府在当时国际国内局势下，选择效仿苏联的教育体制，建立起以高度“集中统一”为特征的高等教育领导体制。1950年6月召开的第一次全国高等教育会议，通过《高等学校暂行规程》《专科学校暂行规程》等五项草案，为中华人民共和国的高等教育管理体制奠定了制度基础。1950年的《中央人民政府政务院发布关于高等学校领导关系的决定》和1953年的《关于修订高等学校领导关系的决定》，又先后对高等教育的领导体制进行了修改，即“全国高等学校由中央人民政府教育部统一领导”转变为“高等教育部必须与中央政府各有关业务部门密切配合，有步骤地对全国高等学校实行统一与集中的领导”[3]，这两种表述虽有所不同，但都坚持高校应由党和政府实行统一集中领导。在这个时期，党以高度集中且统一的方式领导全国的高校，几乎包办了高校管理中的各个事项。

第二，统一领导，分级管理。在当时新生政权需要巩固以及计划经济体制的背景下，党和政府对高校实行高度集中且统一的领导有其合理性，但是随着高等教育规模的扩大，“统得过死”不仅容易滋生管理乱象，而且还阻碍了高校的自主发展，导致高校丧失办学活力。为了改变这一不利局面，1958年之后党和政府颁布了一系列旨在推动“权力下放，分散管理”的政策文件。同年8月，《关于教育事业管理权力下放问题的规定》提出要改变过去“条条为主”的领导体制，并根据中央集权和地方分权相结合的原则，加强地方对教育事业的领导管理[4]。所谓的“条条为主”，是指高等教育领导的权力过于集中在中央，“中央集权与地方分权相结合”实际上是中央下放领导权力的一次探索。1961年9月，中共中央批准试行了《中华人民共和国教育部直属高等学校暂行工作条例（草案）》，该文件明确提出加强对高校的领导和管理，并对中央与地方两级管理分工问题做出了明确规定，从而收回了1958年下放的不合理权力，为“统一领导，两级管理”管理体制的形成奠定了基础。

在权力的下放与回收的探索过程中，党和政府一直强调党的领导的重要作用。1958年，《关于教育工作的指示》指出教育必须在党的领导下才能很好地为社会主义革命和社会主义建设服务，强调了党的领导的重要作用。1963

年，《关于加强高等学校统一领导、分级管理的决定（试行草案）》正式提出“为了加强对高等学校的领导和管理，中共中央和国务院决定对高等学校实行中央统一领导，中央和省、市、自治区两级管理的制度”[5]，从而形成了中央集中统一领导，条块分割的领导体制。在计划经济体制时代，党的高度集中统一领导方式能够促进高等教育发展，但随着市场经济体制的建立与发展，这种领导体制与高等教育的发展便产生了矛盾，由此也就引发了改革开放后的一系列高等教育管理体制的改革。

改革开放至21世纪初：“宏观管理、两级负责”体制的形成（1967年—2000年）

第一，宏观管理，扩大高校自主权。1979年，为结束“文化大革命”造成的高等教育管理混乱状态，中共中央批转了教育部党组《关于建议重新颁发〈关于加强高等学校统一领导、分级管理的决定（试行草案）〉》，再次强调了党的统一领导地位，同时肯定了1963年实行的“统一领导，两级管理”体制。随着国家经济体制改革的推进，党中央出台了一系列政策文件以改革高度集中统一的高等教育领导体制。1985年，《中共中央关于教育体制改革的决定》指出，当前高等教育体制改革的关键在于改变政府对高校统得过度的管理体制，应当加强党和政府对高校的宏观管理，扩大高校的办学自主权。同年，为了加强对教育工作的领导，国家教育委员会被批准成立，教育部被撤销。国家教育委员会的成立不仅体现了那一时代背景下简政放权的改革趋势，更是保证了党和政府对教育工作的统一领导与宏观管理。1986年，《高等教育管理职责暂行规定》具体阐释了在“宏观管理，扩大高校管理权限”原则的指导之下，党和政府应该承担的具体职责以及高校被赋予的具体权限。

第二，两级管理，两级负责。1992年，全国普通高等教育工作会议就高等教育管理体制改革做出了探讨，提出要逐步实行中央与省（自治区、直辖市）两级管理、两级负责为主的管理体制。1998年，《中华人民共和国高等教育法》以法律的形式确定了中国高等教育领导体制，即“在国家宏观政策指导下、以省一级政府管理为主的条块有机结合的新的管理体制”[6]；同时，指出“未来除了少数示范性的、主要为全国培养人才的高校以及行业性强、地方政府不便于管理的高等学校由国务院教育行政部门或有关部门管理外，大部分高等学校将逐步由地方政府管理或采取中央与地方共建的方式管理”[7]。高等教育管理体制由条块分割到条块结合，党的领导方式也由原来的集中统一领导转变为侧重宏观指导与管理。这一变化不仅与当时国家的政治经济体制改革相适应，而且也使得高等教育管理体制更加符合高等教育发展规律。

21世纪初至今：高等教育治理现代化的探索（2000年至今）

第一，“现代大学制度”的提出。2007年，《国家教育事业发展“十一五”规划纲要》规定：“进一步明确和落实各级各类学校的法律地位，完善学校法人制度，建立和完善现代大学制度。”[8]这是我国首次提出现代大学制度。2010年，《国家中长期教育改革和发展规划纲要（2010—2020年）》（以下简称《纲要》）对“现代大学制度”做出了解释，并强调要“推进政校分开、管办分离；落实和扩大学校办学自主权；完善治理结构；加强章程建设”[9]。现代大学制度的提出反映了高等教育领导体制的变革趋势，即强调依法治校，以法律的形式确立党的领导核心地位，以法律的形式确保党关于高等教育的各项方针政策能够落实。其中提到了“治理”一词，这是“治理”第一次进入官方权威的教育政策文件，也是理解现阶段高等教育领导体制的关键点。

第二，教育治理体系现代化的探索。2019年，《中国教育现代化2035》部署的十大战略任务之一便是“推进教育治理体系和治理能力现代化”，与带有支配性质的管理相比，治理所强调的是共治与协调，其特点为治理主体的多元化与治理过程的动态化，各治理主体之间通过引导、协商、沟通以及参与等方式来实现治理目的[10]。同年2月，《加快推进教育现代化实施方案（2018—2022年）》强调，推进教育现代化要以全面加强党对教育工作的领导为根本保证。

在推进教育治理体系与治理能力现代化的背景下，坚持党的全面领导：

一是将科学治理、民主治理、依法治理和过程治理等基本原则与党的领导结合起来，积极转变党和政府的职能，以“引导、协商、沟通”等关系来淡化中央和地方、高校与政府间的“行政关系”。[11]强调“治理”使党领导高等教育的方式发生改变，但并不意味着党领导核心地位的动摇，其本质是以更科学民主的方式贯彻党的全面领导。二是坚持党委领导下的校长负责制。党委领导下的校长负责制是党领导高校的根本制度，最新修订的《中国共产党普通高等学校基层组织工作条例》（以下简称《条例》）明确了高校实行党委领导下的校长负责制。高校党的委员会全面领导学校工作，支持校长按照《中华人民共和国高等教育法》的规定积极主动、独立负责地开展工作，保证教学、科研、行政管理等各项任务的完成[12]。该《条例》初次颁布于1996年，于2021年2月再次审议，其修改目的是通过将“治理”理念注入党委领导下的校长负责制，将党对高等教育的领导落实到高校工作的各方面，以巩固党的领导核心地位，健全党对高等教育的全面领导机制。

结论与启示

第一，要坚持以党的领导为核心。纵观我国高等教育领导体制的沿革与发展，可以从中发现，高等教育领导体制的改革与发展始终以党的领导为核心。1958年的《关于教育工作的指示》、1985年的《中共中央关于教育体制改革的决定》以及2019年的《中国教育现代化2035》等有关高等教育管理体制改革的文件都强调要坚持党的领导，坚决贯彻落实党的教育方针。1996年的《中国共产党普通高等学校基层组织工作条例》、1998年的《中华人民共和国高等教育法》以及2014年的《关于坚持和完善普通高等学校党委领导下的校长负责制的实施意见》等有关高校领导体制的文件也反复强调党的领导核心地位。除此之外，坚持以党为领导核心还体现在要坚持党对教育工作的全面领导，这样才能保证国家的发展战略和教育方针贯彻落实到高校层面，才能保证高校办学朝着社会主义方向前进。

第二，要适时改变党领导高等教育的方式。在坚持以党为领导核心的基础之上，党领导高等教育的具体方式在发生改变。党领导高等教育的方式呈现出从“管理”到“治理”的变化趋势，具体来说是从“统一领导”到“统一领导，分级管理”的条块分割领导体制，到“宏观管理，两级负责”的条块有机结合的领导体制，再到现阶段现代化治理体系的探索。我们从中发现：党领导体制的发展变化与国家经济体制的改革是密切相关的，计划经济时代采取的是高度集中统一的领导体制；改革开放后，统一领导体制已经与市场经济体制不相适应，便由统一领导下的条块分割体制转变为了宏观管理下的条块有机结合体制。进入21世纪，在现代化建设以及高等教育内涵式发展的大背景下，强调主体多元化以及过程协调性的“治理”理念被运用于高等教育管理体制中，党和政府开始尝试突破以往带有支配性质的领导方式，更加强调党政分工合作以及建立协调运行机制，从而释放各方活力，促进高等教育的内涵式发展。

第三，要在遵循高等教育内在规律的基础之上发展高等教育领导体制。高等教育领导体制改革除了要坚持以党为领导核心，也要遵循高等教育的内在规律，选择有利于高等教育发展以及高质量人才培养的领导方式。高校作为一种学术组织，需要为其提供能够发挥能动性与创造力的空间，基于此，高等教育领导体制就须在外部与内部两个层面进行改革，在外部要给予高校充分的办学自主权，在内部要完善和落实党委领导下的校长负责制，使高校的政治权力、行政权力与学术权力能够各司其职，从而为高校培养出能够投身于社会主义现代化建设的高质量人才提供体制和机制保障。

参考文献

[1] 陈彬 . 关于我国高等教育领导体制改革的思考 [J]. 教育研究与实验，1995（3）：9-13.

[2] 李陈财 . 高校党的领导体制的历史演变及其经验启示 [J]. 上海党史与党建，2020（11）：34-38.

[3] 中央人民政府政务院关于修订高等学校领导关系的决定 [J]. 人民教育，1953

(11):66.

[4]《中国教育年鉴》编辑部 . 中国教育年鉴(1949—1981)[M]. 北京：中国大百科全书出版社，1984：236.

[5] 顾明远 . 世界教育大事典 [M]. 南京：江苏教育出版社，2000：799.

[6][7]《中国教育年鉴》编辑部 . 中国教育年鉴(1999)[M]. 北京：人民教育出版社，1999：151-152.

[8] 国务院批转教育部国家教育事业发展“十一五”规划纲要 [N]. 中国教育报，2007-05-25(1).

[9] 中共中央、国务院印发《国家中长期教育改革和发展规划纲要(2010—2020年)》[N]. 人民日报，2010-07-30(1).

[10] 何思彤，任增元 . 浅析高等教育治理体系现代化 [J]. 中国高校科技，2017(11)：47-49.

[11] 别敦荣，韦莉娜，唐汉琦 . 高等教育治理体系和治理能力现代化的基本原则 [J]. 复旦教育论坛，2015，13(3)：5-10，59.

[12] 中国共产党普通高等学校基层组织工作条例 [N]. 人民日报，2021-04-23(3).

本文刊发于《北京教育》(高教)2021年第7期

坚持和完善党委领导下校长负责制的实践与思考

张 毅 安晓东 郑 谋*

摘 要：党委领导下的校长负责制是社会主义大学的本质特征。其内涵在于坚持党的领导、坚持民主集中制以及厘清“党委领导”与“校长负责”的关系。北京科技大学着力健全制度体系、规范决策程序、完善运行架构，在实践中探索构建调研、决策、落实、考评全链条工作机制，不断完善内部治理结构，持续优化党委领导下的校长负责制实施路径，完善高校治理体系，提升校园治理能力。

关键词：党的建设；党委领导下的校长负责制；高校治理

党委领导下的校长负责制是社会主义高校的鲜明特色，是党对高校的领导的重要方式，为提升高校治理能力、完善治理结构、助推高校各项事业内涵发展以及构建中国特色世界一流大学提供制度保障。

党中央历来重视高校党的建设，特别是党的十八大以来，党对高校的全面领导不断加强。2016年，习近平总书记在全国高校思想政治工作会议上强调：“高校党委对高校工作实行全面领导，承担管党治党、办学治校主体责任，把方向、管大局、作决策、保落实。”这为新时期坚持党委领导下的校长负责制指明了方向。深刻认识和把握高校党委全面领导的科学内涵和实践要求，是当前高校贯彻落实习近平新时代中国特色社会主义思想、加强和改进高校思想政治工作需要解决的重大问题[1]，也是落实党的十九届四中全会精神，着力完善高校治理体系，持续提升治理能力的重要课题。其核心是坚持党的领导、完善治理结构、规范决策程序和提升治理能力。

---

* 张毅、安晓东、郑谋，北京科技大学

深刻领会党委领导下的校长负责制的内涵

党委领导下的校长负责制本质是在坚持党委全面领导的基础上，支持校长依法行使行政权力。“党委领导”与“校长负责”是相互协同、不可分割的有机整体，统一于社会主义大学治理逻辑之中。落实好党委领导下的校长负责制，要准确把握三方面内容。

第一，坚持党的领导这一基本原则。东西南北中，党政军民学，党是领导一切的。高校党委要总揽全局，统筹推进各项工作。一是要把稳方向。坚持社会主义办学方向，全面贯彻落实党的教育方针、路线，擦亮社会主义大学鲜明底色。同时，要发挥“压舱石”作用，为发展过程中重大事项把关决策、保驾护航。二是要建好队伍。坚持党管干部、党管人才，充分发挥高校党委在凝聚人心、招揽人才方面的重要作用，营造奋进工作文化，锻造担当干部人才队伍，推动高校事业发展。三是要抓牢落实。习近平总书记多次强调，如果不沉下心来抓落实，再好的目标，再好的蓝图，也只是镜中花、水中月。高校党委要着力打造机制健全的督查体系和考核评价机制，推动高校各项工作落地见效。

第二，坚持民主集中制这一基本路径。民主集中制是党的根本组织原则，也是高校落实好党委领导下的校长负责制的制度基础。在高校中坚持民主集中制，一是要遵守党的政治规矩。坚决做到“两个维护”，将“四个服从”落实到议事决策方方面面，实现高校党委思想上和行动上的高度统一，确保高校党委政令畅通。二是要按照“集体领导，民主集中，个别酝酿，会议决定”的原则研究重大事项。推动科学决策，民主决策，防止高校党委出现独断专行和软弱涣散两种倾向。三是要坚持集体领导和个人分工有机结合。领导班子成员要依据分工落实高校党委决议，形成有序有力、相互协调、密切配合的工作局面。

第三，要理顺“党委领导”和“校长负责”这一核心关系。在实际工作中，党委领导和校长负责辩证统一、相互促进。把握好二者的关系，一是要厘清党委和行政的关系[2]。要明晰党委领导内容和校长负责事项的界限，统筹协调党委谋划决策和行政落实管理的关系，共同巩固和完善党委领导下的校长负责制，提升校园管理水平。二是要协调好书记与校长的关系。一方面，党委书记是高校领导班子的“班长”，是高校事业发展的第一责任人，要牢固树立“四个意识”，凝聚带动班子成员支持校长开展工作；另一方面，作为党委副书记的校长是高校党委的重要成员，负责将党委有关决议转化为具体行政举措。党委书记与校长的紧密配合、精诚协作能形成示范效应，凝聚和带动师生力量推动高校事业发展，为党委领导下的校长负责制注入新动能。

执行推进党委领导下的校长负责制问题

党委领导下的校长负责制是我国高校制度优势，也是当前形势下最适合我国高校的治理模式。但由于认识上的差异和各高校实际情况的不同，导致制度在执行推进过程中仍然存在问题。

第一，对党委常委会和校长办公会议事边界尚不清晰。在实践中，部分高校将“党委领导”和“校长负责”看作为简单的权力分割，造成党委常委会和校长办公会议事边界不明晰、对集体领导和具体分工把握不到位，导致出现“党委一元领导”“党委政治领导”等不正确的做法。一方面，应由分管领导直接审决的事项提交校长办公会、常委会审议，降低了决策的效率；另一方面，应当集体决定的“三重一大”事项由高校领导直接审决、党委常委会和校长办公会没有明确的议事清单等问题降低了议事决策的科学性。

第二，以议事决策为核心的工作机制尚不完备。落实党委领导下的校长负责制核心在于规范议事决策。但是，当前相关制度尚不完善，表现在对于重大决策事项的合法性评估、意见征集环节尚未形成顺畅的工作机制，降低依法决策、民主决策水平。另外，部分高校关于党委常委会、校长办公会的决议落实情况尚未形成固定机制反馈，考评机制的建设有待加强，导致“议而不决、决而不行”的现象时有发生。

第三，学术委员会作用仍须加强。高校是推进治理体系与治理能力现代化建设的重要领域，坚持和完善党委领导下的校长负责制，是推进高校治理体系与治理能力现代化的关键所在，但当前学术委员会作用发挥不明显阻碍了制度效能进一步增强。突出表现为高校决策学术有关事项时对学术委员会意见听取不够，并且学术委员会可以直接审决的事项有待进一步明晰，制约了现代大学治理结构的完善。

贯彻落实党委领导下的校长负责制的实践

近年来，北京科技大学按照中组部、教育部以及北京市委的部署要求，坚持加强党对学校工作的全面领导，从健全制度体系、优化决策程序以及完善体制机制多方面着力加强党委领导下的校长负责制。

第一，构建完备的制度体系。北京科技大学围绕贯彻和加强党委领导下的校长负责制，在实践中不断提升认识和工作水平，印发《党委领导下校长负责制实施细则》，进一步明确党委在学校事业中的核心领导地位，修订全委会、常委会以及校长办公会议事规则，修订“三重一大”实施办法，制定了校领导专题会议议事规则，形成了学校领导班子成员沟通交流机制，构建形成了党委领导下的校长负责制“1+6”制度体系，有力保障了议事决策更加科学清晰、规范，提升了议事效率和效果，让党委领导下的校长负责制在学校落地见效。

第二，构建规范的决策程序。科学决策是落实党委领导下的校长负责制的关键内容。学校在实践中着力探索清晰、科学的常委会、办公会议事内容和决策程序。一方面，紧抓“一内一外”，提升议事决策规范性。严格会议召开程序，搭建议题管理信息系统平台，规范议事决策外在流程。同时，规定重大行政议题要先通过校长办公会再经常委会审议，明确相关议题要由分管校领导进行汇报，理顺议事决策内在机制，确保议事制度规范、党政界限清晰。另一方面，着眼“一头一尾”，提升议事决策科学性。规定未经充分调研、沟通并形成完备会议资料的议题不得提交会议讨论，涉及师生重大切身利益的事项要及时通过公开渠道征求意见，提升决策的针对性。此外，构建议定事项提醒督查制度，定期开展专项督查，加大党委决策的落实力度，形成“调研决策落实”工作闭环。

第三，构建协调有序的运行机制。一方面，构建领导班子成员沟通交流机制，促进领导班子成员深入交换意见，推动班子成员相互尊重、相互信任、相互鼓励、相互支持、相互理解，凝聚集体共识，形成工作合力，促进领导班子成员在工作推动中的协调配合，提升重要决策和重大工作推进的质量与效率；另一方面，坚持和完善院（系）党组织会议和党政联席会议制度，制定学院党政联席会议事规则，规范学院议事制度，提升议事水平，充分发挥二级党组织承上启下作用，破解“上热中温下冷”的困难局面，加强党的基层组织建设。

完善党委领导下的校长负责制的思考

坚持和完善党委领导下的校长负责制，要把握好以下三个着力点和关键点。

第一，加强和改进领导班子的政治建设。加强政治建设是提升高校领导班子把方向、谋大局的关键，也是促进其政治上成熟的重要举措。一是要坚定政治信仰。高校领导要始终以社会主义政治家、教育家的标准来自我要求，坚持社会主义办学方向，坚持加强党对高校各项事业的领导，不断提升治校理校水平。二是要锤炼政治本领。领导班子成员要自觉主动加强政治能力和实践训练，切实提高把握方向、把握全局的能力。同时，应当增强斗争精神，强化政治担当，坚决落实高校党委的各项部署。三是要加强政治意识。要善于从政治高度研判形势，分析问题，还要团结其他同志，凝聚力量，将高校党委建设成为高校事业发展的“定盘星”。

第二，完善高校内部治理结构。坚持和发展党委领导下的校长负责制，要持续完善“党委领导、校长负责、教授治学、民主管理”的治理结构。一是要加强党的领导。高校党委要发挥“管大局、谋大事”的核心作用，积极贯彻落实党的教育方针，不断加强对高校工作的全面领导，使高校成为坚持党的领导的坚强阵地。二是要注重发挥学术委员会作用。充分发挥学术委员会在学科建设、学术评价、学术发展和学风建设等事项中的作用，充分发挥教授在教学科研、学术研究和学校治理中的作用[3]。三是要落实民主管理和民主监督。要充分发挥工会、教代会以及学代会的相关作用，鼓励师生参与学校改革发展进程，拓宽监督渠道，保障民主权利。

第三，建立健全调研、决策、落实、考评全链条工作机制。建立健全与党委领导下的校长负责制连贯协调的体制机制是保证高校领导体制有效运行、功能发挥，促进高校整体发展的根本途径。一是完善调查研究机制。建立完善严密的调查研究工作机制，通过制度体系建设，保障师生参与、专家论证、风险评估、合法性审查前置要求，确保决策制度科学、程序正当、过程公开、责任明确，着力破解高校在重大决策前的意见征求不够充分、调查研究机制不够完善的问题。二是完善督查落实机制。要贯彻落实一线规则，确定对高校重大决策跟踪督办、月度调度，确保党委常委会、校长办公会决议有落实、有效果、有反馈，着力破解管党治党、办学治校过程中存在的“决而不行、行而不果”问题。三是完善考核激励机制。要逐步探索建立常态化、规范化、制度化、具体化的考核激励机制，尝试构建可细化分解的党委领导下的校长负责制的工作监测点体系，着力破解落实党委领导下的校长负责制考核标准不统一、难以细化量化的问题。

本文系北京高校党建研究会2019年度党建研究课题重点课题“高校完善党委领导下的校长负责制工作机制研究”研究成果之一。

参考文献

[1] 李家俊 . 党委领导下的校长负责制的实践与思考 [J]. 中国高等教育，2019(24)：4-6.

[2] 靳诺 . 处理好三个关系 [J]. 求是，2014(24)：45-46.

[3] 杜玉波 . 聚焦大学治理关键 推进治理能力现代化 [N]. 中国教育报，2020-01-06(5).

本文刊发于《北京教育》(高教)2021年第1期

关于党委理论学习中心组学习制度的思考
——基于历史和文本的视角

徐　蕾*

摘　要：党委理论学习中心组学习制度作为领导干部在职理论学习的重要形式之一，历经萌芽初创直至最终确立，显现出独特的制度优势。全面把握党委理论学习中心组学习制度的历史演进、科学属性和现实意义，将有助于加深对这项制度的理解和认识，增强制度执行的内生动力，在实际运用中更好地发挥其积极作用，彰显制度优势。

关键词：党委理论学习中心组学习制度；发展；文本；特点分析

党委理论学习中心组学习制度的发展脉络

1. 初创时期

1938年，党的六届六中全会在延安召开，首次提出“马克思主义中国化”的课题，并在全党展开声势浩大的学习运动，涌现出许多学习小组。其中，由时任中组部部长陈云担任组长的中央组织部六人学习小组，成为今天党委理论学习中心组的前身。1941年9月26日，中共中央决定成立中央学习组（又称中央研究组），以中央委员为范围，毛泽东担任组长，王稼祥任副组长，产生了类似于今天的政治局集体学习的机制。同时，发布《关于高级学习组的决定》，要求各地、军队等根据规定成立高级学习组，“军队至师、军区或纵队为止，地方至区党委或省委为止”，指出其目的是“提高党内高级干部的理论水平和政治水平”，[1]突出学习重点，并进一步引领和带动全党学习。根据

*　徐蕾，北京师范大学党委组织部

中央精神，西南学习组、华中局学习组、军事高级学习组等陆续组建，周恩来、刘少奇、朱德等同志分别担任组长，体现出了中央对干部学习以及这项制度的重视。至此，党委理论学习中心组学习制度的雏形日趋显现。

2. 探索时期

新中国成立后，干部教育进入一个新的阶段。1951年，中央出台《关于加强理论教育的决定》，随后陆续出台了《关于1953—1954年干部理论教育的指示》《关于轮训全党高、中级干部和调整党校的计划》等一系列文件，从制度上就领导干部集体学习予以规范。1954年起，干部教育逐步转为正规轮训，中央调整制定各级党校的培训任务，建立高级干部自修班，加强对业务干部的培训，同时根据需要委托高校代培。“文化大革命”前后，干部教育陆续中断直至停止。这一时期在干部教育、理论学习方面的有益尝试，为党委理论学习中心组学习制度的确立积累了宝贵经验。

3. 形成时期

党的十一届三中全会后，邓小平要求“全党必须再重新进行一次学习”[2]，倡议“党中央能做出切实可行的决定，使全党的各级干部，首先是领导干部，在繁忙的工作中，仍然有一定的时间学习”[3]。为适应新形势的需要，各级党委积极探索领导干部在职理论学习的形式和办法，党委集中学习的做法逐渐形成，即“党委中心组学习”。1993年11月，中央下发《关于学习〈邓小平文选〉第三卷的决定》，首次在中央文件中正式确认“党委中心组学习”的说法，至此，党委中心组学习制度得以正式确立和推广。1998年《中共中央关于在全党深入学习邓小平理论的通知》中提出：健全党委（党组）中心组理论学习制度，并就中心组的学习重点、学习方式等进行了明确要求。2000年9月，中宣部、中组部联合下发《关于加强和改进党委（党组）中心组学习的意见》（以下简称2000版《意见》），对党委中心组学习制度提出了全面要求并做出具体规定。

4. 完善时期

为全面贯彻党的十七大精神，更好地规范和推进党委中心组学习制度，为建设学习型党组织、学习型领导班子服务，2008年9月，中办印发《关于进一步加强和改进党委（党组）中心组学习的意见》（以下简称2008版《意见》），对2000版《意见》进行了重新修订。党的十八大以来，以习近平同志为核心的党中央对领导干部学习、党委理论学习中心组学习高度重视。为进一步提高中心组学习的制度化、规范化水平，推动学习由“软任务”变成“硬约束”，2017年1月，中办印发《中国共产党党委（党组）理论学习中心组学习规则》（以下简称《学习规则》），对党委理论学习中心组的性质定位原则、内容形式要求以及组织管理考核等方面做了明确规定（名称改为党委理论学习中心组），成为各级党委开展集中理论学习所依据的重要党内法规。

党委理论学习中心组学习制度的文本分析

中央专门关于党委理论学习中心组学习制度的文件有三个，分别于2000年由中组部、中宣部联合印发、2008年和2017年由中办印发，文件基本情况如表1所示。

表1　党委理论学习中心组学习制度相关文件的文本概况

颁布时间	文件名称	发布机构	内容结构
2000年9月	关于加强和改进党委（党组）中心组学习的意见	中组部、中宣部	5大项16条，包括“重要性”“目的和内容”“学风”“学习制度”“组织领导”。
2008年9月	关于进一步加强和改进党委（党组）中心组学习的意见	中共中央办公厅	4大项15条，包括“重要性”“学风”“制度和管理”“组织领导”。
2017年1月	中国共产党党委（党组）理论学习中心组学习规则	中共中央办公厅	5章17条，包括“总则”“组织与职责”“学习内容、形式与要求”“学习管理、考核与问责”“附则”。

从管理学的视角来看，一项制度要实现既定目标，需要具备目标价值、规则体系和实施保障三个基本要素。把这三个要素作为分析制度文本的通用

指标，并依此对党委理论学习中心组学习制度的三份文件分析如下。

1. 目标价值

在三份文件中，制度的价值导向主要是关于党委理论学习中心组学习的基本定位或作用意义的表述。2000版《意见》和2008版《意见》基本一致，主要有三点：一是加强理论学习；二是促进思想政治建设；三是提高执政能力和决策水平。在《学习规则》中，增加了“加强党的建设、严肃党内政治生活、强化党性修养”等内容。三份文件在目标价值方面呈现出一脉相承和与时俱进的特点。

2. 规则体系

制度的具体内容，包括适用的主体、内容和方式方法等。党委理论学习中心组学习制度适用的对象是党委（党组），具体而言就是领导班子和领导干部。一是关于学习内容。紧贴文件出台的时代背景，充分体现出与时俱进的特点。2000版《意见》规定要以邓小平理论为中心内容，同时选读马列著作和毛泽东著作；学习理论的同时，要注重“两个结合”，即与学习江泽民同志重要论述和党中央重大方针政策相结合，与学习现代化建设必需的各种知识相结合。2008版《意见》把深入学习贯彻中国特色社会主义理论体系作为学习的首要任务，除邓小平理论之外，把“三个代表”重要思想和科学发展观列入其中，同时对马列著作、毛泽东、邓小平和江泽民著作的学习由选读改为精读，并要求认真学习胡锦涛系列重要论述；此外，把对党章党规、党史、中外历史和社会主义发展史等内容的学习列入其中。《学习规则》在2008版《意见》的基础上，进一步细化和丰富，除原有内容外，新增了“习近平总书记系列重要讲话和治国理政新理念新思想新战略”“社会主义核心价值观”等内容。二是关于学习形式。2000版《意见》中主要对集中学习研讨和个人自学做了规定，2008版《意见》在此基础上，新增了“专题调研”，《学习规则》把这三种形式进一步明确并固定下来。其中，集中学习研讨可以结合运用专题讲座、辅导报告、读书会以及网络学习等多种形式。三是关于学习任务。

2000版《意见》规定“年度集中学习研讨时间不少于12天”，2008版《意见》中规定集中学习研讨“每个季度不少于一次”，同时成员“每年撰写1至2篇调研报告”。《学习规则》中关于集中学习研讨的次数要求不变，但关于调研报告的要求由硬性规定改为软性要求，“提倡”成员结合工作实际撰写学习心得、调研报告或理论文章。四是关于学风问题。三份文件中均规定要大力弘扬马克思主义学风，突出强调理论联系实际，强调要把调查研究贯穿于党委理论学习中心组学习的全过程。在2008版《意见》中，表述为“三个结合”，即学习理论和指导实践相结合、改造主观世界和改造客观世界相结合以及运用理论和发展理论相结合。《学习规则》中指出，要“坚持问题导向，提高运用党的基本理论解决实际问题的能力”。

3. 实施保障

保障党委理论学习中心组学习制度顺利实施的各种主客观条件，包括明确的学习组织架构、学习考核、监督检查以及问责等内容。党委理论学习中心组的学习组织架构三份文件的表述基本一致，详见图1。对组织架构中包括组长（第一责任人）、副组长（直接责任人）、成员以及学习秘书等的职责要求进行了明确规定。同时，明确督查可以采取自查、抽查或普查等方式，考核可以结合领导班子和领导干部年度考核进行。对学习情况要建立上报、通报机制，对于学习开展不力、出现错误倾向、产生恶劣影响的，应按照有关规定予以问责。

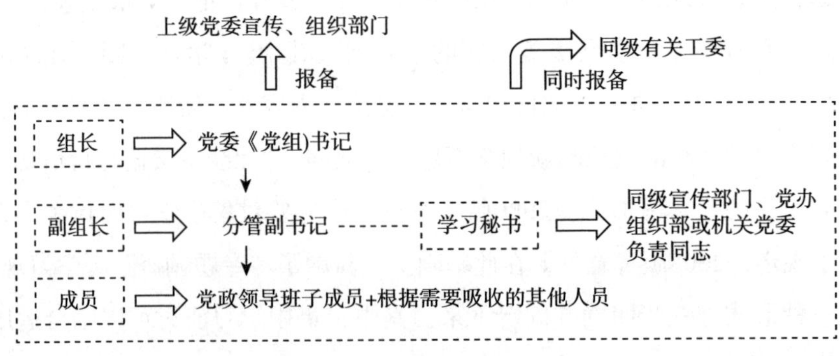

图1　党委理论学习中心组的学习组织架构

党委理论学习中心组学习制度的特点分析

通过对党委理论学习中心组学习制度的历史回溯和文本分析，可以清晰显现出这项制度的特点优势和内在的科学属性。

1. 体现我党重视理论学习的优良传统

若以1938年中组部成立的六人学习小组作为党委理论学习中心组学习的起点，发展到今天已经有八十多年的历史，基本伴随着我党成长和壮大的整个过程。这一制度的主体从最初设立就聚焦于领导班子和领导干部这一“关键少数”，从中央政治局的集体学习，到各级党委（党组）的理论学习中心组学习，对全党的学习起到了“风向标”和“排头兵”的作用。党委理论学习中心组的组长由本级党委的书记担任，“一把手”负责制的制度安排，也是我党对这一理论学习制度的高度重视和身体力行。

2. 具备小组合作学习模式的特点和优势

党委理论学习中心组学习制度作为一种集体学习制度，也是一种小组合作学习的模式。小组合作学习具有利于培养团队合作精神、激发成员学习的主动性和创造性以及增强成员的主体意识和责任感等优点，当小组成员目标一致、积极研讨、深入交流，既分工明确又发挥整体智慧共同解决学习和实践中的难点问题时，小组合作学习就可以达到理想效果。党委理论学习中心组学习依托的集体是单位的党委（党组）班子，学习成员之间有着很强的共性和黏合力，具备了小组合作学习的良好前提，通过这种集体学习方式，将更容易达成思想共识，提高集体决策水平，形成更强的凝聚力和战斗力。

3. 体现理论与实践并重的思想

党委理论学习中心组学习制度有三个“突出强调”：一是突出强调理论学习，强调读原著、学原文、悟原理，要求以成员“自己学、自己讲”为主，通过深入学习和掌握党的基本理论，及时了解中央精神和重大决策部署，在思想上跟上党的理论发展，在行动上始终与党中央保持一致；二是突出强调理论联系实际，学习内容的时代性、针对性很强，以国家建设和发展的大局为重，以各级党委正在做的事情为中心，着眼于运用党的基本理论解决实际问题；三是突出强调专题调研，要求把调查研究贯穿于学习的全过程，专题调研是深化理论学习、运用理论成果指导实践的重要途径之一。党委理论学习中心组学习制度的问题导向和合作学习这两种方式的交互运用，使理论与实践更加有机结合，既提高了学习效果，更增强了成员的实践能力和解决问题的能力。

结语

制度的有效运行与制度文本的自身属性，如权威性、合法性和针对性等密切相关。关于党委理论学习中心组学习制度的三份文件均出自中央部门，无论中组部、中宣部或中共中央办公厅，权威性毋庸置疑。文件作为专门的党内法规，有完备的规则体系，从操作层面也体现了很强的针对性。从历史演进和文本分析的视角理解和认识党委理论学习中心组学习制度，可以得出如下几点启示：一是结合党在一定历史时期的任务，通过集中学习教育，提高党员领导干部的政治理论水平，解决党内存在的突出问题，是我们党加强自身建设的一个行之有效的方法。从延安时期的学习运动，到之后党内的几次大的学习教育活动，党委理论学习中心组学习制度历经长期的发展演变和不断完善，已经成为党内一项重要制度并广泛应用，发挥着日益重要的作用。二是党委理论学习中心组学习制度从管理学、教育学的角度分析都有其设定的科学性，充分发挥这种小组合作学习的优势，把学思践悟贯穿始终，对于加强党的理论建设、提高党的执政能力和领导水平可以发挥积极作用，这也正是这项制度的目标价值所在。三是制度的有效运行与本级领导的意愿和意志以及成员对制度的认识和接纳程度密切相关，在实际工作中，只有熟悉其发展脉络，把握其特点要求，真正理解这项制度的优势所在，才能真正从思想上认可并接纳这项制度，才能激发制度执行的内生动力，才能在执行过程中不跑调、不走偏，避免落入形式主义的圈子。

党的十九届四中全会明确提出要“坚持和完善中国特色社会主义制度，推进国家治理体系和治理能力现代化”，党委理论学习中心组学习制度作为党的领导制度体系中的一环，对于提高党的执政能力和领导水平，对于全面从严治党，都发挥着不可替代的作用。此时，对党委理论学习中心组学习制度进行重新梳理和思考，可以在总结历史、保持定力的同时，不断面向未来、改革创新，推动党委理论学习中心组学习制度的成熟完善和作用发挥，把这一制度优势转化为国家治理效能，为更好地坚持和完善中国特色社会主义提供保障。

参考文献

[1] 延安学习运动期间高级学习组相关文献选载 [J]. 党的文献，2011（2）：3.

[2] 邓小平文选（第二卷）[M]. 北京：人民出版社，1994：153.

[3] 邓小平文选（第三卷）[M]. 北京：人民出版社，1993：147.

本文刊发于《北京教育》（高教）2020年第8期

新时代加强高校领导干部政治能力建设思考

高锦宏*

摘　要：在领导干部的所有能力中，政治能力是第一位的。政治能力，在内在要素方面包括信仰、立场、理想和思维等，在外在表现方面包括把握政治方向、辨别政治是非、保持政治定力、防范政治风险等。加强高校领导干部政治能力建设，是新时代增强核心意识的根本要求、增强政治定力的根本保证、有效应对各种风险挑战的关键。全面加强高校领导干部政治能力建设，可以从思想改造、岗位锻炼、基层锻炼、挂职锻炼等方面着手。

关键词：高校；领导干部；政治能力；建设

“政治能力”这一概念古已有之，在历史典故“萧规曹随”中，汉惠帝问曹参为何继承萧何制定的法规政令时，曹参回答说：“论政治能力，陛下不如高祖，我不如萧相国。”[1]梁启超在《新民说》中提出，“今日谈救国者，宜莫如养成国民能力之为急矣”“养政治能力，必自我辈始”[2]。2017年2月13日，习近平总书记在省部级主要领导干部学习贯彻十八届六中全会精神专题研讨班开班式上提出：“党的高级干部要注重提高政治能力，牢固树立政治理想，正确把握政治方向，坚定站稳政治立场，严格遵守政治纪律，加强政治历练，积累政治经验，自觉把讲政治贯穿于党性锻炼全过程，使自己的政治能力与担任的领导职责相匹配。”[3]这是马克思主义政党话语体系中首次把政治能力和领导干部联系起来，也是我们党治国理政理念的一次伟大的理论创新。

* 高锦宏，北京印刷学院党委书记

政治能力的内涵及要素

习近平总书记在党的十九届一中全会上指出："要注重提高政治能力，特别是把握方向、把握大势、把握全局的能力和保持政治定力、驾驭政治局面、防范政治风险的能力。"在十九届中央政治局第六次集体学习时的讲话中又增加了"辨别政治是非""善于从政治上分析问题、解决问题"。《中共中央关于加强党的政治建设的意见》中指出，"切实提高把握方向、把握大势、把握全局的能力和辨别政治是非、保持政治定力、驾驭政治局面、防范政治风险的能力""要在大是大非面前态度鲜明、立场坚定""要善于从政治上研判形势、分析问题""要强化忧患意识、风险意识""要提高风险处置能力""要增强斗争精神"。

综合分析政治能力的基本内涵，我们可以发现，政治能力包括内在要素和外在表现两个层面：内在要素决定着外在表现，外在表现反映着内在要素。高等教育作为中国特色社会主义事业的重要组成部分，负责高校管理的领导干部，既有领导干部的一般性，也有高校要求的特殊性，体现在政治能力上，既符合一般性要求，也有特殊性要求。主要要素如下：

1. 内在要素

第一，信仰是灵魂。习近平总书记指出："对马克思主义的信仰，对社会主义和共产主义的信念，是共产党人的政治灵魂，是共产党人经受住各种考验的精神支柱。"对于共产党人来讲，马克思主义是政治灵魂，直接决定着领导干部的世界观、人生观、价值观；对国家来讲，马克思主义在意识形态领域处于指导地位，是否坚持马克思主义直接决定着国家的意识形态安全。因此，无论是从个人还是国家层面，都要求领导干部要有坚定的马克思主义信仰。

第二，立场是根基。习近平总书记在庆祝中国共产党成立95周年大会上指出，"人民立场是中国共产党的根本政治立场，是马克思主义政党区别于其他政党的显著标志""坚持不忘初心、继续前进，就要坚信党的根基在人民"。

人民立场作为根本政治立场，是党的根基之所在。只有站稳人民立场，解决“为了谁”的问题，才能解决好“依靠谁”的问题，进而带领人民推动事业的发展。

第三，理想是动力。党的十八大以来，习近平总书记多次强调“革命理想高于天”。托尔斯泰讲过：“理想是指路明灯，没有理想，就没有坚定的方向。”共产主义的远大理想和中国特色社会主义的共同理想，既为共产党人指明前进方向、明确奋斗目标，也成为激励共产党人接续奋斗的动力之源。共产主义的一个重要特征是人的全面自由发展，而教育是实现人全面发展的一条重要途径。百年大计，教育为本，教育兴则国家兴，教育强则国家强。中国特色社会主义建设目标的实现，也需要高等教育提供人才、科研等方面的强大支撑。

第四，思维是核心。党的十九大报告提出：“增强政治领导本领，坚持战略思维、创新思维、辩证思维、法治思维、底线思维，科学制定和坚决执行党的路线方针政策，把党总揽全局、协调各方落到实处。”习近平总书记在2013年3月1日的中央党校建校80周年庆祝大会、2013年9月17日的党外人士座谈会、2014年5月9日指导兰考县委常委班子专题民主生活会、2018年6月29日十九届中央政治局第六次集体学习的讲话中，又分别强调了历史思维、系统思维、政治思维。概括起来，领导干部应该具有多种科学思维方法。

2. 外在要素

第一，把握政治方向。对高校领导干部来讲，处于政治能力首位的就是把握政治方向的能力，做政治上的明白人。把握政治方向主要体现为：一是在高校发展方向上要自觉为人民服务、为中国共产党治国理政服务、为巩固和发展中国特色社会主义制度服务、为改革开放和社会主义现代化建设服务；二是要紧紧围绕立德树人根本使命，坚持不懈地传播马克思主义科学理论、坚持不懈培育和弘扬社会主义核心价值观；三是在高校意识形态工作中要强化马克思主义的指导地位，旗帜鲜明地同各种错误思潮作斗争。把握政治方向，既要在事业发展规划、重大改革方案等顶层设计中当好领路人，也要在管理决策、教育教学、科学研究等日常工作中当好把关人。

第二，辨别政治是非。辨别政治是非主要体现在三个领域：一是意识形态领域，出现杂音、冒泡等现象，甚至是重大事件时，领导干部要能够正确辨析并引导；二是党的建设领域，对于违反纪律规矩、违背原则宗旨、不落实上级决策部署等现象，领导干部要能够正确界定并处理；三是思想政治教育领域，对于违反党的教育方针、社会主义办学方向和中央有关思想政治教育决策部署，违背思想政治工作规律、教书育人规律、学生成长规律的现象，领导干部要能够及时发现并纠正。

第三，保持政治定力。政治定力表现为不因政治考验而摇摆、错误思想而困惑、歪风邪气而盲从、各种诱惑而心动等诸多方面。对于高校领导干部来讲，面对重大政治考验的情况并不多，但错误思想、歪风邪气、各种诱惑还是存在的。面对错误思想尤其是错误社会思潮，领导干部需要有清楚、正确的认知，既不能让自己的思想跟着跑偏了，也不能让这种思想在师生中放任自流。面对歪风邪气，领导干部需要旗帜鲜明地坚决抵制，并努力为营造正常化、纯洁化的校风、教风、学风出谋划策。面对各种诱惑，领导干部需要提升拒腐防变的意识和能力，坚决守住做人的底线和干部的红线。

第四，防范政治风险。防范政治风险是领导干部担负的重要政治使命。在新时代，我国政治风险的核心是党的执政安全和社会主义制度安全，政治风险主要来源于意识形态领域。高校作为知识高地、人才集聚地、社会思潮交汇地，是不同意识形态争夺的重要阵地，防范政治风险责任重大，作为高校管理者的领导干部又是首当其冲。不仅需要领导干部把意识形态工作摆在重中之重的位置来对待，更需要领导干部有很强的能力应对意识形态领域出现的各种问题和挑战，做到守土有责、守土负责，召之即来、来之能战、战之必胜。做好高校意识形态工作，对于高校领导干部来讲，既要有一双政治“慧眼”，做好意识形态领域的形势分析和舆情研判，更要发扬斗争精神、增强斗争本领、讲求斗争艺术、提升斗争实效；面对意识形态领域出现的问题，既要敢抓敢管、敢于“亮剑”，又要坚持原则、有理有据。

加强政治能力建设的必要性

1. 新时代党内政治生活的内在要求

习近平总书记指出："要坚持不懈严格党内政治生活，坚决反对党内政治生活庸俗化，增强党内政治生活的政治性、时代性、原则性、战斗性。"增强政治性，需要增强领导干部的政治意识；增强时代性，需要增强高校领导干部的大局意识；增强原则性，需要增强领导干部的核心意识；增强战斗性，需要增强领导干部的看齐意识，敢于在紧要关头挺身而出，扶正祛邪。

2. 高等教育内涵式发展的内在要求

习近平总书记多次强调，领导干部政治能力要与担任的领导职责相匹配。高校领导干部作为高等教育发展过程中重要的组织者、管理者与参与者，发挥着组织协调、管理引导和策划指导的重要作用。自觉增强自身政治能力建设，有利于推进政治优势转化为高等教育内涵式发展的核心竞争优势，更好地担负起新时代赋予高等教育的新使命，为建设教育强国注入力量。

3. 高校领导干部自身特点的内在需要

高校领导干部具有学历高、职称高、国外留学经历比例高的特点和优势，但同时也在一定程度上存在政治警惕相对弱化的问题。加强政治能力建设有助于领导干部在推动高校现代化、国际化水平的同时，坚定其政治立场。增强对外来思潮、价值观念与理论思潮的辨别能力，坚定"办好社会主义大学"的这一方向。由此，加强高校领导干部政治能力建设显得极为迫切。

新时代政治能力的建设路径

提高政治能力是一个千锤百炼的过程，要求领导干部在坚持"两个维护"的同时，提升理论素养，关键能力是把握大势全局，根本途径是加强政治历练，检验标尺是善于担当作为，这些都需要结合高校实际，对标对表，内外兼修，着力进行。

1. 思想改造

周恩来同志曾经指出："要把思想改造看成像空气一样，非有不可。不然，你的思想就会生锈，就会受到腐蚀。每个党员从加入共产党起，就应该有这么一个认识：准备改造思想，一直改造到老。"[4]关于思想改造，主要方法有学习、培训、批评。

第一，学习是基础。学习是思想改造的一种最基础的方法。习近平总书记指出："领导干部学习，要正确把握学习的方向。"高校领导干部既要认真研读马克思主义经典著作，掌握马克思主义基本原理，主动学习习近平新时代中国特色社会主义思想，掌握其丰富内涵，又要深入研读习近平总书记关于教育、党建、思想政治教育、意识形态等方面的重要论述精神，不断提升思想认识水平和政治悟性。通过学习，既要解决"知"的问题，也要解决"信"的问题，只有这样，才能把学习的成果切实转化成个人的内在素养。

第二，培训是手段。培训是思想改造的一种最重要的手段，邓小平同志讲过，"只要有计划地训练和培养，很多人一定可以成为又红又专的干部"[5]。其中的"红"就是干部政治素养的表现。党校作为党培养干部的重要阵地，肩负着培训干部的光荣使命。习近平总书记在2015年全国党校工作会议上强调，"如果党校把党的理论教育和党性教育这个主业主课放松了，甚至荒废了，搞了很多其他方面知识、技能、兴趣的东西，那就会喧宾夺主，甚至会在政治方向上发生偏差"。高校的党校也要把理论教育和党性教育作为主业主课，承担起干部政治素养培养的重任。

第三，批评是武器。批评和自我批评是中国共产党的优良传统和传家宝，是思想改造的有力武器。习近平总书记强调指出，"对批评和自我批评这个武器，我们要大胆使用、经常使用、用够用好，使之成为一种习惯、一种自觉、一种责任，使这个武器越用越灵、越用越有效果"。作为高校领导干部，一方面，要勇于自我批评，对于自己在马克思主义信仰等方面是否存在不坚定的问题自我反省、自我批评；另一方面，同志之间要互相批评，这既是对同志负责，也是对组织、对事业负责。

2. 实践锻炼

实践既是检验干部政治上是否合格的重要标准，也是培养和提升干部政治能力的重要途径。习近平总书记在2013年全国组织工作会议上提出："要强化干部实践锻炼，积极为干部锻炼成长搭建平台。"对于高校来讲，实践锻炼平台主要有岗位锻炼、基层锻炼、挂职锻炼三种。

第一，岗位锻炼是主渠道。多岗位锻炼是丰富工作阅历、积累工作经验、提升工作能力的主渠道。实行轮岗交流，对干部成长和能力提升大有裨益。越是条件艰苦、困难大、矛盾多的地方，越能锤炼人。培养和提升高校领导干部政治能力，一方面，需要领导干部在处理工作中出现的问题和矛盾时，提升政治分析、政治决断、政治把控等能力；另一方面，需要组织根据干部成长履历，有针对性地给干部提供历练机会，如通过对重要岗位干部、优秀年轻干部安排重要工作或交流任职等方式，锤炼政治魄力和担当本领。通过把业务干部交流到党建、思想政治教育工作岗位上，积累政治经验。

第二，基层锻炼是必修课。基层锻炼是组织培养干部的"练兵场"，锤炼干部的"大熔炉"，已经成为干部成长中的必修课。习近平总书记在党的十九大报告中提出，"注重在基层一线和困难艰苦的地方培养锻炼年轻干部"。高校的基层在学院，学院工作直面师生，既要处理各种各样具体的问题和矛盾，也要防范和化解各种各样的风险，需要用实招，才能见实效。领导干部在基层工作，不仅有利于提升个人能力，而且也可以切实培养对师生的情感，深化对以学生为中心办学理念的理解。高校领导干部要深入基层、深入实际、深入群众，在教学科研第一线、服务师生最前沿，砥砺品质、提高本领。

第三，挂职锻炼是好形式。挂职锻炼被实践证明是培养干部的一种好形式、好方法，是干部开阔视野、积累经验、增长才干的重要途径之一，是各级组织普遍采用的一种干部培养方式。高校挂职锻炼，也是指由学校派出，在社会单位主要是行业企业对口技术岗位上工作一段时间，积累工作经验，锻炼、提升专业技术应用水平，然后再回到学校继续任教的一种工作方式。同时，也包括校内转岗位、跨部门锻炼。在高校中，一方面，要做好校内二级学院与机关干部相互之间的挂职；另一方面，要加大干部去党和政府机关挂职锻炼的力度。机关工作更加严格、更加规范、更加紧张的氛围，对挂职干部来讲，是一次难得的思想洗礼、作风养成、能力提升的机会。

本文系北京高校党建研究会2019年研究课题（课题负责人：高锦宏，课题组成员：赵盛伟、彭红、刘尊忠、张晓新、高杨文、叶霞、杨雪莲、赵欣、鞠华、丁蕾）。

参考文献

[1]《线装经典》编委会 . 中国历史文化常识通典 [M]. 昆明：云南出版集团公司，云南教育出版社，2010：50.

[2] 梁启超 . 新民说 [M]. 沈阳：辽宁人民出版社，1994：213.

[3] 习近平：以解决突出问题为突破口和主抓手 推动六中全会精神落到实处 [EB/OL].（2017-02-13）[2020-10-26].http：//www.xinhuanet.com/politics/2017-02/13/c_1120459366.htm.

[4] 中共中央宣传部办公厅，中央档案馆编研部 . 中国共产党宣传工作文献选编：1957—1992[M]. 北京：学习出版社，1996：296.

[5] 邓小平文选（第 2 卷）[M]. 北京：人民出版社，1994：251.

本文刊发于《北京教育》（高教）2020年第12期

建设能担当时代重任的高校优秀年轻干部队伍

李四平　江飒英　于思化*

摘　要： 培养和建设适应新时代发展要求的高素质专业化的优秀年轻干部队伍，是党和国家事业发展的战略工程，是高校的政治责任，也是建设教育强国的客观需要。北京工业大学党委坚持“四突出、四优化”的优秀年轻干部培养机制，通过突出政治标准，优化考察方式；突出选种育苗，优化干部储备；突出岗位历练，优化成长路径；突出顶层谋划，优化制度机制，着力建设适应新时代发展要求的高素质专业化优秀年轻干部队伍，努力提升高校优秀年轻干部治理能力和水平。

关键词： 高校；优秀年轻干部；培养机制

发现培养选拔优秀年轻干部，是加强领导班子和干部队伍建设的一项基础性、先导性和战略性工程，是关系党的事业后继有人和国家长治久安的重大战略任务。习近平总书记在2018年全国组织工作会议上强调，“培养选拔年轻干部，事关党的事业薪火相传，事关国家长治久安”。重视做好发现培养选拔优秀年轻干部工作，不仅是党和国家事业不断发展的重要保证，而且也是各级党组织贯彻落实新时代党的组织路线的共同要求。高校党委必须切实担负起培养选拔优秀年轻干部的政治责任，为新时代中国特色社会主义建设事业培养一批又一批能够担当中华民族伟大复兴重任的优秀年轻干部队伍。

---

* 李四平，北京工业大学党委副书记；江飒英、于思化，北京工业大学

高校优秀年轻干部的发现培养是党和国家事业永续发展的战略工程

我们党十分重视年轻干部队伍建设，始终将培养造就可靠的接班人作为实现中华民族伟大复兴，坚持和发展中国特色社会主义的重要任务。党的十八大以来，习近平总书记多次强调培养年轻干部的重要性，提出要加强和改进年轻干部工作，下大力气抓好培养工作。2019年3月1日，习近平总书记在中央党校（国家行政学院）中青年干部培训班开班式的讲话中指出："培养选拔优秀年轻干部是一件大事，关乎党的命运、国家的命运、民族的命运、人民的福祉，是百年大计。"因此，做好年轻干部培养选拔工作是全党的共同任务，是党和国家事业可持续发展的战略工程，也是各级党委的重要政治责任。

高校作为高层次人才聚集的高地和人才培养的摇篮，是领导干部培养储备的重要来源。因此，发现、培养和输送一批高素质专业化的年轻干部，是高校义不容辞的重要责任。2019年3月，党中央修订颁布的《党政领导干部选拔任用工作条例》第十条增加了"注意从企业、高等学校、科研院所等单位以及社会组织中发现选拔"党政领导干部、"加大干部交流力度"、推动形成包括国有企事业单位在内的各方面干部人才"进入党政机关的良性工作机制"的要求。中共北京市委也制定了建设新时代高素质专业化干部队伍和发现储备、培养选拔优秀年轻干部的相关文件及实施方案，明确提出要从市管企业、市属高校和科研院所发现储备、培养选拔一批优秀年轻干部。这些制度安排都体现了党中央和北京市委对新时代干部队伍建设的战略谋划和全面部署，也更加凸显了在高校发现储备和培养选拔优秀年轻干部的重要意义。

从高校自身来说，做好高校优秀年轻干部的发现培养选拔是高等教育事业发展的重要保证。高校自身事业发展的阶段性和长期性需要一批又一批的干部接续奋斗，必然要求高校发现培养一支数量充足的高素质、专业化年轻干部队伍。教育部提出高校要建立健全科学规范的后备干部选拔、培养、管理和任用工作制度，培养一支素质优良、规模适当、结构合理的优秀年轻干部队伍。高校要统筹制定与建设与中国特色社会主义大学要求相匹配、与高校事业发展相适应的优秀年轻干部中长期发展规划，保证干部队伍“蓄水池”的“一池活水”，为推动高校自身事业和建设高等教育强国提供坚实的组织保证。

当前高校年轻干部队伍建设存在的主要问题

习近平总书记指出：“70后、80后以至90后的年轻干部成为干部队伍的主体。这些干部受过高等教育，思维活跃，勇于创新。”同时，习近平总书记也提到，目前的年轻干部“相对缺乏系统的马克思主义理论学习和严格的党内政治生活锻炼，有的缺乏基层和艰苦地方磨炼，有的缺乏关键岗位扎实历练，有的做群众工作本领不够强，有的担当作为的底气还不足”。年轻干部的这些优点和不足在高校年轻干部身上也同样不同程度地存在。

根据高校干部的成长规律和实际情况，我们一般把年轻干部界定为年龄在45岁以下的干部。对照新时代“五好”干部标准的要求，高校年轻干部也存在着明显的优势和不足。优势主要表现在：学历相对较高，普遍具有研究生以上学历；专业知识丰富，创新思维活跃，不易受条条框框限制；生长于改革开放时代，热爱高等教育事业，有比较开阔的国际视野，有些甚至还有国（境）外名校学习和工作的经历等。不足主要表现在：许多年轻干部经历相对比较单一，大多数都是从学校毕业后就到学校工作，缺乏基层社会实践磨炼；许多年轻干部缺乏党内严肃的政治生活淬炼，理论修养和党性锻炼不够扎实；面对新时代中国特色社会主义大学治理和立德树人根本任务要求，往往存在本领恐慌和能力不足现象。从整体看，高校年轻干部队伍来源结构也相对单一，交流渠道不畅通，干部队伍晋升“天花板”现象比较普遍。在优秀年轻干部的培养选拔工作方面，主要存在如下问题：

一是优秀年轻干部选培标准有待完善。在选拔维度上，目前高校优秀年轻干部选拔缺乏一套科学精准的标准，还只能以一定的年龄、学历为基本条件，以一定的资历和业绩作为选拔“入库”的基本依据。一旦确定了某个年龄段作为主要资格条件，可能把在这一年龄段范围之外且又确有能力的优秀干部排除在外，客观上容易挫伤这一部分干部的积极性。由于开展优秀年轻干部工作一般要求“做而不宣”，一定程度上也削弱了对年轻干部本人的激励作用。在考核维度上，如何更好地加强对这些年轻干部的日常考核，经常性地了解优秀年轻干部的思想、工作和生活等方面的情况，定期开展分析评估，还缺乏系统简便、有效可行的具体办法。

二是优秀年轻干部素质能力有待提升。部分年轻干部对党的基本理论，尤其是习近平新时代中国特色社会主义思想学习领悟还不深不透，结合实际要求对新理念新思想新战略的学思用还不贯通，加之自身阅历和经验不足，客观上缺乏足够的干事创业的底气、能力和本领。在年轻干部培养方面，也存在精准化的专题培训不到位，有针对性帮助年轻干部“补短板、强本领”的培训还不经常，提升年轻干部会为、善为的治理能力水平效果还不够明显。有的年轻干部在走上领导岗位后，面临着专任教师与行政管理岗位间不适应的身份困境、教学科研机构与非教学科研机构工作差异的角色困境、“双肩挑”干部行政工作与科研发展时间精力冲突的职业困境三大问题交织于一身。这些困境容易造成少数年轻干部走上领导岗位后不能很好地适应管理工作的需要，工作业绩和效果不够理想，工作热情和信心易受打击，也得不到多数群众和组织的普遍认可。如何采取措施调动“双肩挑”年轻干部参与校内实践锻炼的热情、增强岗位实践锻炼的针对性、增强跟踪培养的连续性是当前年轻干部培养环节中需要解决的突出问题。

三是优秀年轻干部工作机制有待完善。与处级干部选拔任用相比，目前关于优秀年轻干部工作的政策机制尚不完善，优秀年轻干部进入退出机制还不健全，对于高校基层单位，如何建立一套运行科学、进出通畅的优秀年轻干部优胜劣汰的动态调整机制，还缺乏可以操作的规程。在干部流动方面，受职数、任职条件、部门差异、区域限制等多种因素的限制，一些优秀年轻干部“备而不用”的问题还比较普遍地存在，特别是高校优秀年轻干部向高教系统外的流动、输送，向党政机关的流动、输送还没有形成制度化的常态机制，高校人才蓄水池作用发挥尚不明显。

构建“四突出、四优化”优秀年轻干部培养机制

按照《中国共产党普通高等学校基层组织工作条例》规定，高校党委应当建立健全优秀年轻干部发现培养选拔制度，制定并落实年轻干部队伍建设规划，大胆选拔使用经过实践考验的优秀年轻干部。党的十八大以来，北京工业大学（以下简称学校）党委坚持以习近平新时代中国特色社会主义思想为指导，认真贯彻落实新时代党的组织路线，把干部队伍建设作为关系学校事业发展的战略工程来抓。在制定的“十三五”党建专项规划中，明确提出了干部队伍建设的“二七一计划”，即打造一支200人左右的“五好”中层干部队伍，特别选用好70人左右的中层正职干部，储备培养锻炼一批100人左右的优秀年轻干部队伍。在全方位落实中央和北京市委有关干部政策的同时，加大优秀年轻干部队伍建设的探索培养力度，通过“四突出、四优化”优秀年轻干部培养机制，不断提高年轻干部的治理能力水平，着力建设一支有本领、敢担当、善作为的优秀年轻干部队伍。

1. 突出政治标准，优化考察方式

政治建设是党的根本性建设。高校干部队伍的政治建设是事关党的前途命运和事业兴衰成败的关键问题，必须坚持以钉钉子精神和首善标准抓紧抓好。在年轻干部的选拔培养过程中，学校党委始终把政治素质摆在首位，突出对优秀年轻干部政治忠诚、政治定力、政治担当、政治能力、政治素质的考察，全面实施政治素质考察办法，出台学校中层干部政治素质考察实施细则，优化健全考察方式。加强优秀年轻干部的政治历练，鼓励优秀年轻干部发扬斗争精神，在处理各种矛盾中积累政治经验，在攻坚克难斗争中不断增强政治判断力、政治领悟力和政治执行力。建立健全政治素质档案，增强对年轻干部政治素质考察的经常性和全面性，通过集合纪检监察、巡视巡察、信访举报、审计审核、考核鉴定、表彰奖励、师德纪实、处理处分等相关材料以及日常了解、实绩评判、政治理论测试等有关资料，考准年轻干部的政

治表现，使优秀年轻干部把牢“定盘星”，握稳“方向盘”，种好“责任田”。制定中层干部平时考核档案管理细则，建立干部政治素质档案、平时考核纪实、干部日常监督管理台账三位一体的综合考察考核材料，健全完善以政治素质为重点的全方位日常监管。

2. 突出选种育苗，优化干部储备

一棵幼苗要长成大树，不仅需要选好树苗，更需要精耕细作育好苗。学校党委定期开展优秀年轻干部的遴选、储备、培养工作，积极选拔和培养一支数量充足、结构合理、素质优良的年轻干部队伍。通过青年马克思主义者培养班、年轻干部教师培训班、国家留学基金委公派出国项目、赴境外高校培训交流及各类专题培训，搭建集中培训与实践锻炼相结合、理论武装与专业化培训相结合的平台，全面提高年轻干部综合素质。坚持优胜劣汰、动态调整，保持“一池活水”，建立优秀年轻干部成长记录档案，持续抓好优秀年轻干部日常考核，对在重点工程、重大任务和专项工作中发现的优秀年轻干部及时补充入库，对不再符合资格条件的干部及时调整出库。为在校内开展实践锻炼的优秀年轻干部配备“业务导师”，突出强调发挥经验丰富干部的传帮带作用，经常性地与年轻干部开展谈心谈话，帮助优秀年轻干部总结工作经验，不断调整工作方式方法，消除年轻干部思想“疙瘩”，关心关爱干部身心健康，提振干事创业的精气神。

3. 突出岗位历练，优化成长路径

学校党委严格落实中共中央《党政领导干部选拔任用工作条例》中关于干部提任的任职经历要求，从政策上保障和促进优秀年轻干部的交流与流动。基于对学校近十年来干部队伍成长路径的分析研究，在今年开展的中层干部集中调整聘任工作中，注重加强不同类型年轻干部的多岗历练、培养综合素质和业务能力，加大优秀年轻干部在校内轮岗交流和跨学院、跨系统的交流任职力度，让优秀年轻干部在急难险重的岗位上干事创业、压担历练，缩短年轻干部成长期，促进年轻干部尽快磨砺成长。积极拓宽年轻干部的成长路径，对有潜力和发展前途的优秀年轻干部，坚持多岗位锻炼、基层蹲苗磨炼、中心任务锤炼、必要台阶历练和急难险重任务考验相结合，组织干部校内挂职锻炼、轮岗，校外交流任职、挂职锻炼，并在冬奥会、世园会、脱贫攻坚等基层一线、关键岗位、重大项目任务中培养历练，促进年轻干部在艰苦的一线岗位上、在急难险重工作中砥砺品质、锤炼作风、增长才干，提高应对复杂局面、开展群众工作、服务改革发展的能力。同时，学校党委坚持容错、纠错“三个区分开来”，建立健全正向激励和容错纠错的机制，营造干事创业良好氛围。组织部门和各二级党组织坚持对年轻干部从政治上、思想上、工作上、生活上全方位真诚关爱、撑腰鼓劲，鼓励年轻干部干事创业、大胆作为。

4. 突出顶层谋划，优化制度机制

学校党委强化干部队伍建设的顶层设计，统筹推进优秀年轻干部的“选、育、管、用”，上级部门的相关方案中明确提出，要着力优化中层干部领导班子结构和功能，建设一支适应事业发展需要、忠诚干净担当的高素质专业化干部队伍，强调要在“十四五”期间持续培养锻炼一批优秀年轻干部，推动形成更加优秀的年轻干部梯队，为学校改革发展提供坚强的组织保证。根据中共中央《党政领导干部选拔任用工作条例》，学校党委落实《北京市委关于建设新时代高素质专业化干部队伍的意见》和《关于进一步激励广大干部新时代新担当新作为的意见》等文件精神，修订了学校中层干部选拔任用管理办法，制定了学校建设高素质专业化干部队伍实施方案，从而建立完善优秀年轻干部选拔、培养、管理、使用、监督的全链条工作机制，打好优秀年轻干部选、育、管、用“组合拳”。在总结年轻干部储备培养工作的基础上，立足“十四五”发展规划目标，制定本单位优秀年轻干部培养方案，着力加强对年轻干部的教育培训和实践锻炼，畅通年轻干部发展渠道，通过对年轻干部履职情况和完成急难险重工作情况的考核，全面考察其综合素质能力，并将考察结果作为培养、使用、调整的重要依据，真正实现以多元思维优选储备年轻干部，以系统思维教育培训年轻干部，以辩证思维磨砺锤炼年轻干部。

习近平总书记在庆祝建党100周年大会上指出：新时代的中国青年要以实现中华民族伟大复兴为己任，增强做中国人的志气、骨气、底气，不负时代，不负韶华，不负党和人民的殷切期望！这既是对青年成长提出的期望，也是对年轻干部培养提出的时代要求。作为承担“为党育人、为国育才”使命的高校，只有为党和国家的事业培养一支符合新时期好干部标准、忠诚干净担当、数量充足且充满活力的高素质专业化年轻干部队伍，培养造就一代又一代能担当时代重任的社会主义建设者和接班人，才能真正把新时代党的组织路线落到实处。

本文刊发于《北京教育》（高教）2021年第9期

以党的学风带动高校学风建设的理论思考与探索实践

陈超群*

摘　要：建设优良学风是大学固本强基的百年工程。党的学风对高校学风建设具有重要的指引性作用。新时代，我国高校的学风建设在整体保持健康向上的同时，还存在一些薄弱环节和突出问题。清华大学将2019年作为“学风建设年”，积极探索以党风带学风的有效路径。

关键词：党的学风；高校；学风

建设优良学风是大学固本强基的百年工程，也是践行为党育人、为国育才初心使命的重要保证。习近平总书记指出：“一所高校的校风和学风，犹如阳光和空气决定万物生长一样，直接影响着学生学习成长。”[1]高校的学风问题具有反复性、复杂性、阶段性、普遍性等特点，每所著名高校的学风都需要长期积累、持续建设。[2]作为党领导下的社会主义高校，必须高度认识党的学风和高校学风的关系，充分发挥党的学风建设对高校学风的指引作用，探索新时代高校的学风建设机制。

党的学风对高校学风的指引作用

第一，建设目标的指引性。“党的学风问题的核心，就是以什么样的态度和方法来学习和运用马克思主义。”[3]高校党的学风建设，根本在于传承弘扬马克思主义的思想路线，用马克思主义理论武装头脑、指导实践。传承弘扬

---

* 陈超群，清华大学党委办公室

党的优良学风，引导广大师生深入学习马克思主义中国化最新成果，牢牢掌握马克思主义的世界观方法论，深学笃行辩证唯物主义，树牢“四个意识”、坚定“四个自信”，培育为民族复兴伟业学习奋斗的情怀，才能明确在校期间的学习目标，激发昂扬向上的学习热情和学习态度。

第二，实施主体的导向性。党的学风的实施主体是领导干部、广大党员，高校学风的实施主体是在校接受教育的学生。高度重视抓全党特别是党员领导干部的学习，是推动党和人民事业发展的一条成功经验。高校党委理论中心组学习等学习制度的建立，发挥了在学风建设方面的示范带头作用[4]。党在高校党的学风建设成效，不仅要内化为党员干部的思想觉悟，而且也要外化为干部师生的行为举措，体现在对学生的言传身教上，表露在对高校学风的示范带动上。

第三，方式方法的指导性。党的学风建设要求牢牢掌握马克思主义的立场观念方法，解决好思想问题和实践问题。高校的学风建设是办学治校的重要内容，也是党的学风建设所要学习研究的重要对象。只有围绕高校学风建设大兴调查研究之风，深入探究学风建设规律，才能为高校学风的持续建设提供科学有效的方法论指导；只有学习把握辩证唯物主义的世界观、方法论，解决好“为什么学、学什么、怎么学”的问题，才能帮助青年学生激发学习动力、明确学习目标、端正学习态度、优化学习方法，成长为全面发展的时代新人。

第四，建设成效的保障性。高校学生具有周期性流动特点，师生思想状况呈现多样化易变性。高校学风的养成传承，不仅需要广大教师、党员干部的示范带动，更需要建立完善制度体系和工作机制，从严从实治理学校、管理学生，确保在制度机制的约束指引下推动高校学风的持续建设。高校各级党组织、广大党员是实施规章制度的重要主体。只有强化党的学风建设，高度认识学风建设的重要作用，强化制度执行，才能保障高校学风建设始终沿着正确方向前进。

高校学风建设是一项重要而紧迫的任务

进入新时代，我国高校的学风在整体保持健康向上的同时，还存在一些薄弱环节和突出问题。例如：有的高校对高等教育大众化背景下加强学风建设的规律性认识和把握不够[5]；部分学生学习目的性不明确、学习态度不端正、学习积极性不高、学习纪律松懈，“不知为何而学”“对学习缺乏兴趣”“有不少同学谈起自己的学习困惑就是缺乏学习激情，学习的动力只剩下按时交作业的压力”[6]；部分教师教书育人的主导意识不强，“三全育人”的工作机制和环境氛围还有待加强等。

清华大学历来高度重视学风建设，学风传统不断传承发扬。2019年，学校调研发现学风建设存在以下几方面问题：一是学生学习风气存在不够扎实的现象。部分学生课堂出勤不理想，课上不够认真；部分学生课程投入不足；部分学生与教师交流不够，学习动力不足，学术志趣不强，创新能力提升不够；少数学生对学术失范行为的判别标准认识不够清晰。二是部分教师对学习风气的养成不够重视。有的对学生的学习要求不够严格；有的在教学上投入不够，对学生指导不够到位，与学生沟通的积极性不够高。三是教学管理存在制约学风养成的薄弱环节。课程挑战度不够高；部分课堂规模过大，不利于师生互动；基础课的因材施教模式还需要继续探索；研究生学位评定还存在“数论文”问题；学校对教师的教学投入要求不够严，考核不够到位，评价不够科学；对严格要求学生的教师给予的制度支持不足；教师教学研讨气氛不够浓厚，助教队伍建设亟待加强。[7]

以党的学风强化高校学风建设的探索实践

第一，学校党委全面部署推进，各级党组织率先学习。将2019年作为“学风建设年”，发布《清华大学“学风建设年”工作方案》，明确将推进学风建设作为学校在新时代弘扬学风建设优良传统、不断深化教育教学改革的重要举措。成立以校长、书记任“双组长”的工作领导小组，明确“以传统育学风、以机制正学风、以教风促学风、以典型带学风”的总体思路，全面部署学风建设工作。院系党委、师生党支部通过理论学习，带动全体党员深入剖析学风中的主要问题。

第二，师生深刻研讨学风内涵，激发治学内生动力。通过组织党课学习、班会、主题团日、读书班、“党团1+1”、党支部活动、博士生论坛、“微沙龙”“真人图书馆”活动、专题讲座、研讨会、座谈会等各种形式，围绕学生“为什么学”“怎么学”、教师“为谁培养人”“培养什么人”等根本性问题开展“学风大讨论”。调动教师2300余人次、学生1.7万余人次研讨学术规范与学术道德教育。深入研讨如何将“严谨、勤奋、求实、创新”的学风与“爱国奉献、追求卓越”的精神、“又红又专、全面发展”的特色有机融合，着力将学风建设融入师生学习工作，将严谨的治学精神和学习风气内化为自觉追求。

第三，突出强调教师育人责任，多点结合注重实效。强调建设风清气正的教学科研学术之风，把教书育人的投入与成效纳入教师学术评价体系。在新教师入职、教育培训、工作交流等方面加强引导，实施第25次教育工作讨论会各项行动方案，推动建立“教学档案袋”制度，改革课程教学评价体系，健全教学激励体系。举办“严谨学风我带头”主题青年教师学术沙龙，在“优良学风班”制度设立30周年、教师节表彰会、教书育人研讨会等活动中突出学风建设主题。创新开展“导学思政”工作，鼓励导师“既做学业导师，又做人生导师”。激励全体教师严于律己、保持崇高的学术追求，同时对学生严于要求、以严格的教风带动学生良好学风的形成。

第四，着力破除“五唯”倾向，营造良好学术风气。修订《教师学术道德守则》，强调坚持学术诚信教育，坚持教书育人是教师的第一学术责任。发布《关于完善学术评价制度的若干意见》，倡导营造宽松包容的学术环境，鼓励师生自由探索。成立完善学术评价制度领导小组、完善学术评价制度工作组，涉及全校相关制度60多项。[8] 2019年，发布《攻读博士学位研究生培养工作规定》，不再统一对博士生在学期间发表论文提出数量上的硬性要求，激励挑战前沿性、跨学科的研究课题，力争原创性成果。2020年，相继发布《研究生申请学位创新成果标准规定》《关于进一步加强研究生学位论文质量全过程管理的意见》，破除对发表SCI论文数量、高影响因子论文等相关指标的过度追求，更加关注对相关学术领域的实际贡献。

第五，全员参与、深化宣传教育，齐声共振营造氛围。各院系单位制定行动方案，由院长（系主任）、党委书记讲好学风专题课，形成全面抓学风、促学风的氛围。学生会提出“五要五不要”口号：“要钻研，不拖延；要诚信，不抄袭；要严谨，不糊弄；要专注，不低效；要热爱，不跟风。”制作“学习加油糖”发给全体新生，制作“趣味成语新解版糖”在期末考试周发给上自习的学生，糖纸上写着“垂手而智——放下手机，才可以专心学习、拥有智慧”“有则改之，无则加眠——有灵感，好好改论文；没灵感，先好好休息”等各种学风激励箴言。举办“优良学风档案史料展”，编选《清华名师谈学风》《校长书记论学风》《专家学者话学风》等资料，广泛开展教风、学风、师风宣传。

第六，传承弘扬科学家精神，着力解决关键问题。2020年，结合贯穿全年的第18次科研工作讨论会，及全校“研究生教育改革研讨月”，鼓励全校科技工作者继承发扬老一辈科学家胸怀祖国、服务人民的优秀品质。在传达学习科学家座谈会精神过程中，围绕“加快解决制约科技创新发展的一些关键问题”，提出“努力实现原始创新能力的提升”“进一步激发师生的创新、创造活力”等重要目标举措，深入总结在科技创新工作方面的经验，持续推动基础研究、平台建设、交叉学科建设与智库建设，持续加强创新文化和创新生态建设，将培育科学家精神与传承弘扬优良学风、凝聚力量攻坚克难有机结合起来，不断赋予新的时代内涵。

第七，深入调研全面总结，推动形成长效机制。全校深入开展覆盖5500余人的学风建设调研，包括面向学生的学情调研、课程学习投入情况调查，面向教师的学风建设调查，召开班主任和任课教师座谈会、双学位和辅修教学项目建设意见征求会、基础课团队建设意见征求会、通识教育课程专家意见征求会等，系统查找学风建设问题，持续加强对优良学风的建设引导。2020年，制定《清华大学关于加强新时代学风建设的若干意见》，进一步明确“优良学风是大学的立校之本”“学风建设要服务学校人才培养目标”“人人都是学风建设的主体”，提出“营造涵育优良学风的文化氛围”等意见，并指出：“坚持学校党委对学风建设的领导，统筹推进各项任务，以党风促学风。”[9]

经过“学风建设年”活动，清华大学全校师生对传承弘扬优良学风有了更深入认识。2020年，抗击新冠疫情期间，学校“延期开学、如期开课”，在线教学“真上课、上真课”，加强对学生线上学习能力的培养，“教师对学生在线学习的学风给予了高度评价，认为同学们态度积极、学习努力，展现了更加优良的学风”[10]。

本文系“清华大学党建和思政工作研究专项”资助的子课题成果。

参考文献

[1] 习近平首次点评“95后”大学生 [N]. 人民日报，2017-01-03（2）.

[2][7] 邱勇 . 建立长效机制　努力开创新时代学风建设新局面——在清华大学学风建设大会上的讲话 [EB/OL].（2019-11-28）[2020-10-06] .https：//news.tsinghua.edu.cn/info/1065/39786.htm.

[3] 中共上海市委宣传部 . 坚持和弘扬马克思主义学风 [M]. 上海：上海人民出版社，1998：5.

[4] 柯文 . 充分发挥党委中心组学习对全党理论学习的示范带动作用 [J]. 求是，2016（20）：43-44.

[5] 蒋莹莹 . 高校大学生学风建设的现状与对策分析 [J]. 淮海工学院学报（人文社会科学版），2018，16（6）：125-127.

[6] 邓晖 . 学风建设，重要的是找到学习的意义 [N]. 光明日报，2018-11-20（7）.

[8] 清华大学发布《关于完善学术评价制度的若干意见》[EB/OL].（2020-04-19）[2020-10-06]. https：//news.tsinghua.edu.cn/info/1002/16506.htm.

[9] 清华大学关于加强新时代学风建设的若干意见 [EB/OL].（2020-03-13）[2020-10-06]. https：//news.tsinghua.edu.cn/info/1006/76381.htm.

[10] 邱勇 . 建设更开放、更融合、更有韧性的大学 实现更加普惠的高质量教育—在“云上学堂” 交流会上的讲话 [EB/OL].（2020-07-03）[2020-10-06]. https：//news.tsinghua.edu.cn/info/1002/80413.htm.

本文刊发于《北京教育》（高教）2020年第12期

实践真知

全面落实习近平总书记重要批示精神
坚决打好高校党的政治建设攻坚战

郑吉春*

摘　要：党的政治建设是党的根本性建设。北京市委教育工委全面落实习近平总书记重要批示精神，把加强高校党的政治建设摆在首位，系统谋划，挂图作战，攻坚克难，取得突破性进展。政治氛围向上向好，政治信仰更加坚定，政治意识明显增强，政治能力显著提升，政治生态更加清朗，在庆祝新中国成立70周年、新冠疫情防控等重大任务中充分显现成效。

关键词：北京高校；政治建设；攻坚战

党的政治建设是新时代党中央做出的重大战略部署，高校是党的政治建设的特殊重要阵地。为深入学习贯彻习近平总书记重要批示精神，全面落实《中共中央关于加强党的政治建设的意见》，以钉钉子精神抓好高校党的政治建设，北京市委迅速部署，市委教育工委严抓落实。高校党的政治建设攻坚战推进有力、成效明显。在“以党的政治建设为统领抓高校党的建设”“以重大活动为契机抓思想政治教育”“以教师党支部为依托抓课程思政建设”“以疫情防控为战场抓基层组织力”等方面大胆创新、取得突破性进展。

系统谋划推动，政治建设态势良好

北京市在全国率先研究制定《关于加强高校党的政治建设的若干措施》，提出20条100项措施，首次明确了高校党的政治建设内涵和实现路径，同步制

*　郑吉春，北京市委教育工委常务副书记

定任务清单，逐校审阅实施办法，精准指导挂图作战。召开首都高校党的政治建设工作会，把“高校党的政治建设突出问题”纳入“不忘初心、牢记使命”主题教育专项整治，与教育部等6部（委）联合部署落实，形成齐抓共管合力。健全市领导联系高校制度，18位市领导带着问题清单入校专项督导，主题教育期间再次入校指导。指导高校全部召开党的政治建设专题民主生活会，开展集中讲评并逐校反馈问题。2019年年底，逐校听取高校党委书记汇报，开展“四不两直”入校检查，有效压实责任。新冠疫情发生以来，坚持把党的领导贯穿疫情防控工作全过程，形成全覆盖的工作体系，以应对大战、迎接大考的工作姿态，全力打好疫情防控阻击战。

把牢办学方向，政治氛围向上向好

完善党中央重大决策部署和习近平总书记关于教育工作重要论述和指示批示贯彻落实的督查问责机制，落实重大事项报告制度，坚决做到“两个维护”。启动中国特色社会主义大学办学标准、评价机制等重大问题研究，制定市属高校分类发展方案，着力增强高校服务国家、首都的意识和能力。北京大学等高校率先对大学章程、师生学术评价体系等制度进行检视修订，努力破除“五唯”，确保正确的政治方向、价值取向、学术导向。在主题教育中广泛开展立德树人根本任务“大学习、大讨论、大落实”活动，有效强化“为党育人、为国育才”的初心使命。在疫情防控中，指导高校积极践行“四个服务”，在援鄂行动、社区服务、科研攻关、保卫校园、对外宣传中，主动发挥作用，提高首都师生员工贡献率。

加强思想引领，政治信仰更加坚定

坚持用习近平新时代中国特色社会主义思想铸魂育人，制定“三全育人”综合改革方案，抓好思政课改革创新十人工程，召开现场会，推广北京联合大学“以教师党支部为依托抓课程思政建设”成功经验。把服务保障国庆作为最生动的思想政治教育，启动“我和我的祖国”主题教育，组织“青春告白祖国”等活动4千余场，形成300万名师生同上一堂课的生动局面。组织9.6万名师生直接参与国庆服务保障，通过设立临时党组织、开设专门课程、组织党团活动等方式，把思想教育融入每天训练日程中，干部、教师与学生同吃同住同训，把思政工作做在日常、做到个人，4590名学生提交入党申请书。组建30个团队赴100余所京外高校讲述“国庆故事”，直接受众10万余名师生，直播观看超1000万人次，充分激发了广大师生对以习近平同志为核心的党中央的衷心拥戴、对中国特色社会主义的坚定自信、对伟大祖国的无比热爱。北京高校在国庆活动中的表现得到各方充分肯定，“首都高校师生经受了一次集体检阅”“当代大学生是值得充分信赖、可以寄予厚望的一代”。在紧张的疫情防控斗争中，启动“使命在肩，奋斗有我”主题教育，打造“空中课堂”，创新“网络思政”，弘扬主旋律、传播正能量，一刻不放松地抓好立德树人根本任务。

强化党的领导，政治意识明显增强

坚持和完善高校党委领导下的校长负责制，指导高校按照中组部、教育部党组示范文本，修订完善党委常委会、校长办公会议事规则；积极推进“三长进常委”，强化党委常委（委员）意识，把党的要求贯彻到分管领域具体工作中。把“政治标准”作为首要标准，从各区、委办局选拔政治素质过硬、熟悉教育规律、党务经验丰富的干部充实到市属高校。建立高校理论学习中心组学习计划、档案、报送、通报、督查考核、巡听旁听六项制度，推动高校把深入学习贯彻习近平新时代中国特色社会主义思想作为首要政治任务。构建意识形态“分兵把守、各负其责”的协同机制，形成责任清单和负面清单；推动建立校地协同工作机制，初步形成“共保校园稳定、共建一方平安”的工作合力；出台引导学生社团健康发展的若干意见，加强党对学生会和学生社团的领导，配齐配强指导教师；坚决防范化解重大风险问题，有效维护高校政治安全。

坚持强基固本，政治能力显著提升

聚焦破解“上热中温下凉”问题，推动党的领导向基层延伸，督促高校落实院（系）党组织会议、党政联席会议和系（室）务会制度，推动符合条件的院（系）党组织书记参加学术组织，推动基层党组织在重大办学问题、重要事项上把好政治关，把党的领导贯穿办学治校、教书育人全过程。启动新一批北京高校党建难点项目，整顿软弱涣散党组织，实施教师党支部书记“双带头人”培育工程，开展党支部工作法研究，有效提高规范化水平。加强政治能力建设，集中轮训高校院（系）行政负责人770名，指导高校开展全覆盖培训，引导党员干部敢于亮剑、勇于担当、善于履职。强化党建引领疫情防控，发挥组织优势，压实党建责任，充分发挥基层党组织战斗堡垒作用和党员先锋模范作用，让党旗在疫情防控斗争第一线高高飘扬。

严格正风肃纪，政治生态更加清朗

聚焦严肃党内政治生活，督促高校领导班子、领导干部严格执行党内政治生活的若干准则，派人参加各高校“不忘初心、牢记使命”主题教育民主生活会，督促整改问题。高校领导干部普遍反映，民主生活会开出了“高质量、新气象”“确实体会到了严肃的党内政治生活氛围”。建立“以案为鉴、以案促改”警示教育机制，研究制定师德考核指标体系和师德“一票否决”机制，指导高校及时修订校规校纪，旗帜鲜明划出师生行为底线。严格落实中央八项规定精神及市委实施细则，开展全面从严治党考核，高校校内巡察党组织近600个，开展疫情防控全覆盖专项督导，高校政治环境更加风清气正。

经过一年的努力，北京高校政治意识明显增强，政治生态明显好转。在庆祝新中国成立70周年、新冠疫情防控等重大任务中充分显现成效。为打好高校党的政治建设这场持久战、攻坚战，市委教育工委将在疫情防控常态化的新形势下，持续推进市委《关于加强高校党的政治建设的若干措施》落地见效，攻坚克难，持之以恒，确保高校始终成为“坚持党的领导的坚强阵地”和“培养社会主义事业建设者和接班人的坚强阵地”。[1]

参考文献

[1] 习近平在全国高校思想政治工作会议上强调 把思想政治工作贯穿教育教学全过程 开创我国高等教育事业发展新局面 [N]. 人民日报，2016-12-09(1).

本文刊发于《北京教育》(高教) 2020年第7期

以“赋权、赋责、赋能”全面提升高校基层党组织组织力

李丽辉　谭振康*

摘　要：近年来，北京高校坚持以“赋权”强化政治功能，持续完善基层管理体制和运行机制，确保基层党组织“有地位”；坚持以“赋责”强化初心使命，持续推动党的建设与立德树人中心工作深度融合，让基层党组织“有担当”；坚持以“赋能”加强条件保障，持续推动高校党建工作重心下移，让基层党组织“有底气”，全面提升高校基层党组织组织力。

关键词：北京高校；基层党组织；赋权；赋责；赋能

北京高校是中国共产党的重要发源地之一，在我们党一百年波澜壮阔的历史进程中发挥了重要作用。党的十八大以来，北京市委高度重视高校党的建设，通过“赋权、赋责、赋能”全面增强高校基层党组织组织力，以高质量党建引领首都高等教育高质量发展。

以“赋权”强化政治功能，让基层党组织“有地位”

北京市委教育工委坚决以钉钉子精神打好高校党的政治建设攻坚战，在全国率先制定《关于加强高校党的政治建设的若干措施》，不断强化基层党组织的政治属性和政治功能，完善基层管理体制和运行机制。

1.校级层面。北京高校全部修订完成党委领导下的校长负责制实施细则，健全党委常委会、校长办公会议事规则，落实高校党员校长全部担任副书记，

* 李丽辉、谭振康，北京市委教育工委组织一处

积极推进党委组织部部长、宣传部部长、统战部长进常委，强化行政领导常委（委员）意识，确保党委履行好“把方向、管大局、做决策、抓班子、带队伍、保落实”的领导职责，充分发挥全面领导作用。

2.院（系）层面。在全国率先制定《关于坚持和完善北京普通高等学校院（系）党组织会议和党政联席会议制度的指导意见（试行）》，指导高校修订院（系）议事规则，明确干部议题由党组织会议研究决定，重要事项由党组织会议前置把关，党政联席会一般由书记主持。健全院（系）党组织在干部和教师队伍建设中发挥主导作用机制，推动符合条件的院（系）党组织书记参加学术组织，推动基层党组织在重大办学问题、重要事项上把好政治关，管好各类思想文化阵地。

3.支部层面。建立和落实系（教研室）的系（室）务会制度，明确行政领导班子成员和党支部书记按照民主集中制原则集体讨论决定本单位重要事项。健全在人员聘用、晋职晋级、评奖评优时征求党支部意见等工作机制，探索把好政治关、师德关的长效机制，引导教职员工把握好教学科研管理工作中的政治原则、政治立场、政治方向。建立学生党支部、团支部、班委会协同工作机制，持续实施北京高校学生党员先锋工程，充分发挥学生党支部战斗堡垒作用，引领广大青年追梦新征程、奋斗新时代。

以“赋责”强化初心使命，让基层党组织“有担当”

北京市委教育工委坚持把党的建设与立德树人中心工作深度融合，紧紧围绕为党育人、为国育才初心使命和立德树人根本任务，不断增强基层党组织组织力。

1.把好“指挥棒”。把事业发展作为高校基层党组织评价考核的重要指标，在研究制定《北京普通高等学校党建和思想政治工作基本标准》，组织开展集中入校检查和北京市党的建设和思想政治工作先进普通高等学校评选表彰等重要工作中，均把事业发展情况纳入重要评价内容；针对办学标准、评价体系等关键问题进行专题研究，在“双一流”建设中强化党建指标，推动党建与事业发展深度融合。加强高校党建责任体系建设，推动高校建立校、院、系三级党建责任清单和负面清单，建立基层党组织书记例会制度，完善压力传导机制，确保党的教育政策和党中央重大决策部署有效贯彻落实到基层。

2.用好“试金石”。北京高校注重在贯彻落实重大任务、服务保障重要活动中锤炼基层党组织，以教师党支部为依托抓课程思政建设，把临时党组织建在服务保障中华人民共和国成立70周年庆祝活动团队中，把党旗插在疫情防控第一线，高校党组织和党员冲锋在前，赢得广泛赞誉。习近平总书记在给北京大学援鄂医疗队全体“90后”党员回信中给予高度评价：“广大青年用行动证明，新时代的中国青年是好样的，是堪当大任的！”北京高校基层党组织在重大考验中不断成长，凝聚力显著增强，一大批中青年骨干教师和优秀大学生加入党组织，高校发展党员数量占全市一半以上。

3.抓好“领头雁”。北京市委教育工委指导高校选优配强院（系）党组织书记，每年对高校院（系）党组织书记配备情况进行摸底调研，定期集中轮训高校院（系）党组织书记，努力打造政治强、业务好、品行优、在师生中有威望的“领头雁”队伍；实施教师党支部书记“双带头人”培育工程，推动高校教师党支部书记普遍达到“双带头人”标准，29个教师党支部入选教育部全国高校“双带头人”教师党支部书记工作室；明确要求新提任的院（系）党政负责人一般要有党务工作经历，指导高校努力打造党性强、业务强的“双强型”高素质干部队伍，整体提升高校干部队伍政治素质。

以“赋能”加强条件保障，让基层党组织“有底气”

北京市委教育工委坚持不懈抓基层强基础，持续推动高校党建工作重心下移，把更多资源和条件向基层倾斜，让基层党组织说得上话、办得了事，不断增强基层党组织的政治领导力、思想引领力、群众组织力、社会号召力。

1.加强工作指导。健全市领导联系高校制度，推进领导干部督导高校党的政治建设、上讲台讲授思想政治理论课制度化、常态化。建立北京市委教育工委领导联系基层党组织制度，推动高校建立党委常委（委员）基层党建联系点制度，校、院（系）两级领导班子成员、职能部门主要负责人联系指导学生党支部工作制度，树立党的一切工作到支部的鲜明导向。

2.加强难点攻关。连续实施三批北京高校党建难点项目支持计划，组织33所试点高校围绕“大学生思想入党”“党的领导贯穿办学治校、教书育人全过程”等7个难点项目开展集中攻关，率先破解难点重点问题，探索形成符合北京高校实际、具有推广价值的工作模式和实践经验，整体提高高校党建工作水平。实施市属高校党建质量提升工程，从能力提升、专项指导、项目支持、品牌培育四个方面实施“十个一”举措，给市属高校赋能力、补短板、增实效、强亮点。推动建立院（系）党员之家、青年人才领航工作站，建立党员领导干部和党员学术带头人直接联系培养教师入党积极分子制度，在高层次人才发展党员等难点工作中取得积极成效。

3.加强条件保障。大力推动高校为党委组织部门和院（系）配备专职组织员，加强特邀党建组织员队伍建设，落实专职党务干部保障激励机制。按照党员年人均不低于300元标准，补贴学生党支部活动和工作经费；按照每人每月1000元标准，补贴教学科研一线教师党支部书记激励经费，增强基层工作吸引力，真正形成人往基层走、钱往基层投的良好态势。

站在新的历史起点，北京高校将以习近平新时代中国特色社会主义思想为指导，传承深厚红色基因，持续赋权、赋责、赋能，推动高校基层党组织全面进步、全面过硬，不断提升高校基层党建工作质量，为办好中国特色社会主义大学提供坚强保证。

本文刊发于《北京教育》（高教）2021年第7期

以高质量党建引领高质量事业发展

郑 萼*

摘 要：以高质量党建引领高质量事业发展是新时代中国特色社会主义大学现代化治理的必由之路。首都师范大学突出政治引领、强化思想引领、提升组织引领、加强作风引领，着力提升党建工作质量，引领高质量事业发展。

关键词：党建；引领；事业发展

首都师范大学始终坚持以党的政治建设为统领，以高质量党的建设引领高质量事业发展，加快推进学校“双一流”建设、努力建成中国特色世界一流师范大学。

突出政治引领，把牢 “方向盘”

党的政治建设是党的根本性建设，决定党的建设方向和效果。政治引领对于推动高校改革发展、引领教学育人方向、维护校园和谐稳定发挥着根本性作用。

1.坚持把党的政治建设摆在首位。牢记“看北京首先要从政治上看”，以钉钉子精神打好学校党的政治建设攻坚战。认真学习贯彻落实中央《关于加强党的政治建设的意见》及北京市委《关于加强高校党的政治建设的若干措施》，制定加强政治建设任务清单，列明具体任务266条，将政治建设的要求落实到教学科研管理服务的方方面面，并以“不忘初心、牢记使命”主题教

---

* 郑萼，首都师范大学党委书记

育为契机，扎实推进。

2.坚持“首师大姓‘师’”的定位。坚持以高水平学科建设支撑高水平教师教育，在主动融入“四个中心”功能建设、积极服务首都基础教育中，大力推进中国特色、首都气派的“双一流”大学建设。增加师范专业数量和招生规模，修订师范生人才培养方案，教师供给能力及水平全面提高。聚焦基础教育新课标、新教材、新教法，深化教育教学规律研究，建立教科书博物馆、人工智能教育研究院，构建基础教育均衡发展的“北京模式”获国家教学成果一等奖，毕业生在首都基础教育一线就业数量持续增长。

3.坚持完善中国特色现代大学制度。充分发挥党委领导核心作用，坚持和完善党委领导下的校长负责制，健全全委会、常委会和校长办公会议事决策规则，注重民主权力、学术权力和行政权力的有机结合。深化以大学章程为核心的制度建设、深化学校管理体制机制改革，坚持依法依规办学治校，健全确保正确的政治方向、价值取向、学术导向的师生评价体系和学术评价体系。完善和落实院（系）党组织会、党政联席会制度，推进系（教研室）务会制度，规范党组织引领基层治理的议事决策机制。

强化思想引领，筑牢 “生命线”

办好中国特色社会主义大学，必须坚持用习近平新时代中国特色社会主义思想武装师生，夯实思想根基，凝聚起同心共筑中国梦的磅礴力量。

1.用新思想武装师生头脑。把深入学习贯彻习近平新时代中国特色社会主义思想作为首要政治任务，用“四个意识”导航、“四个自信”强基、“两个维护”铸魂，发挥全国重点马克思主义学院和综合性大学学科优势，成立新时代思想政治教育创新研究中心，建设高水平研究阐释平台、大学生理论学习教育平台和教职工理论研讨长效平台，多措并举打造思政“金课”、推进课程思政建设，形成各门课程与思政课程同向同行，完善意识形态工作责任制实施办法，把好“十大重点关口”，教育引导全校师生努力做到学思用贯通、知信行统一。

2.构建“大思政”的工作格局。实施思想政治工作质量提升工程，积极推进“三全育人”综合改革，深入开展立德树人根本任务“大学习、大讨论、大落实”活动，探索思政课教师和辅导员融合融通的育人新机制，以教师“入心”促学生“入脑”，推动思政课建设内涵式发展。以师生参与新中国成立70周年庆祝活动为契机，打造“行走的思政课”，深入推进社会主义核心价值观教育，进一步激发学生爱国情、强国志和报国行。

3.把师德师风摆在突出位置。创建“六个着力”师德建设工作模式，提升教师的育人能力。着力抓好新入职教师、研究生导师、教学团队等群体的师德教育，每年九月开展“师德教育月”活动、开设新教师入职“第一课”、签署师德师风承诺书、举办师德先进事迹报告会、编印师德风采录、组织高层次人才开展师德实践，出台并落实师德考核等相关制度，将思想引领、价值塑造、能力培养紧密结合，贯穿融入教育教学全过程，切实把师德师风作为评价教师的第一标准。

提升组织引领，夯实“战斗堡垒”

党的力量来自组织。高校党的建设要加强组织体系建设，不断增强各级党组织的领导力、组织力、执行力，把党的政治优势、组织优势和制度优势转化为治理效能。

1.高标准抓干部队伍。全力打造与“双一流”建设相匹配的干部队伍，建强学校事业发展的中坚力量。突出政治标准，强化政治素质考察，完善干部选任机制，选优配强院系党政领导班子。着眼干部治理能力提升，有计划、分层次、全覆盖地开展干部集中教育培训。注重培养优秀年轻干部，选拔青年教授挂职学校机关副处级岗位，涌现出援藏干部、“第一书记”等多名获市级表彰的优秀干部。

2.重规范抓支部建设。落实“支部建设年”，从“全、严、实、新、恒”着手，确保党支部全面进步、全面过硬。全面落实基本组织生活制度，建立落实党员领导干部联系指导党支部制度、纪实制度、补课制度等。加大临时党支部、功能型党支部建设力度，充分发挥党组织在重大任务及教学科研中的作用，把党的旗帜插在高质量事业发展的主战场。广泛深入开展推进“双一流”建设、加强课程思政、师德师风大讨论大落实等主题党日活动，着力将党支部打造成为落实立德树人根本任务的动力引擎。

3.强机制抓书记队伍。实施“领雁工程”，锻造高素质专业化基层党组织书记队伍。坚持双融入、双带头，持续优化基层党组织书记队伍结构，把好选任关；通过院系级单位党组织书记“领雁论坛”、党支部书记“2345”培育机制等提升教育培训的精准性和有效性，把好培育关；严格落实基层党组织书记述职评议考核机制、党支部书记年度考核激励机制等，压实基层党建责任体系，把好履职关。

加强作风引领，营造“良好生态”

党风决定政风，党风正，政风就正，校风、教风和学风自然正。高校必须把营造风清气正的政治生态作为基础性、经常性工作来抓，浚其源、涵其林，养正气、固根本，锲而不舍、久久为功。

1.强化政治监督。把政治监督纳入学校党委全面从严治党主体责任检查指标体系、纳入基层党组织书记述职，纳入校内党委巡察、纳入纪委日常监督重点。突出贯彻中央市委决策部署开展监督，先后对国庆重大任务、政治建设任务清单落实情况、“不忘初心、牢记使命”主题教育开展情况等工作进行专项监督；突出政治纪律和政治规矩开展监督，聚焦课程、教材、论坛等进行意识形态工作专项监督检查；突出政治生活和政治生态开展监督，对学校及部分院系级单位政治生态进行分析研判。

2.强化日常监督。每逢节庆节点，通过学校会议、短信平台等方式，对中层以上领导干部进行廉洁提醒。针对日常监督中发现的公车管理、出租车使用管理等不规范问题，督促主责部门再规范，严防“四风”反弹。督促二级党委、基层党支部发挥日常监督功能，发现问题及时开展日常提醒、提醒谈话、约谈等，并将谈话情况纳入学校党委全面从严治党年终检查考核中，推进日常监督基层化、日常化、全覆盖。

3.强化纪律监督。将警示教育与执纪审查融为一体，制订“以案为鉴、以案促改”警示教育工作流程，召开学校警示教育大会，定期开展党风廉政宣传教育月活动，印发《教师警示手册》，严肃查处违纪违法案件，认真处理群众信访举报工作，推进校园政治生态向更加风清气正发展，为建设中国特色世界一流师范大学提供坚强政治和纪律保障。

本文刊发于《北京教育》（高教）2020年第7期

不断提高新时代高校党的建设质量初探

张东军　洪海燕　赵竹村　韩晓燕*

摘　要：通过学习领会习近平总书记在不同时期对于党的建设质量的重要论述，从严格政治标准、强化政治效果、严肃党内政治生活、坚持继承创新、全方位建设、推动高质量发展等方面，把握新时代高校党的建设质量的丰富内涵。在中国农业大学的党建实践中，形成学校党建“五建五提升”工作体系，并助力推动学校“五项工程”。

关键词：党的建设质量；高校党建；工作体系

党的十九大之后，中共教育部党组、北京市委教育工委对高校党建质量提升攻坚进行了一系列具体安排。中国农业大学（以下简称学校）先后确定“党建质量年”“党支部建设年”，从学校党委、二级党组织、基层党支部三个层面协力抓党建、促发展，从制度体系、组织体系、工作机制、工作队伍、活动品牌五个方面统筹谋划学校党建工作布局，从提升党建工作谋划质量、党建任务推进质量、党建体系运行质量等多个角度下功夫，扎实开展学校党建质量提升攻坚行动，取得一定成效。

认真学习领会习近平总书记在不同时期对于党的建设质量的系列重要论述

一是增强走在前列的意识。习近平总书记高度重视党的基层组织建设，

* 张东军，中国农业大学党委常务副书记；洪海燕、赵竹村、韩晓燕，中国农业大学

多次强调把好政治质量关，搞好基层党组织领导班子建设和党员教育，认真做好发展党员工作，发挥好桥梁纽带和战斗堡垒作用。强调保持共产党员先进性，关键是要干在实处、走在前列。要始终保持那么一股劲、那么一种精神，坚定理想、强化责任、实现价值，从我做起，从现在做起，求真务实，真抓实干，真正干出有益于党和人民事业发展的实事，真正建立经得起历史检验的实绩。

二是把抓好党建作为最大的政绩。2014年10月8日，习近平总书记在党的群众路线教育实践活动总结大会上发表重要讲话，强调必须树立正确政绩观，坚持从巩固党的执政地位的大局看问题，把抓好党建作为最大的政绩。各级党委要把从严治党主体责任承担好、落实好，坚持党建工作和中心工作一起谋划、一起部署、一起考核，把每条战线、每个领域、每个环节的党建工作抓具体、抓深入，防止“一手硬、一手软”，将党建工作提升到新的高度。

三是只有高标准才有高质量。习近平总书记强调，确立什么样的标准，决定着有什么样的成效，要确立较高标准，并严格按标准部署和检查工作，不达标准不交账，决不满足于一事一成、一时之效。党的十八大以来，以习近平同志为核心的党中央先后提出和严格落实中央八项规定、“三严三实”、政治纪律、党内规矩等，推动全面从严治党向基层延伸，牢固树立“四个意识”，强调党员干部要用共产党员的标准严格要求自己，有力推动了党建质量提升。

四是不断提高党的建设质量。党的十九大把“不断提高党的建设质量”纳入新时代党的建设总要求。2018年7月，习近平总书记在全国组织工作会议上的重要讲话中强调，提高党的建设质量，是党的十九大总结实践经验、顺应新时代党的建设总要求提出的重大课题，是着眼于永葆党的先进性和纯洁性提出来的，是新时代党的建设必须努力达到的要求。既要坚持和发扬党建优良传统和成功经验，又要根据党建新情况、新问题大力推进改革创新。

努力把握新时代高校党的建设质量的丰富内涵

一是把严格政治标准作为提高党建质量的根本。旗帜鲜明讲政治，是我们党作为马克思主义政党的根本要求。讲政治，就要把思想政治建设摆在首位，永远坚守共产党人的政治灵魂，牢牢把握正确政治方向，严格遵守党的政治纪律，始终坚持党的根本政治立场。只有从政治高度审视和把握党的建设质量，才能抓住新时代党的建设质量要求的最本质的东西。对于高校来说，就是要坚持党对高校的全面领导，始终坚持社会主义办学方向。党的教育方针赋予学校的根本任务，就是培养德智体美劳全面发展的社会主义建设者和接班人，要以夯实党建基本功、抓实思想政治工作作为生命线，把我们的特色和优势有效转化为培养社会主义建设者和接班人的能力。

二是把强化政治效果作为提高党建质量的导向。讲政治，就要自觉遵循政治规律，从政治上看问题和谋划、部署、推动工作，发挥政治优势，防范政治风险，凝聚最大共识，团结带领全校师生共同奋斗，办好人民满意的教育。只有重视发挥基层党组织的政治功能，加强教育实践、反映利益诉求、凝聚智慧力量、化解矛盾问题，才能使高校的改革发展和各项决策、各项工作更加赢得广大师生的支持与认同。而基层党组织一旦软弱涣散，党内政治生活和党建工作就会随意化、形式化、平淡化、庸俗化，就不能有效地把党员组织起来、活动起来，就不能把广大师生凝聚起来，也将失去作为基层组织应有的政治优势。只有政治效果好，党建工作质量才有说服力。

三是把严肃党内政治生活作为提高党建质量的核心。党内政治生活是党内各级组织和党员按照《中国共产党章程》及党内各项规章制度进行学习教育、严明纪律、组织管理、领导决策、选人用人、党内监督、民主生活会、组织生活会及党内思想文化活动等各种政治活动的总和，是新时期党组织教育管理党员和党员进行党性锻炼的主要平台与“大熔炉”。在学校院系党建工作中，党内政治生活与党的建设紧密相关。党的自身建设，无论政治建设、思想建设、组织建设、作风建设、纪律建设，还是相关制度建设、反腐败斗争，都要通过党内政治生活实现。离开严肃党内政治生活谈党建工作，就易于陷入看起来热热闹闹而实际效果却不佳的形式主义。

四是把坚持继承创新作为提高党建质量的关键。党的建设离不开传承，同时也要立足新的实际，不断从党建内容、形式、载体、方法、手段等方面进行改进和创新。各高校直面基层党建领域重点工作、难点问题协力攻关，在实践中不断积累大量鲜活经验，成为新时代高校党建质量提升的宝贵财富，关键是要结合新的实践不断进行总结、推陈出新。除了立足自身求创新，高校党建作为党的基础组织建设的一个领域，还需要以更加开放的态度虚心学习、借鉴其他领域党建工作的好思路、好举措、好办法，更好地破解自身党建工作中遇到的各种矛盾与问题。

五是把全方位建设作为提高党建质量的保障。提高党的建设质量是对党建工作的全面要求，只有全方位建设，才能在实践中不断把党建质量要求落实、落细。从党建主体构成看，党的建设质量包含党员干部建设质量和党组织建设质量两个层面。从党建内容构成看，党的建设质量包括党的政治建设质量、党的思想建设质量、党的组织建设质量、党的作风建设质量、党的纪律建设质量、党的制度建设质量、党的反腐败斗争质量等方面。在党的建设内容的诸多方面中，政治建设是党的建设的首位，是党的根本性建设，坚持以党的政治建设为统领，决定党的建设方向和效果，同时，还要从党的建设其他方面协力推进，全面实现党的建设质量的提升。

六是把推动高质量发展作为提高高校党建质量的落脚点。坚持把伟大事业和伟大工程统一起来相互促进，是党的建设的宝贵历史经验。新时代加快推动和实现高校高质量内涵式发展，是贯彻落实党的十九大精神、主动适应我国社会主要矛盾转化的必然要求。改革开放和社会主义现代化建设、促进人的全面发展和社会全面进步，对教育提出了新的更高的要求。高校各级党组织提高党的建设质量，就是要把抓好学校党建工作作为办学治校的基本功，把党的教育方针全面贯彻到工作各方面，把办人民满意教育的质量要求落到实处。只有高质量党建才能引领和推动高质量发展，同时在教育事业高质量内涵式发展的生动实践中检验党建工作质量。

立足学校实际着力推进基层党建质量提升攻坚行动

中国农业大学具有深厚红色基因和重视党建的优良传统。我们以“党建质量年”“党支部建设年”为总抓手，以一系列务实举措推进党建质量提升攻坚，不断完善学校党建“五建五提升”工作体系。

一是建立健全制度体系，着力提升政治功能。坚持和完善党委领导下的校长负责制，修订《党委常委会议事规则》和《校长办公会议事规则》，成立学校党的建设工作领导小组、党建研究会、党委研究室，加强专题研究党建议题，建立二级党组织书记例会制度。结合学校实际，咬紧薄弱环节，突出基层党组织政治功能，研究制定《学院党委会议议事规则》，修订《学院党政联席会会议议事规则》，在条件成熟的学院试行党员院长转任党委书记。在实践中，探索形成基层教职工党支部“三必”的制度性、规范性做法，即在人员聘用、教职工晋升、评奖推优时“必听”党支部意见，在干部提任考察、年轻干部推荐时“必找”党支部书记谈话，在教职工年终考核、师德考核时“必经”党支部审核，促进党支部的作用发挥更加有力。

二是建立健全组织体系，着力提升组织力。学校各级党组织的组织力提升，要以抓实组织覆盖为基础，以强化发展牵引、凝聚共识、汇聚力量为重点，以坚持规范运行、自我革新为保障。研究制定二级党组织工作规程、基层党支部建设文件体系，创新基层党组织设置，完善党组织建设，扩大校内外有效覆盖。着力组织各级党组织和广大党员服务脱贫攻坚，联合全国农林高校进行“农科学子助力精准扶贫”主题社会实践，把论文写在贫困地区大地上。同时，加强师生党支部规范化建设，切实严肃“三会一课”，建立健全党支部换届工作台账，从组织设置、班子配备、组织生活开展、党员发展等方面指导薄弱党支部转化，推动“两学一做”学习教育常态化、制度化，让“学”“做”“改”抓在日常、严在经常。

三是建立完善工作机制，着力提升工作实效。切实完善基层党建“述、考、评、督、奖”的工作机制，认真落实校、院、系三级党组织书记抓党建现场述职评议考核全覆盖。校、院两级党委委员联系基层党支部。坚决反对

“四风”问题，落实监督执纪“四种形态”，抓早、抓细、抓小，融入办学各环节、全过程。学校成立督导组，对全校148个教职工党支部的六项重点工作开展“一对一”督导。将意识形态工作责任制落实情况纳入二级党组织书记抓基层党建述职考核，将意识形态工作要求贯穿干部教师选拔、评聘和奖惩整个环节。对年度考核不合格的教职工，在职务（职称）评聘和晋升、评优评奖中实施师德“一票否决”。学校在21个院级党委建设“党员之家”，为基层改善党员教育、管理、活动的场所条件。

四是建好党务工作队伍，着力提升队伍素质。研究制定《进一步加强和改进新形势下党务工作队伍建设的实施意见》，加强专职党务工作队伍培训、工作督查，努力打造一支懂党建、爱党务、爱钻研的结构优化和高素质党务工作队伍。针对基层党务工作队伍实际，克服困难，全校统筹进人指标，为各基层党委配备专职组织员，专责抓党建工作。着力推进“双带头人”培育工程。首批立项建设七个“双带头人”教师党支部书记工作室，其中，动物科学技术学院连正兴工作室获批全国高校首批“双带头人”工作室。学校设立“双带头人”科技创新培育专项，有10个教师党支部书记通过立项，首批支持经费100万元。制定教学科研一线教师党支部书记考核激励办法，落实党支部书记待遇，加强党务干部教育培训和激励保障。

五是创建党员活动品牌，着力提升组织活力。坚持“一个支部一个平台，一个支部一个抓手”，搭建基层党支部贯彻党的十九大精神的平台。连续十七年利用寒暑假开展期末集中组织生活，围绕主题开展理论学习、专题组织生活会和党日活动；利用双周三固定时间开展组织生活，党员干部做到以普通党员身份参加支部活动。注重结合学科特色，对接国家战略需求，树标杆，立典型，通过服务乡村振兴，助力精准扶贫，开展支边、支疆、支教的社会实践等，不断创建党员实践活动品牌，充分发挥党员的先锋模范作用。党员李小云教授荣获“2017年全国脱贫攻坚奖创新奖”，援疆党员陈青云、侯书林教授扎根新疆，分别荣获“全国对口支援新疆先进个人”、兵团“第八批中央和国家机关、中央企业优秀援疆干部人才”荣誉称号等。

坚持以高质量党建引领学校高质量内涵式发展

深入推进党建质量提升攻坚行动，我们还要抓实学校思想建设工程、“双一流”建设工程、人才强校工程、内部治理工程、发展保障工程“五项工程”，不断引领学校事业高质量内涵式发展。

一是加强政治思想引领，不断促进思想建设工程。通过抓党建质量提升攻坚，建立健全把党对事业发展的全面领导落实到院、系基层工作各环节的制度体系，提升各级党委领导班子和领导干部的政治领导引领本领。一方面，要持续推进理论学习，筑牢信仰之基，解放思想，干事创业；另一方面，要通过“融媒体”推送新思想，老中青热议“新教育”，不断掀起深入学习贯彻习近平新时代中国特色社会主义思想的热潮，落实立德树人根本任务，担负起高校的历史使命。

二是加强组织保证，不断促进“双一流”建设工程。加快推进学校“双一流”建设，是摆在校、院、系各级党组织和全体党员面前的现实重大战略任务。通过建立健全与一流学科专业体系相衔接、党建标杆学院和党建样板党支部布局合理的基层组织体系，把提升组织力的要求落到实处、紧要处，更好地为“双一流”建设提供组织保证，做高标准、高质量落实事业发展的组织者、推动者和实践者。

三是加强党管人才，不断促进人才强校工程。坚持党管人才原则，既是对学校党委的要求，也是对院、系基层党组织的共同要求。一方面，组建好重视政治吸纳、识才聚才的党务工作队伍，凝心聚力做好各个领域、各个环节落实党管人才的工作；另一方面，落实科学人才观，围绕新时代学校发展定位、“双一流”建设目标和学校师资队伍现状，根据学科和专业发展需要，强化激励，加强引进与培养，不断优化人才发展环境，使学校人才队伍实力进一步增强。

四是加强改革创新，不断促进内部治理工程。通过深化校院两级管理体制和运行机制改革，建立完善有利于释放和激发各方面内在活力的机制，充分调动学院的积极性、主动性和创造性，推动学校发展动力机制从“火车头模式”向“动车组模式”的切实转变。认真落实干部年轻化、专业化的时代要求，积极推动学院和学校机关的干部交流，千方百计增加一线教师加入管理队伍的比例，积极鼓励和支持干部担当作为，不断激发形成新气象、新作为。

五是加强攻坚克难，不断促进发展保障工程。在学校事业发展保障方面，努力实现办学空间、办学资源等关键突破。坚持整合各方面资源，积极参与北京全国科技创新中心建设，为事业发展搭建新平台、注入新活力。通过创建走出去请进来相结合、攻坚克难与促和谐保稳定并重、校内外影响好的党员活动品牌，把提升组织活力体现到攻坚克难的担当作为中，充分发挥基层党组织和党员在促进学校事业发展保障中的战斗堡垒作用和先锋模范作用。

本文刊发于《北京教育》（高教）2020年第1期

新时代建设教育强国背景下高校党建工作高质量发展的思考与探析

蔡　荃*

摘　要：高质量党建工作是贯彻新时代党的建设总要求的必然选择，是引领高等教育高质量发展的强大引擎，是落实高校立德树人根本任务的重要途径。教育强国总体目标对新时代高校党建工作提出了更高的要求，需要进一步推动高校党的建设，加强党对高校的全面领导，促进高校高质量发展。

关键词：教育强国；党建工作；高校

党的十九届五中全会提出了“建设高质量教育体系”“2035年建成教育强国”的重大目标任务，标志着我国高等教育进入全面提质创新的高质量发展阶段。我国高校是在党领导下的中国特色社会主义高校，承担着“为党育人、为国育才”的重大职责使命。站在“两个一百年”的交汇点，提高新时代高校党的建设工作质量，以高质量党建引领教育事业高质量发展，是建设高质量现代化教育体系、办好人民满意的高等教育的根本保证。如何促进高校党建工作高质量发展，加快建成教育强国，是高校党建工作需要应对的时代课题。

高校高质量党建工作对新时代建设教育强国的重要意义

1. 贯彻新时代党的建设总要求的必然选择

党的建设是高校的根本性建设，高校党的建设在教育事业发展进程中发挥着至关重要的核心枢纽作用，传统的质量概念被引入党的建设之中，成为

* 蔡荃，浙江大学人文学院

体现党的建设深刻内涵和显示党建成效的重要标准，反映了党的建设实践探索和理论探索的新进展。加强高校党的建设，必须按照党的建设总要求，以加强党的长期执政能力建设、先进性和纯洁性建设为主线，以党的政治建设为统领，以坚定理想信念宗旨为根基，以调动全党积极性、主动性、创造性为着力点，全面推进党的政治建设、思想建设、组织建设、作风建设、纪律建设，把制度建设贯穿其中，深入推进反腐败斗争[1]。促进高校党建工作高质量发展，须始终坚定社会主义办学方向，扎根中国大地办教育，把党的先进性基因与时代性特征融入高校党建工作，充分体现中国特色社会主义高校的鲜明特质。

2. 引领高等教育高质量发展的强大引擎

立足世界百年未有之大变局，着眼于实现中华民族伟大复兴的战略全局，高校必须清醒认识和深刻把握高等教育发展的核心任务，高质量发展是高等教育发展的历史使命和建设教育强国的目标要求。目前，我国统筹推进的世界一流大学和一流学科建设是党和国家顺应世界高等教育发展趋势，扎根中国，面向世界，实现大学价值而实施的国家战略。“双一流”建设对高等教育事业发展提出了更高的标准，需要在育人育才、科研教学、体制机制、资源服务、文化生态上精雕细琢、持续发力，形成围绕师生为本、坚守立德树人、遵循公平公正的一整套学校治理体系。作为高校办学治校的“基本功”，党建工作必须在推进高校治理体系现代化中“一马当先”，发挥示范引领作用，坚定社会主义办学方向，以改革创新精神推动高等教育党建工作高质量发展，将党的政治优势和组织优势转化为推动高等教育治理体系和治理能力现代化的强大引擎。

3. 落实高校立德树人根本任务的重要途径

以党的教育方针为根本遵循的大学教育，聚焦立德树人根本任务，发挥着人才培养、科学研究、社会服务、文化传承创新和国际交流合作的重要作用，其立身之本在于立德树人，立什么“德”，“为谁培养人、培养什么样的人、怎样培养人”是立德树人要解决的核心问题。党的领导在教育系统能不能有效实现，取决于教育系统党的组织体系健不健全，党的建设抓得好不好。[2]党建育人是坚持社会主义办学方向的必然要求，只有全面加强高校党的建设，以党建引领立德树人，才能更好体现新时代高校育人的使命。同时，党建工作是抓好思想政治工作的龙头，以高质量党建为引领才能真正将党的声音传递到师生的心坎上，才能真正将立德树人根本任务落细落实。

新时代建设教育强国目标对高校党建工作的新要求

党的十九届五中全会描绘了未来国家发展的宏伟蓝图，提出了教育强国的重要战略部署，为全国高等教育的未来指明了发展规划和建设路线，这对高校党建工作提出了新的要求。同时，中国特色社会主义进入新时代，国家发展和国内外局势的快速变化对党的执政能力以及新时代教育工作提出了更高的要求。

1. 需要坚持“以人民为中心”的思想

人民群众是党的一切工作的出发点和落脚点，无论是革命时期还是改革开放时期，人民群众的根本利益永远是中国共产党人不断追求和坚决维护的核心价值。党的十九届五中全会明确提出了建设高质量教育体系的要求，应坚持以人民为中心发展教育事业。以人民为中心的发展理念落实在高等教育中就是以师生为中心，新时代的教育强国目标要求高校应建立高质量的教育体系，围绕师生的思想道德素质、科学文化素质和身心健康提供制度化的教育培养手段，通过高等教育内涵式发展为党和国家培养综合素质全面的社会主义建设者和接班人。这需要高校党建与教育教学的深度融合，发挥党组织、领导干部、共产党员在其中的先锋模范和示范引领作用，充分体现“以人民为中心”的思想，真正做到教育的发展为了师生、依靠师生，发展成果由师生共享。

2. 需要全面提升教育服务贡献能力

高校高质量发展不仅仅体现在对大学生的教育培养，更体现在服务国家与地方重大需求方面，所以新时代高校的发展目标无疑包括提升教育服务贡献能力。在高等教育体系中，不同层次和不同办学特色院校对于国家与社会有着不同的服务形式，包括专门人才的培养、智库建设、科研成果转化等。教育强国目标要求高校加快教育结构、专业结构、人才培养结构与社会发展、行业建设的衔接，优化大学毕业生的职业满意度、归属感、获得感，这需要高校党建工作进一步嵌入“大思政”格局和“三全育人”全过程，结合学校办学特点，培养符合国家战略需要、社会发展需要、人民利益需要的新时代大学生。同时，高校科研方向和成果转化需要更好地面向世界科技前沿、面向经济主战场、面向国家重大需求、面向人民生命健康，这些都为高校党建工作提出了新的更高要求。

3. 需要加快推进教育治理体系和治理能力现代化

国家治理体系与治理能力现代化是全面深化改革的总目标，国家教育治理体系的重要组成部分就是高等教育，推动高等教育治理体系和治理能力现代化是教育强国背景下提升办学治校质量的重要目标。通过推进治理体系和治理能力现代化，可以进一步理顺高校党委、行政、学术等权利之间的关系，可以更好地加强党对高校的全面领导，不断规范学校运行。通过推进治理体系和治理能力现代化，可以进一步促进高校党建工作不断完善党内政治生活，引导党员师生遵守国家法律法规和校纪校规，弘扬优秀师德师风，发扬党内民主，实现对广大师生的引领示范。通过推进治理体系和治理能力现代化可以促进党建工作和业务工作的深度融合，不断推动学校教育教学改革，优化教育评价体系，将党的主张通过规范程序嵌入学校治理体系，融入“三全育人”过程，形成党建业务双融合、双提升的良好局面。

新时代建设教育强国背景下高校党建工作高质量发展的路径

加强高校党建工作，不能就党建工作而论党建工作，要将高校党建工作融入国家教育现代化的顶层设计之中、融入推进国家治理体系与治理能力现代化的发展进程之中，发挥党建工作在高等教育工作、服务经济社会发展、落实立德树人根本任务中的关键引领作用。这需要坚持高校党的建设与人才培养、科学研究、社会服务、文化传承创新和国际交流合作等深度融合，具体可以从多方面着手：

1. 以政治建设为统领，增强党建引领力

加强党的政治建设是发展一切事业的根本保障。高校要始终把党的政治建设摆在首位，不断强化党对高校的全面领导，不断提高政治判断力、政治领悟力和政治执行力；要以习近平新时代中国特色社会主义思想为指导，充分结合学校的办学定位，全面谋划和系统推进党建工作；要围绕立德树人这一根本任务，紧抓人才培养质量，通过思想政治工作引领、教育教学感化、实践能力激发、政策文件保障，形成“三全育人”的人才培育体系，培育德智体美劳全面发展的高素质创新人才。

2. 以组织建设为基础，增强党建保障力

在全面从严治党向纵深推进的背景下，各项工作能否做好，很大程度上要看党组织自身建设硬不硬，党务工作者队伍素质强不强。因此，高校要以旗帜鲜明的用人导向有效激活干部队伍的动能，要以构建全方位、多层次、多形式的干部交流格局，着力提高干部队伍综合素质，真正让有为者有位、为担当者担当；要充分发挥高校基层党组织的战斗堡垒作用和基层党组织书记落实党建任务的“领头雁”作用，让每一名干部党员在各自的岗位上发挥先锋模范作用；要充分发挥党员领导干部和党员学术带头人的引领作用，进一步加强对高层次人才、青年教师的政治吸纳。

3. 以教师思政为抓手，增强党建支撑力

高校要充分发挥党委教师工作部在教师思想政治工作和师德师风建设中的统筹作用，通过党建工作凝聚锤炼教师队伍，打造高校铸魂育人的核心力量。通过扎实有效的思想政治工作，加强对新时代高校教师队伍的建设改革和师德师风建设，更好地强化教师铸魂育人的意识；更好地激发教师的团队精神和奉献精神，树立着眼长远、甘为人梯的学术正气；更好地帮助教师理解国家的重大战略急需，把握科学的重点方向；更好地提升教师攻坚克难的意志品质，推动科研工作不断突破。通过高质量党建工作集聚培育一支德才兼备、潜心教学科研的高素质师资队伍，筑牢高校发展之本。

4. 以服务社会为载体，增强党建创新力

将“双一流”建设与推动经济社会高质量发展有机融合，促进高校与社会的耦合发展、互利共赢。社会为高校提供优质资源保障，高校为社会输送人才、辐射知识以及科技成果，促进科研成果转化，激发高校创新创造活力，使科技创新水平和创新能力成为高校发展的内生动力和不竭源泉。要进一步通过党建引领，激发共产党员和广大群众的爱国主义热情，将个人梦想和国家梦想紧密联系在一起，激发投身社会主义建设的奋斗热情和强大动力。此外，着力创新党建工作的社会实践形式，推动不同社会力量融入社会主义建设的各个方面，通过党内引领、先锋示范、政治参与、志愿服务、科研攻关等方式，拓宽党组织服务社会的渠道。

5. 以文化建设为目标，增强党建号召力

世界进入动荡变革期，中国正面临着前所未有的机遇和挑战，文化软实力在百年未有之大变局中必将发挥更加重要作用。我们必须清醒地认识和把握时代特征，充分发挥高校在文化传承和创新中的重要作用，坚定文化自信，用中华优秀传统文化、红色革命文化和社会主义先进文化滋养大学，不断增强文化传播力、创新力和引领力。高校既应将党史、新中国史、改革开放史和社会主义发展史学习教育作为文化建设重要内容，并充分挖掘校史，用前辈的爱国精神、奉献精神和科学精神激发师生动力；还应鼓励开展文化研究，弘扬中华优秀传统文化和社会主义先进文化，并通过提升景观文化和环境改造，达到润物无声的效果；更应做好对外传播工作，积极推动中华文化走出去。

参考文献

[1] 习近平 . 决胜全面建成小康社会 夺取新时代中国特色社会主义伟大胜利 [M]. 北京：人民出版社，2017：61-62.

[2] 习近平总书记教育重要论述讲义 [M]. 北京：高等教育出版社，2020：34.

本文刊发于《北京教育》（高教）2022年第1期

固本强基
全面加强新时代高校党的政治建设

李进忠　方增泉*

摘　要：党的政治建设是党的根本性建设。提高新时代高校党建质量，必须把党的政治建设摆在首位，深刻认识重大意义，科学把握总体要求，以改革创新精神不断增强政治领导力、思想引领力和群众组织力，为高校党建伟大工程和“双一流”建设提供坚强政治保证。

关键词：政治建设；新时代；高校

党的十九大报告强调，党的政治建设是党的根本性建设，决定党的建设方向和效果，要求把党的政治建设摆在首位，以党的政治建设为统领，全面推进党的各方面建设。这为加强新时代高校党的建设指明了努力方向、提供了基本遵循。

深刻认识新时代加强高校党的政治建设的重大意义

中国共产党是有着明确政治信仰、政治纲领、政治路线和政治目标的政治组织。讲政治是马克思主义政党的根本要求。高等教育是党的事业的重要组成部分，肩负着学习研究宣传马克思主义、培养中国特色社会主义事业建设者和接班人的重大任务。扎根中国大地，写好新时代高等教育改革发展奋进之笔，必须把党的政治建设摆在首位，夯实牢固的政治基础。

1.加强政治建设是保持和发展高校党的先进性和纯洁性建设的内在要求。

* 李进忠、方增泉，北京师范大学党委组织部

先进性、纯洁性是党的立党之本、生命所系和力量所在。党的十九大报告强调，新时代党的建设要以加强党的长期执政能力、先进性和纯洁性建设为主线。党确保长期执政的“密码”是什么？党的先进性纯洁性和创造力凝聚力战斗力从哪里来？就来自科学的理论指导、共同的理想信念、严密的组织体系和铁的纪律，而这些都要靠严肃的党内政治生活来保障。[1]在新时代党的建设总体布局中，党的政治建设是统领和核心，对党的其他建设起到纲举目张的作用。推动新时代高校党的建设，只有牢牢抓好政治建设这个根本，党的政治优势、思想优势、组织优势、作风优势、纪律优势才能得到充分发挥，各级党组织才能更好地凝心聚魂、强身健体，也才能更好地激发高校党的创造力、凝聚力、战斗力。

2.加强政治建设是继承发扬高校党建优良传统的时代要求。回顾党97年的成长发展历程，可以清晰地看到，讲政治关乎党的前途命运，是推动我们党保持团结统一、从胜利走向胜利的重要法宝。虽然在不同时代、不同历史条件下，政治建设的内涵不断发展变化，但它所涉及的始终是最核心、最重大的根本问题。从党在不同时期教育路线方针政策上看，从延安抗大时期“坚定正确的政治方向、艰苦奋斗的工作作风、灵活机动的战略战术三者不可缺一”[2]，到社会主义建设时期“教育必须为无产阶级政治服务，必须同生产劳动相结合”[3]，到改革开放时期“到什么时候都得讲政治”[4]，再到新时代强调“扎根中国大地办大学”“坚定四个自信”，历史脉络表明党始终强调高校要坚持正确的政治方向，始终高度重视发挥教育的政治功能。同时，高校也始终与党和国家同呼吸共命运，一以贯之将自身政治建设与党的不同历史阶段现实目标和未来方向相结合，为推动党领导的革命、建设、改革事业作出重要贡献。

3.加强政治建设是解决当前高校党建突出矛盾和问题的迫切要求。党的十八大以来，以习近平同志为核心的党中央旗帜鲜明讲政治，推动党在革命性锻造中更加坚强，焕发出新的强大生机活力。同时，正如党的十九大报告中所告诫的，党的建设方面还存在不少薄弱环节，需要把雷厉风行和久久为功有机结合起来。具体到高校，中央专项巡视尖锐指出，高校学习贯彻党的理论路线方针政策和重大决策部署不够自觉、党委领导下的校长负责制执行不到位、领导班子和干部队伍建设不够严、基层党组织作用发挥不充分等问题还比较突出。这些问题归根结底还是政治意识不够强、政治站位不够高、政治责任落实不够到位，必须作为整改重点加以解决。

科学把握新时代高校加强党的政治建设的总体要求

政治是方向、是根本。以政治建设统领党的建设，基础在“建设”，关键在“统领”。高校贯彻落实新时代党的建设总要求，核心在于要把政治建设作为根本性建设，将政治上的要求融入贯穿党的各项建设之中，以政治上的全面加强推动全面从严治党向纵深发展和治理能力全面提升。

1.首要任务是坚持党中央权威和集中统一领导。党政军民学，东西南北中，党是领导一切的。习近平总书记在全国高校思想政治工作会议上强调，办好我国高等教育，必须坚持党的领导，牢牢掌握党对高校的领导权，使高校成为坚持党的领导的坚强阵地，这一点任何时候都不能有丝毫动摇。以政治建设统领党的建设，高校就必须牢固树立“四个意识”，坚持“四个服从”，把坚决服从党中央集中统一领导作为根本政治要求，自觉做到在思想上高度信赖、理论上深刻认同、政治上坚决维护、行动上始终紧跟，保证党的领导在高校全面发挥作用，使高校切实成为坚持党的领导的坚强阵地。

2.根本遵循是把好正确政治方向。方向问题历来是第一位的问题。以政治建设统领党的建设，关键是把坚持正确政治方向作为“生命线”，贯穿于党的建设各环节、各方面、全过程。坚持正确的政治方向不是一个空洞的口号，也不是一个抽象的“软指标”，而是一个有着具体要求和精准内涵的“硬任务”。高校要把立德树人作为办学之本，将正确的政治方向、价值取向贯穿到办学治校、教学科研、育人育才的全过程，增强“四个自信”、自觉做到“四个服务”，确保党的伟大旗帜插到每一个课堂、高扬在每一名师生心中。

3.基本保障是营造风清气正的良好政治生态。健康洁净的党内政治生态，是党的优良作风的生成土壤，是党的旺盛生机的动力源泉。以政治建设统领党的建设，高校必须首先抓好选人用人这个源头和风向标，树立正确选人用人导向，把政治标准放在第一位，真正把事业发展需要的好干部选出来、用起来。把严肃党内政治生活作为基础性工作，严格落实“三会一课”等制度，增强政治性、时代性、原则性、战斗性，真正严起来、实起来、活起来。不断完善民主集中制各项制度，以制度建设涵养良好政治生态。

以改革创新精神全面加强新时代高校党的政治建设

党的政治建设是一个永恒课题。面对新形势、新任务、新要求，高校首先必须增强旗帜鲜明讲政治的思想自觉和行动自觉，不断增强政治领导力、思想引领力、群众组织力，为高校党建伟大工程和“双一流”建设提供坚强政治保证。

1.全面提升政治领导力，坚定不移把党的领导落实到基层。党的领导是办好中国特色高等教育的根本保证。确保党的领导在高校落到实处，必须全面增强党的政治领导力，不断健全学校、院系、支部三位一体、层层落实的政治责任链条。一要坚持党委领导下的校长负责制。按照社会主义政治家教育家的标准，选好配强领导班子，发挥党委领导核心地位，切实做到把方向、管大局、做决策、保落实全面过硬。完善党委全委会、常委会、校长办公会等议事决策制度，健全党委统一领导、党政分工合作、协调运行工作机制，提升班子整体功能和议事决策水平。二要发挥院系级党委政治核心作用。完善院系党政联席会议制度和党组织会议制度，加强党政领导班子建设，推行党政班子成员交叉任职，推动党组织领导和运行机制、政治把关、思想政治工作、基层组织制度执行、推动改革发展全面到位。完善工作机制，推动院系级党委发挥主导作用，把好教师引进、课程建设、教学科研、队伍建设等重大事项中的政治关。三要强化支部政治功能。完善支部设置，推进“支部建在团队上”，推动党建全面进入教学科研主战场、主阵地，确保做到组织、工作全覆盖。坚持抓基础促规范，全面加强支部基本队伍、基本活动、基本阵地、基本制度、基本保障建设，做到教育管理监督服务党员、组织宣传凝聚服务师生全面有力。实施支部书记“双带头人”培育工程，推动基层党建与教学科研双促进、双提高。推动党建工作重心下移、资源下沉、关口前移，促进基层党建取得综合性和最优化效果。

2.全面提升思想引领力，用习近平新时代中国特色社会主义思想武装师生。政治上的坚定源于理论上的清醒。高校作为知识分子和青年学子荟萃之地，历来是各种文化思潮传播激荡的重要场所，也是意识形态工作的前沿阵地。站稳守好这个前沿阵地，高校必须牢牢把好立德树人正确方向，强化党的思想引领力。一要明确用什么引领。把坚定理想信念宗旨作为首要任务，深入开展习近平新时代中国特色社会主义思想学习教育和研究宣传，做到学懂、弄通、做实，切实增强理论认同、政治认同和情感认同。二要明确怎样引领。发挥好课堂主阵地、教学主渠道、教师主力军作用，推进进学术、进学科、进课程、进教材、进课堂、进头脑，做到贯穿结合融入，落细、落小、落实。整合学科和人才优势，深入开展宣讲对谈、专题理论研究等，推出一批高质量理论研究成果，并推动更好转化为教育教学资源和决策参考。三要明确怎样提升引领实效。全面准确把握师生特点和发展需求，注重普遍要求和分类指导相结合、解决思想问题和解决实际问题相结合，提升工作科学化、精细化水平。继承发扬传统工作优势，适应时代和实践发展新变化，推进理念思路、内容形式、方法手段创新，既会“键对键”，又能“面对面”，形成线上线下、虚实结合、双向推进的全覆盖模式，确保接地气、聚人气、有生气。

3.全面提升群众组织力，让基层党组织真正成为师生的“主心骨”。人民群众是党的力量源泉，人民立场是党的根本政治立场。高校师生文化层次高，主体意识、民主意识、参与意识强，价值取向和利益诉求多元复杂。高校必须深入研究和把握新时期高校群众工作规律，在多元中立主导、在多样中谋共识、在多变中定方向，提升群众组织力，把碎片化的“个人孤岛”连成一片“大陆”。一要健全服务联系师生工作机制。完善党员干部联系服务师生支部、高层次人才、青年教师和入党积极分了制度，制定具体规范、明确目标任务、严格工作要求，真正深入基层了解师生的所想所愿，做好事、办实事，做到联系一个点、抓好一条线、带动一大片。特别是要学会通过网络走群众路线，做到师生在哪里、工作就跟进到哪里。二要健全师生利益表达与政治参与机制。建立科学决策咨询机制，发挥工会、教代会、学术委员会等载体和渠道作用，尊重保障师生员工参政议政权利，听师生声音、集师生智慧、护师生权利。坚持守土有责、守土负责、守土尽责，增强政治敏锐性和政治鉴别力，针对涉意识形态问题敢于发声亮剑，营造好理性平和的软环境。三要健全师生利益保障机制。完善现代大学治理体系建设，强化管权、用权，推动“放管服”，确保权力运行公开透明。加强人文关怀，分层、分类做好学校各类人员队伍的职业发展和待遇保障，做到发展路上一个都不掉队、每个人都有出彩的机会，增强师生获得感、归属感、幸福感。

本文系市委教工委2017年“健全高校党建工作责任体系”党建难点项目阶段成果。

参考文献

[1] 刘云山．严肃党内政治生活 净化党内政治生态 [N]. 人民日报，2016-11-07（3）.

[2] 毛泽东文集（第 2 卷）[M]. 北京：人民出版社，1996：116.

[3] 中共中央、国务院《关于教育工作的指示》（1958 年 9 月 19 日）[EB/OL].[2018-11-26].http：//cpc.people.com.cn/GB/64162/64165/70293/70312/4830733.html.

[4] 邓小平文选（第 3 卷）[M]. 北京：人民出版社，1993：190.

本文刊发于《北京教育》（高教）2019年第1期

健全高校院（系）党政联席会议运行机制研究

刘尊忠*

摘　要： 党政联席会议是高校二级学院（直属系、部）教学单位重大事项集体决策的重要组织形式，有利于坚持党的领导，完善高校院（系）治理结构，强化基层党组织的政治监督作用。但也存在定位不够清晰、执行不够规范、作用发挥不够等问题。需要从坚持学习引领、制度建设、沟通协调、严抓落实等方面加以健全和完善。

关键词： 高校；党政联席会；二级学院（直属系、部）；基层党组织

高校院（系）是开展教学科研管理的基本单位。实行院（系）党政联席会议，是坚持社会主义办学方向，加强党对高校工作的全面领导，强化基层党组织建设，全面落实立德树人根本任务，培养新时代中国特色社会主义事业建设人才和有生力量的时代要求。

高校院（系）党政联席会议的内涵解析

高校党政联席会议是高校二级学院（直属系、部）教学单位重大事项集体决策的重要组织形式，其目的在于协调院（系）党组织和行政教学的权力配置，使院（系）决策更加科学、合理、民主。院（系）党组织是决策制定的实际参与者和决策运行过程中的监督者，负责宣传、执行党的路线方针政策及学校各项规定，保证与监督贯彻落实，支持行政负责人独立履行工作职

* 刘尊忠，北京印刷学院党委组织部

责，加强基层党的思想建设、组织建设、作风建设和党风廉政建设，领导院（系）思想政治工作和群众组织。院长（主任）全面负责院（系）的教学科研、学科建设、师资建设等工作。会议实行民主集中制，遵循解放思想、实事求是、团结协作、维护大局、突出重点、规避风险的原则。

党政联席会议决策范围比较广泛，凡属“三重一大”议事范围内的事项都应提交会议研究决定。其包括：贯彻落实党的路线方针政策及学校党委有关决定的重要措施；人才培养、学科建设、教学科研、师资队伍建设、对外交流与合作等方面的重要事项；内部机构和岗位设置及调整，教职工聘用、管理、晋职晋级、评奖评优等方面的重要事项；学术委员会、学位委员会等学术组织的组建、换届等重要事项；年度财务预决算，大额资金使用，重要项目安排，绩效发放，办学空间、设备设施等资源分配事项；专项经费的申报及使用情况；思想政治、安全稳定、保密工作等重要事项和重大突发事件处置等。

院（系）党政联席会议制度运行现状和存在的问题

党的十八大以来，从中央到地方，到各高校党委，以习近平新时代中国特色社会主义思想为指导，深入学习贯彻习近平总书记关于教育的重要论述精神，相继出台制度文件，普遍建立院（系）党政联席会议制度，逐步积累起丰富的理论探索和实践经验。通过实行党政联席会议制度，进一步明确组成人员、议事规则、议事范围等，有效发挥院（系）党组织政治核心和监督作用，促进事业发展。

1. 相关高校的做法

北京大学注重发挥院（系）党政联席会在重大学术学科建设中的牵头和主体作用，制定《北京大学马克思主义学院发展规划纲要》，提出“北大气派、中国特色、世界先进”的建设目标和“在马言马”的发展原则。北京师范大学统计学院通过“五定”举措（定制度强保障、定时间保频率、定议题促效率、定程序提质量、定落实见行动）促进党政联席会制度落实、落细、落地。北京服装学院定期举办二级学院党政联席会观摩会，完善本校二级学院管理体制和运行机制。北京印刷学院制定实施《关于坚持和完善院（系）党组织会议和党政联席会议制度的实施办法（试行）》，全校11个教学单位全部制订本单位党政联席会议制度，职责和议事范围清晰明确、体系完善。南京大学哲学系制定系党政联席会议议事规则，形成集体领导、党政分工合作、协调运行的工作机制。重庆大学艺术学院明确学院工作中的重要事项须由党政联席会讨论决定，并就议事原则、范围等做出规定。

2. 存在的主要问题

第一，功能定位不够清晰。高校二级单位虽然制定了适用本单位的“三重一大”规范性文件，但存在功能定位不够清晰等问题。有的对议事范围规定不够明确，存在以党组织会议代替党政联席会或以党政联席会代替党组织会议的情况。有的党政联席会、党委会、班子会之间关系与区别不够明确，三个会大部分人员重叠；有的将“党政联席会一事一议”理解为一个议题召开一次会议等。

第二，会议执行不够规范。一是召开次数及频率不足，有的单位达不到制度规定的“原则上每月召开2次”的要求。党政联席会作为最高决策机构的作用发挥不充分。二是议事范围不明确，有的将常规工作纳入议事范围，大事小事都上会。三是会议成员不符合规定。有的单位纪检委员不参会，有的未规定列席人员参会的要求，有的分学术委员会主任不参会。四是会议程序不规范，有的事前不下发会议材料，不在会前充分酝酿，影响会上决策效率和科学性、合理性；个别单位多个事项一起讨论，议而不决。

第三，制度发挥不够充分。有的学校没有明确的制度和管理规定，党政联席会“党委成员不够重视”“学科参与度不高”“不关心教工发展”“缺少基层与学校之间的沟通反馈通道”等，形式主义一定程度上仍然存在。有的对党政联席会决议的监督检查不够。虽然有决议跟踪督办机制，自评执行效果良好，但对会议决议未建立监督检查制度。有的没有形成会议纪要，在一定程度上没有督办依据，必然会影响到督办效果，不能做到事事有结果、件件有回音。

第四，民主参与不够广泛。有的二级单位在贯彻执行学校决策部署、有效发挥决策与执行功能方面存在一定偏差，民主集中制存在弱化。究其根源，是参与程度不够高、议事效率不够高、职责分工不够清、会议过程不够明等，这些问题值得高校党委及相关部门深入思考和认真应对。

健全院（系）党政联席会议运行机制的对策和建议

1. 坚持思想引领，提高对党政联席会议制度作为二级单位决策形式的认识

深入学习贯彻习近平总书记关于教育的重要论述精神、新时代组织路线等，善于从政治的高度看待院（系）党政联席会；针对党政联席会制度的功能定位和作用认识不清的问题，经常性地强调和凸显党政联席会议制度的重要性，引导二级教学单位领导班子不断提高认识，系统理解院（系）党政联席会议制度的科学内涵，理解其对于提高现代大学治理体系和治理能力现代化的重要作用。同时，各二级单位要持续加强对上级精神和制度文件的学习、理解，高度重视党政联席会议制度在教学、科研、管理及师生思想政治教育工作中的重要作用，严格抓好在本单位的落实、落细、落地。

2. 坚持制度建设，细化完善二级教学单位的党政联席会议制度

结合工作实际，出台具有针对性、可操作性的实施细则，确保党政联席会议制度权责明晰、程序规范、决策科学、督办有力。同时，处理好党政联席会等与其他会议的关系，明确什么样的议题应提交党政联席会决策。健全院（系）集体领导、党政分工合作、协调运行的工作机制，通过党政联席会议，讨论和决定本单位重要事项。党员发展、干部选任等党建工作，通过党组织研究决定；发展规划、师资建设等重大事项，先由党组织研究后再上党政联席会研究决定。要充分保证党政联席会对重要事项的决定权，不能用党

政联席会替代党组织会议，或者用党组织会议替代党政联席会。

3. 坚持民主集中制，落实集体领导、民主集中、个别酝酿、会议决定的原则

党政联席会议制度是落实民主集中制的重要载体，需要实行集体领导与个人分工负责相结合的制度。院（系）党政之间既要明确职责，合理分工，又要协同合作，形成合力，不断健全党政相互配合、协调运转的工作机制。会议组成人员一般包括院（系）党组织书记、副书记，院长（主任）、副院长（副主任），纪检委员。会议必须有2/3（含）以上成员出席方可召开；一般每两周召开一次，必要时可随时召开。会议议题和列席人员由院（系）党组织书记和院长（主任）共同研究确定，会议一般由党组织书记主持。表决事项时，超过应到会人数的半数同意为通过。

4. 坚持沟通协调，增强班子整体功能

增强整体功能，是加强领导班子建设的重大课题，也是落实党政联席会议制度的根本保障。院（系）党组织书记和院长（系主任）共同承担本单位改革发展稳定的重要责任。需要合理确定党政分工，明确工作职责，认真执行集体决定，按照分工积极主动开展工作。班子成员要增强“四个意识”，相互尊重、相互信任，强化沟通协调意识，做到经常性沟通。会前党组织书记和院长要充分沟通酝酿，交换意见。为了保障核心利益相关者的参与权，要构建多元决策主体和决策程序，参会人员除党政联席会成员外，还可以邀请相关学术组织负责人和利益相关人员列席。

5. 坚持科学决策，党政主要负责人要末位表态

为了规范权力运行，明确要求院（系）在重大事项决策中，严格实行党政主要负责人末位表态制。通过汇总意见、调整思路、民主决策定下的“调子”，才能变“独奏”为“合唱”，才能真正体现民主集中制，促进团结和谐。需要决策的重要议题，应在调查研究的基础上提出建议方案。对专业性技术

性较强的重要事项，应经过专家评估及技术、政策、法律咨询。对事关师生切身利益的重要事项，应充分听取师生意见。一般不临时提出议题，凡涉及与会成员及其亲属相关的议题，有关人员必须回避。存在较大分歧的议题，一般应暂缓决定。专人负责记录，形成会议纪要，由主持人审定。已决定事项如需变更，应根据程序进行复议。

6. 坚持严抓落实，建立有效监督考核机制

学校党委要把贯彻落实党政联席会议制度情况纳入院（系）领导班子民主生活会内容，纳入年度考核和工作总结，作为单位和个人考核、奖惩的重要依据。对不遵守规定、不履行职责的，要进行批评教育、追究责任，必要时进行组织调整。要建立党政联席会议制度执行情况督查考核机制。一是通过查看材料，定期检查院（系）党政联席会议运行和落实情况，并对有待改进的地方提出意见建议。二是在对二级单位年度考核中增加党政联席会制度落实效果的权重，将制度执行落实情况作为院（系）及其党政班子考核的重要指标。三是发挥教职工代表大会以及群团组织作用，健全师生员工参与民主管理和监督的工作机制。

本文系北京高校党建研究会2020年研究课题研究成果。

参考文献

[1] 让高校成为坚持党的领导的坚强阵地：习近平总书记在全国高校思想政治工作会议上的重要讲话持续引发热烈反响 [EB/OL].（2016-12-09）[2021-03-26].http://www.xinhuanet.com//politics/2016-12/10/c_1120090838.htm.

[2] 中共中央办公厅 . 关于坚持和完善普通高等学校党委领导下的校长负责制的实施意见（中办发〔2014〕55 号）[Z].2014-10-15.

[3] 中共中央组织部、教育部 . 关于印发普通高等学校院（系）党委会会议和党政联席会议议事规则示范文本的通知（教党〔2020〕51 号）[Z].2021-03-07.

[4] 高锦宏 . 牢记使命 奋发有为 为建设特色鲜明的高水平出版传媒大学而不懈奋斗 [J]. 北京教育（高教），2018（9）：82-88.

[5] 张若光，单聪 . 高校院（系）党政联席会议制度运行机制的构建 [J]. 湖北社会科学，2015（7）：159-161.

[6] 王夫寿，胡仁东 . 高校二级学院党政联席会：权力边界与行动准则 [J]. 高校教育管理，2018，12（6）：51-56.

本文刊发于《北京教育》（高教）2021年第5期

新时代高校院（系）基层党建工作质量评价体系构建探析

齐　勇*

摘　要：提升基层党组织建设质量需要一套系统完备科学的质量标准体系作保障，需要聚焦高校院（系）党组织履职尽责各环节，从健全基本功能、基本组织、基本队伍、基本制度、基本保障等要素入手，对相关的制度、程序、组织运行等各方面进行全流程梳理，构建指导衡量院（系）党组织党建工作的一杆“标尺”，推进实现党建工作效果自我诊断、决策分析和达标创优。

关键词：基层党建；质量标准；评价体系

党的十九大报告提出了不断提高党的建设质量的崭新命题，这是新时代加强党的建设的全新价值诉求和目标定位，也是新时代党建工作具有新气象、新作为的重要任务。中共中央印发的《中国共产党支部工作条例（试行）》要求“加强党支部标准化、规范化建设，不断提高党支部建设质量”。构建起适应高校基层党建工作需要、满足党建工作需求、符合党建工作实际的标准体系，从而实现高校基层党建工作在各领域、各环节、各岗位运行过程的规范化、制度化、科学化，以此提高党建工作的效能、效果与效率，是新时代加强高校基层党建工作的一项重要举措，且具有重要意义。

* 齐勇，北京建筑大学党委学生工作部

构建高校院（系）基层党建工作质量评价体系的意义

1. 构建高校院（系）基层党建工作质量评价体系是加强党对高校全面领导的根本要求

高校党的建设关系高校培养什么样的人、如何培养人以及为谁培养人这个根本问题。加强党对高校的领导，加强和改进高校党的建设，是办好中国特色社会主义大学的根本保证。高校党组织是我国基层党组织的重要组成部分，是高校党要管党、从严治党和立德树人工作的组织者、推动者和实践者。能否办好党和人民满意的社会主义大学，能否将立德树人落到实处，根本靠党的领导，关键看党建责任落实和党建质量提升。新时代高校只有加强党对高校的全面领导，全面提升基层党建工作质量，让高校成为坚持党的领导的坚强阵地，才能确保正确的办学方向。只有坚持完善和落实好党建责任，才能统揽全局、协调各方，切实把立德树人责任扛在肩上。

2. 构建高校院（系）基层党建工作质量评价体系是推进全面从严治党向基层延伸的重要载体

习近平总书记指出，加强党的基层组织建设，关键是从严抓好落实。当前，高校在落实全面从严治党主体责任过程中存在着责任意识不够强、责任界定不够清晰、落实力度不够大、检查考核不够实、追责不够到位等问题，迫切需要构建基层党建工作质量评价体系，运用科学和标准化的手段，对基层党建工作实践经验进行整合提炼、组合匹配，对基层党建工作环节进行规范，推进基层党组织标准化、规范化建设，以指标体系推动责任制落实，使全面从严治党责任在各级党组织层层传导、层层压实。

3. 构建高校院（系）基层党建工作质量评价体系是提高基层党建质量的重要举措

党的十九大明确了新时代党的建设的总要求，并明确指出要不断提高党的建设质量，为新时期党的建设工作指明了方向，也对高校党的建设提出了新的要求，提高基层党建工作质量是高校党组织的必然选择和应尽之责。新时代高校只有紧紧围绕“落实党建责任制”这根生命线，构建系统完备的质量标准体系，把基层党组织建设成为坚强战斗堡垒，确保党建工作常抓不懈、取得实效，才能不断提升党建工作质量和水平。只有将提升基层党建工作质量作为新时代高校办学治校的基本功，将抓好党的建设作为最大政绩，才能不断推动党建工作与高质量内涵发展同向同行、相融互促。

高校院（系）党组织推进基层党建工作存在的问题及其根源

1. 党建工作责任落实不到位，从严治党压力传导机制不健全

对党建工作认识还不够，“重局部、轻全局”“重业务、轻党建”的思想依然存在。领导班子成员党建责任不均衡，对党组织书记责任强调得多，其他成员履行党建工作的要求少。部分院（系）班子成员履行“一岗双责”、抓分管领域党建工作的意识不强，自觉性主动性不够，抓党建工作的角色定位、作用发挥、职责权限等认识还不足。行政干部和教学、科研、人事等行政部门落实党的工作任务、支持党的建设要求不明确，主动抓好党建工作的责任意识还不够主动。党员参与党建意识不强、积极性不高，教工党员、学生党员在党建工作中的责任不明确，缺少责任清单，“全员化”党建工作格局有待完善。从严治党压力传导机制不健全，工作中仍存在“上热中温下冷”现象，呈现出越往下党建主体责任意识越淡薄的现象，尤其在党支部层面，落实主体责任多停留在学习、领会和表态阶段，具体行动和措施还不多，开展工作创新的主动性和原动力不够，组织生活质量不高，效果不明显，党员参加学习教育、开展工作情况在党员考核评价、督导激励上未能有效体现。

2. 从严治党责任不够具体明确，责任内容具象化、系统化、精细化不够

基层党建工作落实层面缺乏系统谋划，从战略上、整体上、全局上进行系统谋划和统筹部署，提高党建工作的科学性、连续性和可行性不够。对基

层党组织笼统地给任务、提要求多，给方法和具体指导少，帮助解决问题更少，存在“上下一般粗”的贯彻落实上级党组织部署要求的现象，没有把每个领域、每个环节抓具体、抓深入。党建责任不具体，职责内容偏于宏观、抽象，不够具象化，难以科学、真实地反映党建工作内容和要求。党建工作责任边界不够清晰，对责任主体职责不够细化，对“干什么”“怎么干”“谁来干”“干到什么程度”“干出什么效果”缺乏明确细化、量化要求，责任重复与责任盲区并存。从考核对象上看，覆盖面不全，多局限于对党组织书记有考核指标要求，对其他班子成员、职能部门的党建责任考核评价不够具体，党建考核体现在工作实绩考评中的占比权重也偏小。问责制度尚不健全，对党建工作责任不力的具体情形不够明确细化，责任认定、问责方式不够科学严谨，问责程序可操作性不强。

3. 考核评价体系不够完善，考评科学性、导向性、实效性亟待提升

考核指标不完善，考核形式主观性强，且考核存在重年终考核轻平时检查等现象。党支部书记党建述职评议考核制度还存在“凭印象、靠嘴说、看材料”的现象，存在考核内容定性多、定量少，缺乏具体量化标准，或量化指标笼统模糊，不能全面准确反映工作实绩，划分考核等次难等问题；存在“重复交叉考核、指标交叉重复”的现象，存在相同指标考核结果不能共享共用的问题。归纳起来，基层党组织建设缺乏相对统一的质量标准体系，把党的最新精神和上级党组织的工作要求进行科学的整合、精简、统一、分解和模块匹配，转化为实实在在的质量标准体系还不够，没有科学、量化、可操作性强的评价标准，且目前的考核大多结果同质，重形式轻结果，重程序轻标准，重年末考核轻日常检查，重统计结果轻综合分析，重“做了什么”轻“做成了什么”，没有形成鲜明的效果导向，迫切需要以科学合理的标准体系增强基层党建工作的系统化，解决“干什么、干多少、怎么干、干得怎么样”的问题。

高校院（系）基层党建工作质量评价体系构建探索

1. 质量评价体系构建的原则

一是坚持遵循党章党规，突出合法合规性。高校院（系）基层党建工作质量评价体系既要把握好新时代党的建设总要求、全面从严治党的新形势新目标新要求，所涵盖的具体指标内容又要符合党章党规、《中国共产党普通高等学校基层组织工作条例》，特别是教育部、北京市委对高校基层党建工作的新精神新要求，还要根据高校院（系）的具体情况和党建工作的客观实际，与高校师生的教学科研活动相结合，具有一定的先进性和引领性，从而推动考核评价达到客观性、公正性。

二是坚持与中心工作相结合，突出全面性。质量评价体系要结合院（系）业务工作重点和岗位工作职责，建立“基础+专项+特色”的考核内容和标准，既体现管党治党的共性要求，又体现履职过程中以党建引领事业发展取得的突出成效，把开展党建工作取得的实际效果体现到实实在在的业绩之上。同时，还要主动同中央、市委的要求对标对表，在考核要素和测评点上实现全覆盖，做到紧扣“围绕中心、服务大局”主题，既不顾此失彼，又能重点突出，结合基层减负工作实际，充分体现考核内容的合理性、全面性、科学性。

三是坚持定量与定性相结合，突出可操作性。要明确责任范围，量化考核指标体系，考核评价指标要体现内容的具体化，可以在操作范围内转化为各责任主体在实际工作中可操作、可落实、可监督、可检查、可评估、可问责的具体任务，并将每一项工作内容与考核指标相对应，给予各要点明确的权值和计量标准，采取定量和定性相结合的考核赋分方式，切实做到考核评价有理有据。

2. 质量评价体系的要素构成

高校院（系）基层党建工作质量评价体系依据《中国共产党章程》《中国共产党普通高等学校基层组织工作条例》《中国共产党支部工作条例（试

行）》《中国共产党党员教育管理工作条例》《关于加强和改进新形势下高校思想政治工作的意见》等上级制度文件精神，结合基层党建工作实际，按照标准化的方法，对院（系）基层党建工作中共同使用或重复使用的工作内容进行认真分类、梳理，在研究论证的基础上组建若干标准模块，设置基本指标、对标争先指标和负面清单指标，形成了一二三级指标体系。

一是在基本指标设置方面，选取5大项主要内容作为一级基本指标：党组织领导和运行机制（包含领导班子整体功能和基层党组织会议制度落实、党的路线方针政策执行2个二级指标，涵盖党员"四个意识"、党组织领导作用发挥、重大事项把关、干部队伍建设等10个考核要素）。政治把关作用（包含意识形态工作责任制、宣传思想文化阵地建设2个二级指标，涵盖意识形态责任制健全、网络阵地建设得到加强、各类阵地把关到位、重点学生教育管理到位等6个考核要素）。思想政治工作（包含师生政治理论学习、师生思想政治工作2个二级指标，涵盖师生思想政治状况"三全育人"工作、培育和践行社会主义核心价值观、师德建设、校园文化等8个考核要素）。基层组织建设（包含基层组织设置和换届、党内集中学习教育、基层党建制度、基层组织活动、师生党支部书记选配、发展党员工作、专兼职组织员队伍建设7个二级指标，涵盖党支部规范化建设、党员作用发挥、党建信息化、党风廉政建设、教师党支部书记"双带头人"队伍建设、学生党建工作、党员发展教育培训等32个考核要素）。推动改革发展（包括谋划推进、保障落实人才培养、学科建设、科研管理等重大改革、重要事项、重点安排坚强有力；党的建设和群团组织建设、基层治理体系建设和维稳工作体系建设有机融合，维护学校和谐稳定，文明校园、平安校园建设业绩突出2个二级指标，涵盖学院改革发展事业成绩、组织宣传凝聚服务师生、学院统战、教代会、工会、共青团以及安全稳定工作等9个考核要素）。

二是在对标争先指标设置方面，包含积极推进本单位党建工作创先争优，大力加强党建工作创新，积极树立党建活动品牌一级指标以及党建工作表彰、党建优秀成果、党建工作先进典型、党建创新项目4个二级指标，明确了相应的指标考察内容和相应的采分点。

三是在负面清单指标设置方面，从党组织内存在党员违纪行为、党建工作出现重大失误、发生重大安全稳定事故、出现意识形态事件4个方面明确了相应的负面清单事项和扣分标准。

3. 质量评价体系的考核运用

一是采取自我评估、组织赋分和关联取分相结合的评价方法。院（系）党组织根据党建工作质量考核评价体系中所列项目，结合本单位工作实际，对各项考核内容的工作绩效进行自查和自评，有针对性地采取相应的举措对本单位基层党建工作进行全面加强，针对基层党建工作中的薄弱环节制定相应的整改措施，以评促建，综合自评结果以及现状的原因分析，不断提升本单位党建工作的水平，使其不断与考核评价体系相匹配。自我评价是考核评价的基础环节，考核的成绩并不是最后的考核结果，只是一个建设性的自我评价过程。学校党委组织各职能部门根据考核评价体系和相应的考核测评点，对各院（系）党组织进行全面考核评价。各职能部门通过看、查、听、问等方式，对照自己所负责的考评体系中各项关键指标及其下属测评要素的完成情况、完成程度和效果，查证相关材料、听取相关汇报、现场走访调研，结合日常工作掌握的情况，全面了解各院（系）党组织基层党建工作的实践细节，突出工作亮点，暴露遗留问题，寻找解决途径，然后根据测评要素的相应赋值进行打分。在关联取分环节，即对考核评价体系中的一些指标采取与其他工作业绩或者考核结果相关联的方式进行取分。例如：对党支部规范建设这一考核指标的赋分，可以选取某学院全体党支部年度考核评价分值的平均分乘以相应的系数得出。

二是实现自我诊断、决策分析和达标创优的结果运用。院（系）党组织可以在质量标准评价体系总体指标中选取灵活多样的分析维度和指标要素，多角度、多方式评价本单位基层党建工作情况，帮助开展自我诊断工作，找出工作短板，使党建工作决策部署落实更加精细化、智能化、科学化。可以参考学校党委年度考核结果，通过灵活的标杆选择，实现校内同级党组织之间各项工作指标的对比分析，发现本单位工作短板，分析找准具体原因，拟定未来工作目标和实现路径。高校党委可以借助信息化手段把基层党建质量评价体系模型嵌入党建信息化平台，并通过相应的技术手段采集日常党建、教学、科研、人事等数据，实时了解信息系统中各院（系）党组织的党建实时大数据和互通互联的教学、科研、人事数据，分析党组织和党员的综合情况，为了解全局和局部情况、科学谋划党建工作、发现党建工作规律、推动党建工作科学决策提供数据支撑。可以基于质量标准评价体系设立基层党建工作“警戒线”标准，实行“红、橙、黄”三级预警机制，对工作不达标的时时提醒和督促整改，促使院（系）党组织履职尽责、对标争先，推动党建工作责任制全面落实。以根据质量标准评价体系，组织院（系）党组织全面对标争先，努力在管党治党取得新成效上争先、在办学治校展现新作为上争先、在推动高质量发展取得新突破上争先、在全面从严治党呈现新气象上争先。

本文系北京高校党建研究会2019年度课题“新时代高校院（系）基层党建工作质量评价体系研究”（项目编号：2019C3）研究成果。

参考文献

[1] 齐勇 . 高校“智慧党建”信息平台建构实践研究 [J]. 北京教育（高教），2019（7-8）：112.

[2] 坚持立德树人思想引领 加强改进高校党建工作 [N]. 人民日报，2014-12-29（1）.

本文刊发于《北京教育》（高教）2021年第1期

基于组织力提升的高校基层党建“嵌入式”发展研究

陈　岩*

摘　要：高校基层党建是对新时代高校党建“脱嵌”困境的实质性回应。基层党组织须从结构、功能、制度三个维度嵌入高校办学发展，在多重互动中实现高校基层党建的组织基础性功能。高校基层党建“嵌入式”发展的实践进路包括：优化结构嵌入，拓展高校基层党建的发展空间；完善功能嵌入，丰富高校基层党建的发展载体；促进制度嵌入，激发高校基层党建的发展动力。

关键词：高校基层党建；“嵌入式”发展；组织力提升

中国共产党高度组织化的政党特性要求高校基层党组织成为党在高校的战斗堡垒。高校基层党建既依赖于党组织的内部环境建设，也离不开基层党组织与高校外部环境中各方力量的协同共建，具有典型的嵌入性。在新时代背景下探讨高校基层党建“嵌入式”发展的可行性和实践策略，旨在充分统合基层党组织功能，全维度提升高校基层党组织组织力。

高校基层党建“嵌入式”发展的维度阐释

从组织力提升角度审视，高校基层党建“嵌入式”发展是对新时代高校党建“脱嵌”困境的实质性回应。基层党组织须从结构、功能、制度三个维度嵌入高校办学发展，提高二者内在关联性与融合性，在多重互动中实现高

*　陈岩，北京开放大学城市管理学院

校基层党建的组织基础性功能。

1.结构嵌入：提高组织覆盖力。高校基层党建的结构嵌入，是指以基层党组织作为核心主体，通过结构设置的优化创新实现对党员的有效组织，提高基层党组织及党的工作的覆盖力。从嵌入理论看，高校基层党建的结构嵌入使得基层党组织获得大量的关系联结，基层党组织的战斗堡垒作用更加明确。

高校基层党建结构嵌入包括基层党组织的纵向延伸和横向覆盖。第一，纵向延伸方面。一是高校党建体系中责任落实纵向到底，建立起自上而下的责任体系，如校级领导和院系领导深入基层党组织，开展联系支部的党建工作调研，了解基层党建的热点难点问题；二是高校基层党建服务纵向到底，推动形成多层次党建服务联系网络，如构建高校服务型党组织塔式层级模式，支部书记联系党员，党员联系群众，做到及时掌握思想动态，解决合理诉求。第二，横向覆盖方面。一是细化基层党建单元，推动党建服务网络全覆盖，如当前高校传统的以班级、教研室为基础的基层党组织设置逐渐融合了包括课题项目组、教学团队、实习基地等在内的组织载体，形成了“党建进宿舍”“海外党小组”“流动党员管理”等党建品牌，党建单元的细化对于精准了解基层需求提供了扎实的基础；二是形成共建共享的“校社协同”机制，高校发展与所在区域社会发展互促互进，如新时期高校基层党建以“志愿服务基地”“院镇合作”“校企结对”等形式嵌入区域化党建，找准共同目标，增强彼此间的联系，增强互动频次和相互熟悉程度，在“校社协同”过程中不断尝试扩展高校基层党建覆盖面。

2.功能嵌入：提升政治引领力。高校基层党建的功能嵌入是指发挥基层党组织作为政治组织的整体功能，将政治功能嵌入高校管理与服务之中，提高基层党组织的政治引领力。这意味着“将党的政治建设内容、原则上体现的政治性与实际推行过程中体现的组织属性有机结合”，积极应对基层党组织内外部环境变化，确保高校基层党建功能嵌入路径与高校社会主义办学方向深度契合。

高校基层党组织的功能嵌入突出思想政治教育、基层决策议事、党支部书记能力建设等核心功能要素的政治导向。思想政治教育功能直接关乎党组织是否具有凝聚力和感召力，影响党的政治建设成效，是高校基层党建功能嵌入的基础。只有贴近师生的思想特点和实际需求，创新党员学习教育的手段与载体，提升党员理论学习的针对性和时效性，才能使高校基层党组织成为统一师生群众思想、凝聚师生推动学校改革发展的政治阵地。作为高校基层党建功能嵌入的关键，决策议事功能体现在高校基层党组织群众依法行使权利，依照法定程序将党组织意志向人民意志转变，充分彰显决策的法律效力。在全面贯彻落实学校党委决策部署过程中，做到具体重大决策党内先讨论、重大政策党员先知情，保障学生党支部参与涉及学生重大权益事项的决策等。党支部书记能力建设是高校基层党建功能嵌入的保障。高校党支部书记在基层党组织各项工作中扮演着领导者、组织者和实践者角色，高质量的党支部书记队伍建设在增强基层党组织向心力、提升高校基层党组织创新力方面具有重要的功能优势，从源头上巩固基层党建力量。抓党支部书记能力机制建设要以提高党组织书记执行政策、服务群众、化解矛盾的本领为方向，包括不断健全完善党支部书记选配标准、培训机制、激励保障措施以及优化支委班子等。

3.制度嵌入：增强发展推动力。高校基层党建的制度嵌入，是指与基层党组织直接相关的各项制度，通过自上而下的行政命令、全方位的文化渗透等方式，成为高校需要遵守的行为规范，以增强基层党组织发展推动力。高校基层党建的制度嵌入强调制度建设的正确方向和质量水平，并且深化制度的实践性要求。

可从外部嵌入和内部嵌入进一步理解高校基层党建的制度嵌入。高校基层党组织担负着把党的路线方针政策直接传达给群众，直接在基层贯彻落实的任务。任务的有效达成离不开基层党建的统筹规划和精细化管理，离不开科学严密、民主开放的制度体系作为执行的保障。制度外部嵌入主要是对“三会一课”制度、党员管理监督制度、密切联系群众制度等的严格规范，强调做到基础性制度充分供给的同时避免制度超载，保障党的方针政策在基层落实落地落细。此外，高校办学发展过程中内生形成了包括人才培养制度、教学管理制度、科研管理制度等在内的系列职能性制度。高校基层党建的内部制度嵌入首先要实现基层党建制度与上述职能性制度有机结合，从制度体系设计到运行，全过程精准嵌入。要实现基层党建制度与高校师生群体行为准则及行为规范的有效融合，如以系统化的制度建设发挥高校基层党组织在师德师风建设中的导向作用，构建高校学生党员行为规范量化考核体系等，真正将党的制度优势转化为高校发展的推动力。

高校基层党建“嵌入式”发展的实践进路

提出高校基层党建“嵌入式”发展的实践路径，目的在于进一步挖掘高校基层党组织与新时代高校办学治校间的关联要素，为基层党组织组织力提升寻找现实进路。

1.优化结构嵌入，拓展高校基层党建的发展空间。按照有利于学校治理能力提升、有利于党群良性互动、有利于基层党建资源整合的原则，拓展立体式、互动式、全程化的基层党建发展空间，提升基层党组织的凝聚力。第一，将优化基层党组织结构嵌入高校治理体系。主动适应新时期新形势下高校改革发展面临的机遇和挑战，正视师生员工的多样化需求，围绕学校中心工作优化基层党组织结构。在组织结构方面，注重传统与创新结合，规范性与灵活性有机统一，结合高校业务发展多样化趋势，设置规模适中、层次合理的基层党组织结构。要在党建结构横向嵌入和纵向嵌入的统筹设计中充分考虑，如何有效解决基层党建和业务“两张皮”现象，如何在基层党建中积蓄推动高校治理效能的持久力量。第二，以优化基层党组织结构嵌入推动党群互动。积极推进功能型党支部建设，发挥党员引领作用，组织党员与群众构建党群共同体，形成广泛的价值认同。这是一种建立在相互理解、彼此信任和履行义务基础上的和谐共生的关系，最终促使基层党组织成为党建与业务、高校与社会互动的黏合剂。第三，以优化基层党组织结构嵌入加强党建资源整合。当前，高校基层党组织间、教师与学生党组织间、高校与区域其他党组织间党建资源分割现象突出。通过基层党组织结构嵌入的优化，在校内外基层党组织共建活动中精准把握党建服务共性需求，锁定服务目标群体，形成包括党员资源、组织资源、制度资源等在内的资源整合路径。

2.完善功能嵌入，丰富高校基层党建的发展载体。通过完善高校基层党建功能嵌入，丰富其作为项目载体、品牌载体和网络载体的角色功能，提高基层党组织的吸纳力。第一，突出高校基层党建项目载体的功能嵌入。围绕高校立德树人宗旨，将党建项目与加强和改进思想政治工作、人才培养与管理、教师能力建设等中心工作融合，立足急需解决的师生“急难愁盼”的问题开展调研立项，集中优势力量整合党组织功能要素。在党建项目实施中实现过程全管控，层层压实党建责任，确保党建项目质量扎实提升。第二，发挥高校基层党建品牌载体的功能嵌入。在项目载体基础上，充分尊重党员的主体地位和首创精神，凝练党建品牌，从品牌理念、运行机制、价值创造方面深入，形成可复制、可借鉴的标准或规则，产生党建品牌的示范效应。深入研究学校党建发展背景，挖掘具有高校党建特色、高校办学特色和区域发展特色的党建品牌亮点，避免同质化现象，明确党建品牌定位。第三，强化高校基层党建网络载体的功能嵌入。互联网具有的及时性、互动性和开放性赋予新时代高校基层党建新的发展路径。以“互联网+党建”增强基层党组织的政治吸纳力。基于大数据思维提高基层党组织开展思想政治工作的前瞻性、精准性和持续性，深刻把握大学生社会主义核心价值观养成的科学性与规律性，积极拓展高校思想政治教育话语资源，增强高校思想政治教育话语的感召力。突出科技赋能，发挥智慧党建优势，立足于“服务党员学习交流，汇聚精英智库资源，传播立德树人之道”定位，构建高校基层党建管理信息化平台。

3.促进制度嵌入，激发高校基层党建的发展动力。通过促进高校基层党建制度嵌入，确立“需求导向、制度创新、过程评估”的动力机制，提高基层党组织的革新力。第一，采用精准化理念构建高校基层党建需求机制。在结构嵌入和功能嵌入基础上，精准规划形成高校基层党建网格阵地，确保信息在网格阵地采集、需求在网格阵地发现、资源在网格阵地整合、问题在网格阵地解决，辅之建立收集反映群众意见的长效机制以及教师党支部与学院班子、学术组织的固定沟通机制，做好党的政策方针的上情下达和下情上达。第二，以制度创新赋能高校基层党建内生动力。将基层党组织视为高校治理体系的基础，紧密结合学校发展，做好制度守正创新。既要巩固健全已有成熟的科学的制度作为基层党建发展基础，保证基层党组织正常、有序、高效地运行，也要探索建立开展党建深度调研、瞄准党建目标差距和解决党建问题的长效机制，让高校基层党建与高校办学发展同频共振。第三，结合质量提升做好高校基层党组织的过程评价。分级分类制定院（系）党建和党支部工作评估标准，细化设计评估观测点，做到可用事实、用数据充分量化。加强对党建责任落实的过程指导、评估和帮助。注重评估结果的合理运用，健全党建责任制考核结果的反馈机制与激励机制。

本文系2019年北京开放大学校级重点项目“党建引领下的开放大学基层党组织建设研究”（项目编号：SX2020015）研究成果。

参考文献

[1] 刘蕾，邱鑫波．社会组织党建：嵌入式发展与组织力提升 [J]. 北京行政学院学报，2019（6）：31-38.

[2] 彭勃，邵春霞．组织嵌入与功能调适：执政党基层组织研究 [J]. 上海行政学院学报，2012，13（2）：34-40.

[3] 潘广炜，王长华．引领、嵌入与协同：新时期高校党的建设路径研究 [J]. 社会主义研究，2017（3）：118-124.

[4] 潘博，王立峰．新时代基层党组织政治建设的现实问题与推进路径—基于组织行为的分析视角 [J]. 南昌大学学报（人文社会科学版），2020，51（3）：17-26.

[5] 蒋达勇．高校党建：一种嵌入性的制度建构 [J]. 学校党建与思想教育，2010（16）：36-38.

本文刊发于《北京教育》（高教）2021年第8期

高校大学生思想入党的实现路径探索

王洪元*

摘　要：大学生思想入党是保证党员发展质量的关键因素，是保持党组织先进性和纯洁性的必然要求，也是高校加强党的建设的重要任务。北京林业大学党委将强化大学生思想入党作为学校党的建设和思想政治工作的重要使命，加强统筹谋划和顶层设计，从理论和实践两个层面探索破解大学生思想入党密码的方法路径，着力提升大学生党员发展质量，为党的事业后继有人输送高纯度新鲜血液。

关键词：大学生；思想入党；实践探索

深刻认识加强新时代大学生思想入党的重要性和紧迫性

1. 强化大学生思想入党是落实用习近平新时代中国特色社会主义思想武装全党的时代要求

思想建党是马克思主义建党学说的根基，强调党员要从思想上入党，是中国共产党对马克思主义建党学说的继承与发展，也是我们党自身建设的特色优势。党的十八大以来，党中央对于加强党员思想理论教育、强化思想入党问题更加重视。党的十九大报告指出，思想建设是党的基础性建设，要用习近平新时代中国特色社会主义思想武装全党，把坚定理想信念作为党的思想建设的首要任务，这为新时代加强高校大学生思想入党工作指明了方向。

---

*　王洪元，北京林业大学党委书记

2. 强化大学生思想入党是落实高校立德树人根本任务的现实需要

大学生在组织上入党的同时，是否真正思想入党，关系到中国特色社会主义的未来建设者是否合格、党的事业的接班人是否可靠。高校肩负着学习研究宣传马克思主义、培养德智体美劳全面发展的社会主义建设者和接班人的重任[1]，要紧紧聚焦“培养什么人、怎样培养人、为谁培养人”这个根本问题，全面提升人才培养能力，教育和引导大学生党员努力成为对党的认识更加正确、共产主义信仰更加笃定、爱党爱国爱社会主义情怀更加深厚、党员意识更加强烈、先锋模范作用发挥更加充分的青年马克思主义者。

3. 强化大学生思想入党是落实“控制总量、优化结构、提高质量、发挥作用”总要求的重要途径

党员是党的肌体的细胞和党的活动的主体[2]，大学生思想入党是党员队伍建设的重要内容。随着世界多极化、经济全球化、社会信息化、文化多样化深入发展，大学生群体的思想认识，特别是在理想信念方面受到市场经济环境下各种社会思潮和不良文化的侵蚀影响，大学生思想入党工作还存在一些不适应新时代发展要求的问题。主要表现：一些基层党组织“重发展、轻培养”，存在重视组织入党、忽视思想入党的问题；有的基层党组织弱化涣散，党员教育不经常、效果差；有的大学生入党动机存在功利化倾向；有的学生党员理想信念不够坚定，理论知识的学习存在浅散现象，党员意识不强、作用不明显等。这些问题表明，解决好大学生思想入党问题十分必要、非常迫切。

理清大学生思想入党工作思路

目前，全国高校系统每年发展新党员数量超过全国新发展党员总量的1/3，高校已成为发展党员工作的重要阵地。在校期间，大学生入党热情较高，积极向党组织靠拢，个人找组织的多；走向社会成为“社会人”后，受多方面因素影响，入党积极性降低，组织找个人的多。高校党委必须站在保

证党的事业后继有人的战略高度，紧紧抓住大学这个发展党员的黄金期，把破解思想入党难题、提高党员发展质量作为政治任务政治责任，认真承担起来。

近年来，北京林业大学（以下简称学校）党委加强对思想入党的理论研究和实践探索，组建工作专班，着力破解思想入党关键问题。首先，深入研究思想入党内涵，提出《大学生思想入党标准》，重点解决思想入党“评价什么”的问题；其次，探索形成《大学生思想入党成熟度评价体系》，重点解决思想入党“如何评价”的问题；最后，总结凝练思想入党“五步”工作法，重点解决思想入党“怎样强化”的问题。

深入开展大学生思想入党的实践探索

1. 深入研究“思想入党”内涵，重点解决思想入党“评价什么”的问题

思想入党，既在于组织培养，更在于个人的思想修养、理论修养、党性修养提升。我们深入探究大学生思想认识和成长规律，开展大学生思想入党标准大讨论，探寻思想入党规律，研究思想入党内涵，把强化思想入党关键因素具体化，提出大学生思想入党标准的“五个维度”，即理想信念、理论素养、道德情操、宗旨意识、组织纪律。这五个方面为评价思想入党的主观问题提供了客观考察因素和考察方向。

第一，理想信念：政治立场鲜明，理想信念坚定。具有坚定的共产主义信仰，增强“四个意识”，坚定“四个自信”，做到“两个维护”；入党动机端正，对党有深厚感情；政治敏锐性和政治辨别力强，在大是大非面前立场坚定。

第二，理论素养：理论学习系统，理论基础扎实。努力学习和掌握马克思主义立场观点方法；认真学习党史国史，全面了解党领导人民在革命、建设、改革不同时期的奋斗历程；学习掌握党的基本理论、基本路线和基本方略；自觉用习近平新时代中国特色社会主义思想武装头脑。

第三，道德情操：道德品质高尚，作风优良。践行中华传统美德，具备较高品德修养；自觉践行社会主义核心价值观，有自我改造的觉悟，能正确对待并积极开展批评与自我批评；自觉接受党性锻炼和党性教育，经得住党性考验。

第四，宗旨意识：宗旨意识牢固，联系群众密切。有大局观念，能正确处理国家、集体、个人三者关系，能不折不扣完成党组织交办的任务；有全心全意为人民服务的意识，吃苦在前、享乐在后；有集体观念，在学校、学院、班级建设中积极作为。

第五，组织纪律：组织纪律严明，规矩意识强烈。模范遵守党纪国法，严守党的政治纪律和政治规矩；服从组织安排，坚决执行党组织做出的重大决议；对党忠诚老实，在思想上政治上行动上与党中央保持高度一致；遵守校规校纪，恪守学术规范和科研纪律。

2. 探索形成思想入党评价体系，解决思想入党“如何评价”的问题

马克思主义认为，“人的行为是思想的外在表现，每一种行为都由一定的思想认识支配的”。以此为指导，我们通过观测大学生日常言行考察思想入党成熟度，将“五个维度”作为一级指标，设立16项二级指标和47项观测点，把思想入党的主观判断转化为可观察、可测量的客观考察。例如：将“理想信念”维度分解为“政治信仰、政治立场、价值追求”3个二级指标，下设8个观测点。通过长期观测学生思想汇报是否深刻、自媒体观点言论是否正向、思政课程学习是否主动、支部活动参与是否积极等日常表现，计算二级指标分数，综合检验其理想信念坚定程度。同时，根据大学新生、入党积极分子、发展对象、预备党员、正式党员不同身份，设置差异化评价权重，形成《大学生思想入党成熟度评价体系》。

“评价体系”既是大学生思想成熟度的测量工具，能客观反映大学生思想入党现状；又是入党积极分子的行动指南，为大学生思想入党指明努力方向，为党组织提供积极分子和党员教育着力点。

3. 持续完善思想入党工作方法，解决思想入党“怎样强化”问题

“评价体系”明确了发展党员各环节培养目标。我们运用这一测评工具指导党员发展实践，探索培养路径，形成思想入党“五步”工作法。

第一，面向全体大学新生实施“播种”计划。以启蒙教育为核心，筑牢大学新生对党的基本认知，进而激发大学生对党的向往并主动靠拢。在理论教育方面，开展学校党委书记主讲大学第一课，红色主题班会等，重点培训党的光辉历程、入党规定和程序等；在实践教育方面，组织新生骨干训练营、新生引航工程等，帮助新生扣好“人生第一粒扣子”，播下思想种子。

第二，面向入党积极分子实施“选苗”计划。以知识教育为核心，深化大学生对党的理性认识。建立“党—班—团”一体化入党积极分子选拔培养机制，开办青年马克思主义者培训班、研究生树人学校；组织入党积极分子参与讲党员故事、参观红色教育基地、参加志愿服务等活动，在理论学习和实践锻炼中坚定跟党走的信念信仰。

第三，面向发展对象实施“育苗”计划。以情感认同为核心，强化大学生对党的认同感和归属感，真心拥护党的领导和主张。组织发展对象观摩党员发展大会、列席党组织会议，参加党史知识竞赛、主题党日活动等，聘请理论导师深入辅导，健全教职工党员联系指导发展对象制度，实施党员榜样示范行动，引导发展对象坚定理想信念，补足“精神之钙”。

第四，面向预备党员实施“壮苗”计划。以意识锤炼为核心，增强预备党员的党员意识和党性意识。通过“三会一课”、主题党日活动、党员民主评议等形式加强党内政治生活锻炼，围绕习近平总书记系列讲话、党员的权利和义务等组织主题培训，开展服务社会，服务国家的支教、扶贫活动，引导预备党员自觉加强党性修养。

第五，面向正式党员实施“强干”计划。以先进性教育为核心，引导党员发挥先锋模范作用。开展党性修养的时代要求及内容方法、党支部战斗堡垒作用发挥等主题培训，推动“不忘初心、牢记使命”主题教育常态化制度化；设立党员先锋岗，实施“先锋工程”，开展党员述责测评、组织过“政治

生日”，引导正式党员牢记党员身份，切实发挥党员先锋作用。

全面总结大学生思想入党实践经验

大学生思想入党工作实施以来，学校党员发展质量明显提高，学生党员应征入伍、支边扶贫、援藏援疆人数逐年增多。在实践探索中，通过不断破解问题、凝练总结，形成了强化大学生思想入党的认识体会。

第一，强化大学生思想入党是一项战略工程，要注重统筹布局、长远规划。抓好顶层设计，统筹考虑党的事业发展需要和大学生成长发展需求，统筹考虑党和国家对大学生新要求与时代发展赋予大学生新特质，统筹考虑思想入党规律与大学生教育成长规律，统筹规划好强化大学生思想入党的长远目标和近期任务。

第二，强化大学生思想入党是一项系统工程，要注重协调推进、以点带面。抓好教育培养各环节有效衔接，明确各环节培养定位。党校理论学习重在打基础；党员榜样和学生理论骨干引领重在强示范；干部教师一对一联系指导重在助提高；先锋岗实践、政治生活体验重在强锻炼；佩戴党员徽章、述责测评重在严约束。各环节要环环紧扣，构建清晰的大学生思想入党培养路径。

第三，强化大学生思想入党是一项育人工程，要注重把握规律、精耕细作。要始终坚持以育人为本的理念，遵循教育规律，科学设定培养进程；要充分尊重大学生个体差异，聚焦学生个体的特点和问题，精准施策、个性指导、深度培养。

第四，强化大学生思想入党是一项铸魂工程，要注重内外兼修、久久为功。注重思想引领与实践锻炼紧密结合，自我锤炼与组织约束紧密结合，促进大学生思想入党内化于心、外化于行。思想入党是党员终身课题、是动态发展过程，需持续用力，防止成长倒退；强化大学生思想入党工作短期内难以形成显著效果，需要长期实践积累，要耐得住性子、保持住定力。

参考文献

[1]“双一流”背景下推进高校思政课一体化建设 [EB/OL].（2020-09-11）[2021-05-01].http://www.jyb.cn/rmtzcg/xwy/wzxw/202009/t20200911_357966.html.

[2] 习近平 . 在全国组织工作会议上的讲话 [J]. 当代党员，2018（19）：4-11.

本文刊发于《北京教育》（高教）2021年第6期

新时代大学生党员发展质量提升的价值考量与实践路径

姜玉原*

摘　要：大学生党员发展工作是一项系统工程。进入新时代，无论在国家发展大局、高等教育整体布局，还是在学生群体自身建设格局中，大学生党员发展质量的提升都具有极其重要的战略价值。因此，需要在认真总结现实经验和有效做法的基础上，从重视大学生党员发展与大学文化建设的良性互动关系，聚焦完善保障大学生党员发展质量的制度体系，着力推动高校党务工作队伍向专业化、职业化方向发展，夯实大学生党员发展质量提升的学术支撑和理论研究等方面入手，着力构建起大学生党员发展质量提升的多元、立体防护体系。

关键词：新时代；大学生党员；发展质量

发展党员工作是党的建设的一项基础性、经常性工作。大学生党员发展质量是学生党员发展工作的永恒主题，具有基础性、战略性地位。立足中国特色社会主义事业进入新时代这一重要历史方位，准确把握大学生党员发展质量提升的时代价值意义，及时总结大学生党员发展质量提升的有效经验做法，提出新时代大学生党员发展质量提升的路径，具有十分重要的理论价值和实践意义。

* 姜玉原，东北大学党委组织部、马克思主义学院

新时代大学生党员发展质量提升的价值意蕴

1. 高等教育事业的迅速发展对大学生党员发展质量提升提出新要求

高等教育是我国教育事业版图中的重要组成单元，是国家科技创新和人才培养的重要产出基地，是实现从教育大国到教育强国历史性突破和蜕变的重要引擎。伴随着我国经济社会各个方面的高速发展，高等教育普及率不断提升，我国的高等教育在学规模已位列世界前列。新时代，党中央进一步明确了“加快一流大学和一流学科建设，实现高等教育内涵式发展”、以提高质量为核心的高等教育发展战略。提高高等教育质量，首先是提高人才培养质量。当今世界正处在“百年未有之大变局”，应对这一不可规避的变局性交锋挑战，一个国家要想在其中掌握主动权、更好地捍卫国家利益，必须紧紧抓住并依靠人才。当代大学生党员是人才队伍中的骨干力量和先进代表，其思想政治素质和社会价值行为呈现，直接影响到中国特色社会主义事业的发展成效。概而言之，当前，高等教育改革发展的大好形势为学生党员的成长成才提供了新的机遇，同时对学生党员的质量和素质提出了新的要求，迫切需要学生党员充分发挥先锋模范作用，带头学好专业知识、提高实践能力，不断充实自己、完善自己，带领广大学生共同成长进步，为我国经济社会发展提供源源不断的智力支撑。

2. 新媒体技术的普及应用对大学生党员发展质量提升带来新挑战

当今社会，网络已成为大学生与世界连接、阅读信息的主要途径之一，“机不离手”“网不离身”已成为当代大学生的真实生活状态。网络平台资源海量、信息迅捷、多元开放、环境虚拟、交流平等，成为大学生自我意见、观点和态度输出的重要场域，促使广大学生的思维模式、交流方式以及社会交往方式发生了根本性的变化。同时，网络信息真假难辨、良莠并存，也有一些缺乏判断和自控能力的学生整天沉溺于虚幻世界，导致道德、行为发生变化，出现厌学、逃学等现象，进而荒废学业，有的甚至扰乱社会秩序，给自己人生历程留下难以抹掉的阴影。同时，网络流言飞语的无序输出容易产生集聚效应，将一些偶发的小矛盾累积演化为群体性事件。近年来，大量的国际群体性事件表明，全球正加速进入网络政治时代。新媒体技术的这些系列时代特征，要求我们必须高度重视学生党员发展质量提升工作，引导广大学生党员、发展对象、入党积极分子和入党申请人深刻认识和把握网络信息传播规律，带头养成良好的上网习惯，自觉抵制网络信息消极影响，在事关政治方向和根本原则的问题上始终保持旗帜鲜明和立场坚定，坚决带头做健康网络环境的倡导者、维护者和践行者。

3. 学生党建的问题破解为大学生党员发展质量提升提供新动力

当前，高校学生党员发展工作整体上取得了显著成绩，但是个别高校在学生党员发展工作中还存在一些亟待改进的地方。从基层党组织角度来看，有的高校基层党组织党员发展制度体系建设还不够健全，入党程序、环节操作等还不够精准规范；有的高校基层党组织在党员发展过程中，突出强调学生干部任职情况或学习成绩排名情况，而对政治立场、入党动机等考察标准却缺乏相应的明确规定。从学生个体角度来看，在如何认知入党问题上，高校学生还存在一些急需引起重视的现象：有的学生内心存在一定的功利考量，将入党作为拓宽就业路径、增加就业实力的砝码；有的学生表现出一定的“随大流”和盲从性，受家长、同学和社会等外在因素的影响，把入党仅仅等同于一种荣誉和光环；有的学生不能严格要求自己，没有将追求政治进步、积极要求加入党组织的主观意愿与实际行动统一起来，日常学习生活中言行之间出现一定的不一致性和对比反差。这些问题的存在迫切要求以提升党员发展质量为抓手和着力点，加以系统根治和解决。

新时代大学生党员发展质量提升的有效实践

近年来，在习近平新时代中国特色社会主义思想的科学指引下，在教育主管部门党工委、地方党委和高校各级党组织的共同努力下，大学生党员发展工作取得了积极进展，为我国各个领域的建设和发展提供了有力的优秀人才支撑。概括起来，各高校的具体实践经验做法主要如下：

1. 高度重视，强化组织领导

各高校始终高度重视学生党建工作，定期召开党的建设工作会议，及时研究工作中的全局性和普遍性问题，形成了“学校书记全局抓，组织部门重点抓，学院（系）书记认真抓，支部书记直接抓”的工作格局，建立了“分级负责、层层落实”的运行机制。多数高校把学生党建工作情况作为基层党组织书记抓基层党建述职考核的必述内容，作为基层党组织年终工作成效评估考核和目标考核的重要依据；对学生党建工作滞后或出现重大问题的基层党组织，在评选先进时实行一票否决。

2. 健全制度，规范工作程序

大多数高校都制订了关于学生党建工作的系列制度，对学生党员在发展教育管理服务等方面提出明确要求。建立了培养联系人制度，确定专人联系培养入党积极分子；建立了跟踪培养制度，实行培养对象思想、学习、工作和生活情况动态记录；建立了团组织推优制度，保证团内教育与入党教育相互衔接；建立了材料归档制度，使发展教育管理服务工作做到有案可查。多数高校还结合学生成长规律和阶段性特点，明确了“本科生一年级着手培养，二三年级重点培养，三四年级重点审查发展，研究生全面培养发展”的原则，坚持把好培训关、条件关、程序关。

3. 坚持标准，确保发展质量

高校各级党组织十分注重考察学生一贯的政治立场、政治倾向和实际表现，要求入党积极分子在大是大非面前站稳立场，在关键时刻素质过硬、表现突出；把各方面的综合素质测评作为发展学生党员的硬指标，未达到要求的，不予发展；严格学生党员发展程序，对手续不健全、考察期不满一年的不予批准，没有团组织推荐意见的不予批准，预备期内考察未通过的不予批准。做到成熟一个，发展一个，合格一个，真正把好“入口关”。

4. 整合资源，完善培养体系

各高校大力加强学生党员教育培养，及时调整党校教学计划，多数高校建立了三级教育培养体系，即支部有党的知识学习设计，院（系）有党课辅导讲座，学校有党校培训；党支部重点抓党章学习，院（系）党委（党总支）重点抓党课辅导，学校党委重点抓党校培训。三级教育培训层层衔接、环环相扣，做到了组织领导、教育内容和培训计划三落实。

5. 探索创新，激发支部活力

各高校积极适应新形势新变化，建立健全了学校党委、院（系）党委（党总支）、学生党支部三者相互衔接的工作体系。在三名学生党员以上的本科班级、硕士专业、研究院（中心、所）设立党支部，并积极探索在学生社团、学生公寓、学生社会实践服务队、“一站式社区”等成立党组织。普遍建立了学生党支部组织生活会纪实制度、“三会一课”制度，不断丰富党支部活动，持续提升学生党员党内政治生活质量。

新时代大学生党员发展质量提升的路径建议

历史实践证明，执政党的凝聚力、战斗力和向心力需要以党员的数量为基础支撑，但起关键和决定作用的还是党员队伍的整体质量以及纯洁性和先进性。因此，在做好新时代大学生党员发展工作过程中，更重要的是如何立标准、建机制，练好内功，把焦点和精力放在提质量、促发展上来。

1. 要进一步促进大学文化建设与学生党员发展之间的良性互动

习近平总书记在学校思想政治理论课教师座谈会上指出，“要给学生心灵埋下真善美的种子。文化在这方面具有重要而独特的作用，高校要通过文化建设，教会学生并和学生一起欣赏美、发现美、创造美”[1]“一个民族，没有科学技术，一打就垮；没有精神和文化，不打自垮”。文化是大学之魂。在当代，一所缺乏高度文化自觉的大学，不可能办成一所真正意义上的大学。从这个意义上讲，大学文化建设与大学生党员发展质量之间具有互动关系。与西方高校相比，中国特色社会主义大学的其中一个独特之处就在于在校园发展党员。一方面，加强大学文化建设将营造浓郁的育人氛围，为大学生党员的成长发展提供好的土壤和环境，要充分利用包括大学精神、办学理念、校训、校风、校歌、学风以及校史馆、博物馆、图书馆、艺术馆、音乐厅等在内的大学文化传播与人文艺术素养教育平台，把大学的文化传播优势转化为党员培养教育的资源；另一方面，提升学生党员发展质量又会促进大学文化的建设，对大学文化建设具有反哺的作用，因为学生党员发展质量得到提升了，学生党员个体的素质自然就提高了，先锋模范作用会发挥得更充分，会给大学校园建设注入更多的正能量。

2. 要进一步推动保障大学生党员发展质量的制度体系构建

在高校学生党员发展质量提升过程中，要在依规建党的视域和理念指导下，把制度建设作为一项基础性工作来抓，构建一套具有系统性、覆盖性和实操性的党员发展制度体系，努力确保发展党员工作有理有据、程序规范、材料完备，不断提升学生党员发展工作的规范化、科学化水平。“大学生党员发展质量保障体系就是要完善发展工作程序，更要在前期的思想引导、中期的入党积极分子培训、后期的预备党员教育及正式党员的监督等机制方面进行完善。”[2]要在严格贯彻落实《中国共产党章程》和《中国共产党普通高等学校基层组织工作条例》《中国共产党发展党员工作细则》等党内法规和教育部党组颁发的《普通高等学校学生党建工作标准》等规定的基础上，结合高校实际，建立健全涵盖团组织推优、入党积极分子培养考察、党员联系入党积极分子、发展党员公示、民主评议党员和党组织书记抓党建述职评议考核等在内的一系列具体的规章制度，并积极推动有关制度落地、落实，确保党员发展整个流程链条闭合、规范有序。同时，要稳步探索和完善大学生党员的退出机制，对理想信念不坚定、不履行党员义务、不符合党员条件的党员，党组织应对其进行教育，要求其限期改正；经教育仍无改变的，应当劝其退党；劝而不退的应当予以除名。处置不合格党员要按照稳妥、慎重的要求，做到事实清楚、理由充分、处理恰当、手续完备，认真执行规定，严格审核把关。对被劝退和除名的党员，高校各级党组织要做好包括思想政治工作在内的相关工作。

3. 要进一步加强高校党务工作队伍专业化职业化建设

高校党务工作队伍是学生党员发展的直接责任人和把关人，是保证学生党员质量的重要力量支撑。“新时代对于高校党建工作提出了更高的标准和更高的要求，高校党建工作的专业化精细化程度大幅提高，这对于高校党务工作队伍的专业化水准提出了更高要求。”[3]要重点建好组织员、辅导员和学生党支部书记三支队伍，树牢政治意识，不断加强党员发展的业务知识培训，开展党员发展的理论研究和实践经验总结，增强其岗位责任感使命感，激发做好党务工作的内生动力。党务干部队伍的建设方向关键是立标准：一是确立高校党务干部岗位职责标准。高校党务工作队伍是确保大学生党员发展质量的骨干力量，是大学生党建工作的组织者、实施者和指导者。要结合实际，进一步明确党务工作队伍的工作要求、岗位职责，让党务工作者“干有所依”“考有所据”。二是建立高校党务工作队伍职业准入标准。按照政治强、业务精、纪律严、作风正的根本要求，结合岗位职责，研究制定科学的职业准入标准和严格的选拔程序。坚持“起点前移、重心下移”，发现考察并培养目标对象，真正把忠诚于党的教育事业、热爱学生、乐于奉献、善于做大学生党建工作的同志选聘到高校党务工作队伍中来。三是建立高校党务工作者工作评价标准。高校党务工作者工作在高校党建的第一线。要制定反映高校党务工作者工作特殊性的专业化评价标准，建立和完善高校党务工作者绩效管理体系，树立高校党务工作者履职导向，促进形成高校党务工作者专业地位和社会声誉。

4. 要进一步夯实大学生党员发展质量提升的理论研究工作

一个先进的政党，必定是以先进理论为指导的党；一个与时俱进的政党，必定是理论上不断创新的党。因此，提升大学生党员质量，必须依托理论研究，以理论研究成果推动实践发展。过去一段时期，一些高校在大学生中发展党员主要考虑的是发展力度。新时代，学生党员发展转向以坚持标准、提高质量为重点，相应的高校党建理论研究方向也要与时俱进。一是要聚焦党员发展全链条的各个环节及程序规范进行研究；二是要聚焦入党前和入党后的培养培训方式、渠道、成效和创新进行研究；三是要聚焦如何更好发挥学生党员先锋模范作用的路径方法进行研究；四是要聚焦立足科学化目标导向下大学生党员发展质量评价体系如何构建进行研究；五是要聚焦学生党员日常考核评价、表彰激励和退出除名机制进行研究。

本文系2020年度辽宁省高校党建研究课题一般课题“新时代高校党务工作队伍建设研究——基于东北大学组织员队伍建设的现状分析”（项目编号：2020GXDJ—YB001）的阶段性研究成果。

参考文献

[1] 用新时代中国特色社会主义思想铸魂育人 贯彻党的教育方针落实立德树人根本任务 [N]. 人民日报，2019-03-19（1）.

[2] 彭杰，王建东．新形势下大学生党员质量保障体系的构建 [J]. 学校党建与思想教育，2017（12）：42-43，77.

[3] 姜玉原．新时代高校党建科学化体系构建的逻辑与路径 [J]. 中国高等教育，2020（11）：26-28

本文刊发于《北京教育》（高教）2021年第4期

新时代高校学生党支部建设研究的科学化进路

——以“案例研究法”为例

孙　芳　辛显文　魏　娜*

摘　要：新时代对高校学生党支部建设研究提出了更高要求。在秉持我党党建研究一贯的优良传统基础上，结合当前实际，应大胆创新研究方法，探索科学发展新路。案例研究法是人文社会科学常用研究法之一，与高校学生党支部建设研究的发展诉求具有高度的内在一致性。以该方法的引入为例说明党建研究科学化的重大意义，不仅拓宽研究思路，而且也增强研究结果对实践行动的指导性。

关键词：高校；学生党支部；党建研究；科学化

党建研究是加强党组织建设的基石，是完成新时代“全面从严治党”重大战略部署的重要手段。作为涵盖政治性、理论性和实践性的综合研究，其研究方法的选择和应用要体现出高度的“求实”精神[1]，以保证过程与结果的规范化和科学化。

新时代高校学生党支部建设的新要求

基层党支部是我们党组织中最为生动、活跃的组成部分，其建设效果“关系重大、牵动全局”[2]。因而，2016年2月，中共中央办公厅印发的《关于在全体党员中开展“学党章党规、学系列讲话，做合格党员”学习教育方案》中，对基层党支部建设提出严格要求；2017年10月，新版的《中国共产

* 孙芳、辛显文、魏娜，哈尔滨师范大学教育科学学院

党章程》总纲中将其建设目标归结为“学习型、服务型、创新型”三大特征。2018年，“注重党的组织体系建设”在全国组织工作会议上被反复强调后，同年10月出台的《中国共产党支部工作条例（试行）》中要求，“党支部是党的基础组织，是党组织开展工作的基本单元，是党在社会基层组织中的战斗堡垒，是党的全部工作和战斗力的基础，担负教育党员、管理党员、监督党员和组织群众、宣传群众、凝聚群众、服务群众的职责”。基层党支部建设与研究过程相伴，且越来越讲求方法论，这在《关于开展第二批“不忘初心、牢记使命”主题教育的指导意见》中清晰可见，该文件要求注重“调查研究”，并“用好案例教育”，这与人文社会科学常用的案例研究法内在高度契合，为党建研究提供新思路。

高校学生党支部是青年思想政治教育的前沿阵地，它直接承担对学生党员教育、管理、监督的职责，有利于更好地贯彻党的教育方针，在思想上和政治上凝聚优秀青年学生，使他们发展成为更完善的主体。因此，其建设和研究尤为重要。根据教育部《关于开展新时代高校党建示范创建和质量创优工作的通知》（2018年7月）对支部工作作出具体规定，如“教育引导学生党员做‘六有大学生’①的表率”等，党支部建设研究中，也要相应地增加对“现状、特征、规律、环境、影响因素、措施”等一系列实践的探索，超越原有过于集中理论辨析、经验分析、文件解读的情况，结合世情、国情、党情和我国高等教育变革开展创新性研究[3]。为保证研究结果的可靠性，科学研究方法的引入必不可少，从大学生的特殊性出发，“案例研究法”的优势不容忽视。

高校学生党支部建设研究科学化的意义

相较于一般基层党支部，高校学生党支部建设研究特色鲜明，这是由大学生的持续发展主体性所决定的。创新性研究手段的引入，是在已有研究的

---

① 有理想、有追求、有担当、有作为、有品质、有修养的大学生。

优良传统基础上，对相对独立话语体系构建的尝试，是研究科学化的意义所在。

1. 注重调查研究是我党党建研究的优良传统。在马克思主义认识论和方法论指导下，调查研究一直是我党党建研究的优良传统。作为一种通过客观了解弄清楚事情的真相与全貌，准确把握问题的本质和规律，进而提出透彻的解决问题的思路和对策的研究方法，它追求“能不能把问题解决好”[4]的研究目的。故而，其要求：第一，克服“主观臆断式”调查，不能从事先确定的结论出发，对不符合结论的材料回避甚至视而不见，将材料收集异化为寻找证据证实已有结论的过程，这导致调查结果成为指导价值微弱的“产品”；第二，克服“浅尝辄止式”调查，对材料不认真核实、分析，不求甚解，难以真实、全面地反映事物本来面目，会导致现象“失真”，调查结果不但没有价值，反而可能会造成较大危害；第三，克服“主观情感式”调查，一旦带有主观情感去调研，就难以保持“价值中立”，客观反映存在。面对新时代党建研究诉求，调查研究方法表现出强劲的生命力，而其他方法的引入也丰富和更新方法论体系，使党建工作与科学研究的内在一致性越来越高，这在高校中体现得尤为明显，二者的紧密结合形成我国高等教育事业的发展特色。

2. 构建相对独立的高校学生党支部建设研究话语体系。话语是一种对他人能够产生影响的表达形式，当主体出于特定目的，以话语为载体，通过一定的内容，借助一定的风格对他人形成影响时，就形成话语体系。研究的科学化往往意味着生成相对独立的话语体系，其特征表现在“说什么”和“怎么说”两个方面，前者是指研究内容，后者则指研究方法。高校学生党支部建设研究之所以追求构建相对独立的话语体系，是因为党务工作者必须以话语为载体，向学生党员传递党的知识、塑造党的形象，引领其价值观的形成，增强其对党组织的认同感和亲近感。第一，在党的理论知识普及中，运用学术化的话语更符合高校整体风格，有利于强化学生党员的学习效果；第二，在塑造党的光辉形象时，运用学术化的话语能够提升学生党员的情感认同，吸引他们更积极地向党组织靠拢，并积极参与组织建设；第三，学生党员身上的时代精神鲜明而强烈，学术化的话语具有良好的针对性和开放性，有利于潜移默化地对他们的价值观[5]形成熏陶。

高校学生党支部建设研究意义重大，研究方法的多样化意味着知识生产方式的转型，这是研究科学化的重要环节[6]。分析已有文献发现，“案例”早已成为党建实践行之有效的手段，但作为规范的研究方法仍需理论的凝练和阐释。

案例研究法：高校学生党支部建设研究科学化的应对

关于案例研究法，不同学者立足不同学科立场进行了界定。罗伯特·K.殷认为，这是一种对于难以从情境中分离出来的现象的研究。约翰·吉尔林认为，它是目的在于解释整体的、有时空界限的深入研究。凯瑟琳·艾森哈特指出该方法的层次性；而我国学者则认为，层次之间还存在递进关系。关于其属性，苏敬勤认为，它虽以具体情境性特征为基础，但却是以理论检验或构建为目的的实证研究方法。张梦中认为，这是“一种运用历史数据、档案资料、观察访谈等方法收集数据，并运用可靠技术对某一事件进行分析，然后得出普遍结论”的综合方法。王金红则直接将其提升到“将具体经验事实上升为一般理论的研究工具”的高度。[7]综上，案例是日常生活中的一些典型事件。案例研究法是指针对“案例”加以系统总结、分析，发现其一般性和特殊性，力求更为深入、细致地理解这些事件及其背后蕴含的问题和规律[8]，并得出研究结论或新研究命题的过程。

案例研究法能够回应高校学生党支部建设研究的科学化要求，因为它通过具体深入的调查后选取典型素材进行描述和分析，构成明确的“产生动机（Motivation）—启发灵感（Inspiration）—解释说明（Illustration）”的研究线索，将研究者带入特定情境和发展过程，产生真实感受，令其站在系统整体的高度寻求解决问题的方案。[9]作为一种理解独立背景下的动态现状的手段[10]，它不仅回答“是什么”和“为什么”的问题，更重要的是为实践提供“怎么办”思路和路线图。该方法的特点（见表1）也正是其优势的体现：第一，面对一手资料，研究者心态开放，通过系统地分析数据，发现案例与文本间的矛盾，形成待检验的理论假说，对其开展验证，即理论创新的过程。第二，案例来自经验证据，是对现实的客观真实反映，测量工具更容易获取，结论更有现实意义，且也更容易证伪。[11]第三，在案例收集和整理过程中，从直接参与调查到理论构建再到数据解释，都体现出研究者全面的科研素养。

表1　案例研究法的特点列表①

非控制性	理论构建性	数据收集方法多样性	解释性	联系性
问题源于研究者对独特现象的兴趣，通过观察自然情境（非人为控制环境）中的变量及其相互作用关系，而不是通过控制变量来理解现象	不必须提出理论假设，证实或证伪，而是通过推理得到不同判断和理论以适应不同情境	采取理论抽样而不是统计抽样：通过观察、访谈等方式获得一手数据；或通过档案、资料整理等获取二手数据	能够对自变量之间以何种方式结合、互动以及如何导致特定结果等问题进行解释	重视研究者与研究对象之间的联系，研究过程即双方彼此了解、持续互动的过程

案例研究法有可能为进一步研究提供洞察力或者提出一些假说打下基础[12]，既可以作为一种探索性研究、描述性研究，又可以作为一种解释性研究而存在。它提供一种独特的研究视角，对于党建理论和实践发展都大有裨益。但同时，也要注意其局限性—外部效度不足。关于这一点可以采用混合研究范式予以弥补，即案例研究法可以独立应用，也可以与其他方法结合应用，不过仍以文字材料为主[13]。在对其理论模型进行论证的基础上，面对高校学生党支部建设研究的特殊性，还要具体分析其应用策略，以使其效用最大化。

案例研究法在高校学生党支部建设研究中的应用策略

1. 以案例研究法的标准科学凝练“经典案例”。在高校学生党支部建设研

① 资料来源：根据Dooley L M. Case study research and theory building [J]. Advances in Developing Human Resources，2002，4（4）：336.&Larrinaga O V. Is it desirable，necessary and possible to perform research using case studies [J]. Cuadernos De Gestión，2017，17（OLF）：151.&河连燮.制度分析：理论与争议[M].北京：中国人民大学出版社，2014：121.&杨立华，何元增.公共管理定性研究的基本路径[J].中国行政管理，2013（11）：101.

究中应用“案例研究法”，首要的是发现和生成“先进典型案例”。“典型”是案例研究法的应有之义；“先进”是指学生党员在日常学习生活中具有进步性，能够在同学群体里发挥价值引领、行为示范、道德感召等积极作用的人或事。此外，根据案例研究法的标准，高校学生党支部建设研究案例的选择和确立还应从以下方面着眼：第一，专注于具体的研究对象，通过“解剖麻雀”的方式呈现出人物和事件及其固有的机理；第二，案例务必完整，须有起因、条件、各种影响因素和彰显前因后果的过程演变，因而，一手资料要翔实，但在此基础上可以去粗取精，不能烦琐冗长[14]。在案例的来源上，应改变原本缺乏主动性的情况，与一般党务工作（如评比）要求让学生自行申报和推荐先进事例不同，没有研究者亲自参与调查的案例难以覆盖全体，其“经典性”不确定，且没有选择的可能性。所以，在高校学生党支部建设中应用的案例必须是平时注意在支部活动中主动收集的，对某些优秀学生保持持续关注的，在评价标准上能够体现出“大视野、多角度”公正性的人物或是事件。以此形成的案例才符合案例研究法的标准，这是合理运用科学方法开展研究的起步。

2.通过分析“经典案例”生成研究的话语体系。选择适合高校学生心理习惯的研究方法是提高研究质量的关键[15]。案例研究法能够引入高校学生党支部建设研究的很重要的原因之一，是在其标准下形成的“案例”含有“未知结构”，即案例内容是开放的，既可以持续向前推进、深化研究；又可以赋予解释的意义，阐发和升华理论。高校学生党支部建设过程中，学生党员先进、典型事例一般是通过一些看似微乎其微的细节体现的，形成案例后，内置的矛盾和冲突能增强故事的可读性。因此，一个好的案例就成了一种有力量的话语，在反复的、多种形式的宣传中[16]，提高党和学生党员在同学们心中的影响力。案例库就相当于一个话语体系，它克服了单一案例短期性、片段化、表面化的缺陷，可以使研究者和实践者从不同的立场、角度、思路得出结论并以其指导自身的行动，其特征满足构建研究话语体系的部分要求。

3.利用“话语体系”反哺党建实践。高校学生党支部建设是“立德树人”的直接体现，除能够得出科学化的研究结论外，应用案例研究法对其开展研究所建构的话语体系还有充当将工作从“抽象化”变为“具象化”的媒介作用，即研究结论与现实行动可以随时转化，呈现出“实践经验为理论提供养分，而理论反哺于实践，使其更科学合理”的良性循环。这一机制的实现，有赖于马克思的“只有在集体中，个人才可能获得全面发展自己禀赋的可能性”的观点。学生党员以支部为单位，在学校党建过程中贯彻党的教育方针、政策的同时，也能够表达自己的“话语”，对于自身的发展有切实的获得感。经典案例还有助于解决信息化进程所带来的人的“碎片化”问题，将一个个案例有机地结合起来，作为话语体系如果运用得当就会产生“涟漪效应”①，即以案例中的典型人物和事件为中心，以影响力程度为半径，对周围人产生辐射作用。一个好的案例能够对支部凝聚力的形成产生难以估量的影响。

新时代，国家、社会和高等教育都在发生深刻的变化，特别是高等教育的内涵式发展必然带来高校学生党支部建设研究对内涵的追求。科学化是体现内涵的重要方面，结合学生党员主体的特殊性，需要不断创新对其党支部建设研究的方法。案例研究法作为人文社会研究中最为常用的方法之一，运用在高校学生党支部建设研究中的优势明显，可以说是一条行之有效的研究科学化进路。

本文系哈尔滨师范大学“党建、思政和党风廉政建设研究课题”（项目编号：XDJ-201913）；2017年度黑龙江省哲学社会科学研究规划项目“大学生社会责任教育的运行机制研究”（项目编号：17KSD192）阶段性成果。

参考文献

[1] 时伟 . 党建研究的“三统一”原则 [N]. 学习时报，2018-08-31（7）.

[2] 习近平 . 在庆祝中国共产党成立 95 周年大会上的讲话 [N]. 人民日报，2016-07-02（2）.

① 亦称为“模仿效应”，是指通过模仿使效果泛化.

[3] 张瑜，肖述剑 . 大学生党支部建设：模式与路径——基于湖北省 10 所高校的调查 [J]. 湖北社会科学，2017（1）：183.

[4] 习近平：谈谈调查研究 [N]. 学习时报，2011-11-21（1）.

[5] 侯仕福 . 大学生党建话语体系的现实困境与破解之策 [J]. 理论观察，2019（3）：33.

[6] 张加华 . 丰富党建学科的研究方法 [N]. 学习时报，2018-08-31（7）.

[7] 王梦浛，方卫华 . 案例研究方法及其在管理学领域的应用 [J]. 科技进步与对策，2019（5）：36.

[8] 阮思余，王金红 . 案例研究法的优长与质疑：文献综述 [J]. 山东科技大学学报（社会学科版），2011（6）：53.

[9] 敬采云，闫静 . 案例对比分析研究方法论 [J]. 西南科技大学学报（哲学社会科学版），2012（5）：21.

[10] 欧阳桃花 . 试论工商管理学科的案例研究方法 [J]. 南开管理评论，2004（2）：100-105.

[11] Eisenhardt，K. M. Building Theories from Case Study Research [J]. Academy of Management Review，1989，14，（4）：532-550.

[12] Berg B L.Qualitative research methods for the social sciences[M]. Boston：Allyn &Bacon，2001：231.

[13] 唐权，杨立华 . 再论案例研究法的属性、类型、功能与研究设计 [J]. 科技进步与对策，2016，33（9）：118.

[14] 贺武华 . 教育政策过程研究的案例研究法 [J]. 现代教育论丛，2010（9）：25-27.

[15] 张瑜，肖述剑 . 大学生党支部建设：模式与路径——基于湖北省 10 所高校的调查 [J]. 湖北社会科学，2017（1）：186-188.

[16] 陈菊平 . 大学生先进典型影响力因素探析 [J]. 高校辅导员学刊，2015（4）：31-33.

本文刊发于《北京教育》（高教）2020年第1期

“七个有力”视阈下高职院校党支部建设路径研究

贾　琼*

摘　要：新时代要求高职院校党支部更好发挥战斗堡垒作用，但高职院校党支部建设与教育部“七个有力”标准差距较大，既有自身体制机制导致的问题，也有教育教学规律产生的问题，还有师生特点带来的问题。高职院校党支部要按照新时代党的建设总要求，立足职业教育改革特别是中国特色高水平高职学校建设实际，对标“七个有力”标准，进一步优化建设路径，成为贯彻党的决定、引领职教改革、培养高素质劳动者和技术技能人才的坚强战斗堡垒。

关键词：“七个有力”；高职院校；党支部建设；路径研究

建党百年历史证明，党支部是党的组织体系的“神经末梢”，是党的全部工作和战斗力的基础。中共教育部党组2018年发布的《关于高校党组织“对标争先”建设计划的实施意见》（教党〔2018〕25号）提出了“教育党员有力、管理党员有力、监督党员有力、组织师生有力、宣传师生有力、凝聚师生有力、服务师生有力”的“七个有力”标准，为高职院校党支部建设提供了实践指引。但是，目前高职院校党支部建设与教育部“七个有力”标准还存在较大差距，需要进一步探索优化，既要在教育、管理、监督党员上探索出具有针对性的有效路径，还要在组织、宣传、凝聚、服务师生上探索出具有操行性的有效路径。

* 贾琼，北京财贸职业学院党委组织部

高职院校党支部建设与“七个有力”标准存在较大差距

近年来，高职院校特别是“双高计划”院校按照教育部高校党组织“对标争先”建设要求，持续探索加强党支部建设的举措，形成了一些好经验、好做法。课题组调研了19所高职院校（含14所“双高计划”院校）发出500余份问卷，同步访谈了近百位基层党务工作者。通过梳理、总结、分析调研结果发现，高职院校党支部建设仍存在一些亟待解决的问题，与教育部“七个有力”标准差距较大。

1. 教育党员精准度亟待提升

“教育党员有力”要求：党支部要突出政治功能，党员教育要扎实有效。调研发现：高职院校党支部教育党员精准度亟待提升。一是党支部抓理论学习的方法路径不多，学习效果还有差距。问卷调查显示：有近12%的人选错了“四个意识”“四个自信”的内容。二是党支部组织生活开展不经常、不均衡，“三会一课”制度执行不够严格。访谈发现：部分党支部组织生活重形式轻内容，个别支部甚至不能完成规定任务。三是党支部工作手册记录普遍存在不规范现象，记录要素不全，内容不能反映会议或活动的实际过程。

2. 管理党员落到实处有难度

“管理党员有力”要求：党支部发展培训党员、党籍党费管理等工作要扎实有效，党员先锋模范作用要充分发挥。调研发现：高职院校学生党支部管理党员有难度。一是大多数访谈对象反映，受到职数限制，普遍没能落实“高校每个院（系）至少配备1名~2名专职组织员”的要求。二是99.3%的被调查者都选择了毕业生预备党员的教育管理存在困难。学生党员毕业时绝大部分是预备党员，大部分因就业周期长、单位性质特殊、居住地党组织不愿接收等原因无法及时将组织关系转出，学生党支部常年积压大量组织关系暂存的学生预备党员，分散在各地的学生党员无法正常参加组织生活和党支部活动。

3. 监督党员落地机制不完善

"监督党员有力"要求：党支部坚持把纪律和规矩挺在前面，监督党员履行义务、遵规守纪及时到位。调研发现：高职院校党支部监督党员落地机制不完善。一是缺乏完善的监督体系。有些党支部建立了监督制度，但还存在内容不够科学全面、执行不到位和不规范等问题。二是党支部落实谈心谈话、组织生活会、民主评议党员与要求有较大差距。问卷调查显示：83.8%的人答错了谈心谈话的频次；69.3%的被调查者答错了组织生活会的频次；54.2%的被调查者答错了民主评议的频次。访谈发现：相当数量党支部委员不知道谈心谈话的具体要求，大部分党支部仅限于完成任务。

4. 组织师生实际效果不好

"组织师生有力"要求：党支部有力、有效引领带动师生投入中心工作。调研发现：高职院校党支部组织师生的实际效果不够好。一是受访者普遍反映，党支部党建和业务"两张皮"现象依然存在，党支部没能有效发挥引领带动作用。二是教师党支部书记"双带头人"培育存在困难。访谈发现：部分素质高、经验丰富的支部书记很难达到"一般应具有副高级职称或博士学位"要求，符合要求的教师不具备支部书记的素质能力，一定程度出现了困难局面，影响了教师党支部的工作。

5. 宣传师生方法手段不多

"宣传师生有力"要求：党支部及时、到位组织学习上级党组织决策部署，注重发现、树立、宣传身边典型。调研发现：高职院校党支部宣传师生典型的方法手段不多。一是访谈发现部分党支部还存在以文件传达文件现象，不能真正做到结合实际落到实处。二是党支部发现挖掘师生身边典型不够，深入提炼典型经验、人物、事迹的特色不鲜明，对典型进行跟踪管理、动态培育力度不大。问卷调研的满意度仅为73.4%。三是校园内外、网上网下的宣传平台不够多，广大师生学做先进、争当先进的氛围不够浓厚。

6. 凝聚师生引领作用不强

“凝聚师生有力”要求：党支部思想引领和价值观塑造有机融入教师教学科研、学生学习生活。调研发现：高职院校党支部凝聚师生的引领作用不强。访谈发现：一是教师党支部对课程思政的研究与实践不平衡，不同学校、不同学科、不同课程、不同教师之间实施课程思政不均衡；二是把社会主义核心价值观培育践行贯穿师生专业课实践教学、社会实践活动、创新创业教育等过程的深入程度不够。党支部将职业道德、人文素养、工匠精神、劳模精神教育贯穿培养全过程做得不够。

7. 服务师生针对性不突出

“服务师生有力”要求：党支部了解师生困难诉求、倾听师生意见建议常态机制和师生有困难、问题找支部、找党员的帮扶机制健全有效。调研发现：党支部在服务师生方面的力度小、针对性不突出。一是党支部建立了帮扶机制；但是有些机制流于形式或浮于表面，没能解决困难师生的实际问题。问卷调查显示：不足50%的人遇到困难或有问题时会第一时间想到找党支部或党员寻求帮助。二是部分党员缺乏做群众工作的主动意识和担当勇气，没能维护好群众的利益。

高职院校党支部建设与“七个有力”标准存在差距的原因分析

高职院校党支部建设与教育部“七个有力”标准差距较大的原因是多方面的。既有高职院校自身体制机制导致的问题，也有教育教学规律产生的问题，还有“双师型”（同时具备理论教学和实践教学能力的教师）教师和高素质技术技能型学生特点带来的问题。

1. 高职教育时间短影响党支部规范化建设水平

我国高等职业教育只有二十多年发展历程，很多高职院校由中职、职高、职工大学等不同性质的学校合并而成，多数高职院校在发展中要经历更复杂和艰难的融合过程[1]。因此，高职院校在很多方面都没有可直接借鉴的经验，导致党支部建设基础比较薄弱。不仅上级党组织对党支部规范化建设的指导和监督力度不够，而且党支部对自身建设重视程度也不足。几乎所有党支部书记、委员都是兼职，繁重的业务工作导致其没有足够的精力投入党支部工作中，工作效率和工作质量常常“打折扣”，直接降低了党支部在师生中的影响力和党员的威信度。

2. 职业教育改革致使党支部设置不稳定

当前，职业教育改革处于攻坚期，“双高计划”院校建设要求高职院校由规模扩张向内涵发展转变，由参照普通教育办学模式向企业社会参与、专业特色鲜明的教育类型转变。职教改革要求打破原有专业设置模式，组建新的专业群，势必对原有专业进行大规模的拆分、重组，部分还面临撤销的风险，给党支部设置稳定性带来一定冲击。职教改革推动校企全面加强深度合作[2]。但是，校企党组织推动校企协同育人的合作还处于起步阶段，高职院校党支部设置的不稳定也不利于校企党支部合作。

3. 师生特点导致党支部开展工作困难

职教改革给教师和学生党支部建设带来一系列新难题。“双师型”教师占专业课教师总数超过一半，每年至少一个月在企业或实训基地实训，直接影响教师党支部开展工作。高职学生在校三年，前两年到企业进行的实践性课程占课时一半，最后一年要到企业顶岗实习，给学生党支部工作特别是发展党员带来困难。高职院校生源在普高统招、自主招生、贯通生等适龄生源基础上增加了退役军人、社会成人等，生源日益多元化带来教学组织、教学方式以及学生管理的较大变化，也给院校党支部建设带来一系列新挑战。

对标“七个有力”标准优化高职院校党支部建设路径建议

高职院校党支部要按照新时代党的建设总要求，对标“七个有力”标准，不仅要立足现状、固本强基，在教育党员、管理党员、监督党员上求实效，而且还要着眼全局、服务中心，在组织师生、宣传师生、凝聚师生、服务师生上有作为，把党的全面领导落到实处。

1. 强化党支部教育党员的规范化建设

通过学习借鉴北京市党支部规范化建设创新经验以及部分高职院校优秀做法，创新党员教育管理方式，构建高职院校多层次、多渠道的党员经常性教育体系。推广“学习一个专题，研究一个问题，达成一项共识，推动一项工作”的“四个一”学习模式[3]，积极开展学生党员理论宣讲，推动领导班子到所联系支部讲党课。充分利用“学习强国”APP等学习平台，进行浸润式学习教育。参照调研、建设、考核、固化四阶段递进的高职特色党建工作模式，提升党支部组织生活质量。

2. 创新顶岗实习阶段学生党员管理机制

构建“校企合作双主体、工学结合双导师、知行合一双考察”工作机制，保证顶岗实习期间学生党员和入党积极分子教育不断线、发展不中断、培养不终止。[4]为院（系）配齐专职组织员，加大培训力度，提升业务能力，不断提高发展党员工作质量。鼓励专任教师党员和辅导员共同担任入党介绍人，实行包干制，对预备党员实行全过程跟踪培养考察；定期到用人单位走访，了解预备党员情况；开设网上党校，要求毕业生预备党员在线学习测试；探索转正答辩等一系列举措，有效缓解组织关系暂存学校的学生党员教育管理困难问题。

3. 构建上下联动的党支部监督党员机制

推动党支部书记示范引领，支部委员身体力行，充分利用好谈心谈话、组织生活会、民主评议党员等机制做好党支部监督党员的工作。组织部门运用“靶向提升”方式，加强对党支部书记和支部委员的专项业务知识培训，定期采用考试或问卷的方式考核党务干部专业知识掌握情况。建立上下联动的监督体系，开展民主评议党员时，学校党委和纪委组成督导组，全程列席会议，书面反馈意见。强化党总支对所属支部工作的直接监督指导责任，党总支定期听取党支部工作汇报，指导党支部加强建设，把党支部建设水平作为党总支考核的重要内容。

4. 探索党支部组织师生的“四融合”方式

通过“四融合”逐步解决党建业务“两张皮”问题。一是在优化党支部设置上融合。教师党支部按系（教研室）设置，党支部书记是“双带头人”；机关党支部按机构（单位）设置，负责人兼任党支部书记；每个院（系）设立学生党支部，由教师担任支部书记。二是在加强工作部署上融合。立足党建目标，查找业务工作面临的突出问题，在破解业务发展问题过程中落实党建要求，教育引导党员干部争当先锋，调动一切积极因素形成合力。三是在强化工作指导上融合。党支部根据重要时间和重大任务提出党建思路，将业务与党建有机统一起来。四是在推进党建与业务考评相融合。在优化党支部考核指标同时，加强党建考核、业务考核结果应用的融合，以更加综合的评判标准全面衡量单位发展和个人成绩。

5. 丰富党支部宣传师生的信息化方法

党支部运用“互联网+”的思维创新模式，采用微信、微博、抖音等新媒体平台，充分发挥有力宣传师生的重要作用，多层次、多角度、多形式地宣传党的路线方针政策和党支部动态，全面展示党建工作成果。强化党支部与企业战略合作关系，以专业群为试点，构建校企一体化宣传平台，探索打造校企互动宣传模式，共同做好正向舆论引导。对照“优秀党员、优秀党务工作者”标准，注重挖掘身边的师生典型，树立一批先进，弘扬正风正气，将党支部的组织资源、优势、活力转化为推动发展的优势。

6. 加强党支部凝聚师生的课程思政建设

推动思政课程与课程思政同向同行是高职院校实现立德树人目标的重要举措。要发挥教师党支部在课程思政建设中政治引领、组织保障、桥梁纽带、和谐稳定的作用，以课程思政为目标深化专业课教学改革，突出工匠精神培养，强化专业教师课程思政意识和能力培养。高职院校党委选取典型党支部，共同打造规范化、有深度、有特色、可推广的课程思政案例。在课程典型塑造、品牌教师打造的基础上，组织现场访谈、案例分享、经验交流等活动，推广经验，进而起到以点带面、辐射带动作用。

7. 完善党支部服务师生的结对共建模式

建立联系服务制度，党支部委员每人联系1名~2名入党积极分子、民主党派或群众，推动党支部成为师生提升思想认识的“领路人”和立德树人的“主心骨”。推行党员“政治生日”制度，每月固定一个半天为全校统一主题党日活动时间。健全党内激励关怀帮扶制度，设立党内表彰、党员活动、党内慰问等3个专项资金。[5]通过党支部与贫困地区或低收入村结对帮扶，党员回社区报到、社会实践、志愿服务等方式，提升党支部和党员对社会的贡献度和服务能力。

8. 搭建加强党支部建设“四平台”

高职院校要积极为党支部建设搭建各类平台，推动所有党支部全面进步、全面过硬。一是通过开展基层党组织“对标争先”建设计划，着力培育党建工作样板支部，打造党支部党建示范平台。二是通过党支部工作法、组织生活观摩、优秀案例评选、微党课比赛评选等活动，探索形成一批优秀经验和典型做法，搭建党支部党建交流平台。三是实施校企党组织“结对共建、育人同行”深化计划，促进校企党组织通过共同开展理论学习、组织生活、联合培养学生党员等方式，进一步深化校企协同育人，为党支部建设搭建实践平台。四是在党建研究课题中设立党支部建设专题，以项目化方式着力培育“一支部一党建特色”，为党支部建设搭建研究平台。

本文系北京高校党建研究会2020年度优秀课题“‘双高校’建设背景下高职院校基层党支部建设研究”（课题编号：C12）研究成果。

参考文献

[1] 贾琼，侯童 . 高职院校基层党组织组织力提升路径探索 [J]. 北京教育（德育），2020（2）：15-18，53.

[2] 国务院关于印发国家职业教育改革实施方案的通知 [J]. 中华人民共和国国务院公报，2019（6）：9-16.

[3] 许琰 . 夯基铸魂激发活力　党建引领融合发展 [N]. 河南日报，2019-10-10（5）.

[4] 付立娟 .“菜百黄金销售订单班”学生党建个案研究 [J]. 北京财贸职业学院学报，2015，31（1）：42-45.

[5] 陈秋明 . 坚决打好新时代高职院校党建工作“三大攻坚战”[J]. 中国职业技术教育，2018（25）：23-27.

本文刊发于《北京教育》（高教）2021年第10期